教師のための 教育効果を高めるマインドフレーム

ジョン・ハッティ、クラウス・チィーラー 著
原田信之 訳者代表

可視化された
授業づくりの
10の秘訣

Mindframes
for
Visible Learning:

Teaching for Success

北大路書房

10 Mindframes for Visible Learning:
Teaching for Success

by John Hattie & Klaus Zierer

Authorised translation from English language edition published by Routledge,
a member of Taylor & Francis Group, an Informa Business
through Japan UNI Agency, Inc., Tokyo

邦訳版の刊行に寄せて

現在までに、私たちは1700以上のメタ分析研究を検討してきました。その結果、教師が何をするか、どのようにして授業や活動をつくりだすかではなく、授業準備・授業中・授業後になされる一瞬一瞬の判断にこそより大きな意味があることが明らかになりました。それは、生徒に与える影響を考えること、あれではなくこれをするという判断の仕方、解釈と評価のスキルにおける専門性だったのです。その専門性とはエビデンスでも観察でもなく、教師の解釈であり、その解釈に対する批判を受け入れ、エビデンスについての別の見方を求め、自らの誤りに備える姿勢です。これらは多くの場合、長年の経験から培われる深いスキルですが、このスキルについて、私たちはもっと議論する必要があります。

10のマインドフレームは、ベテラン教師と新人教師に関する研究や、教師の専門性を研究してきたデイヴィッド・ベルリナーの長いキャリア、そして相当に熟達した教師に対して行なってきた私たちの研究から導き出したものです。熟達した教師たちは、「何を」(今日私たちは何をするのかという自身の教授法への問いかけ)よりも、「なぜ」(なぜそれではなく、これをするのか)という問いかけに行きついているのです。そしてこのマインドフレームは、可視化された学習のデータベースにおいて高い効果量を示す要因の多くを説明することを目的としています。

なぜ10なのでしょうか。実際は10個すべてを通して再現される1つの主要なマインドフレームがあるのです。それは第1のマインドフレームであり、つまるところ、教師が教室に足を踏み入れたとき、リーダーが職員室に足を踏み入れたとき、彼らには「今日の私の仕事は私が及ぼした影響を評価することです」と言ってもらいたいのです。ここで問題なのが、「影響(impact)」とは何を意味し、評価スキルとは何を意味するのかということです。この問いは、影響が何に関するもので、どれだけの生徒に与えたのか、そして授業でどのくらい改善したのかに関係します。専門的に学ぶ時期には、教師の影響の中身について調べ、批評し、エビデンスを提供し、継続的に「私はもっとうまくやれるだろうか」という問いを立てることが主な焦点となります。「私は生徒の学習に及ぼす影響の評価者である」というこの第1のマインドフレームをさまざまな視点で探求したものが他の9つのマインドフレームであり、最終的には10のマインドフレームのネットワーク化が企図されています。

生徒の学習に及ぼす自らの影響を鋭く評価する考え方もまた探求する価値があります。評価的思考には、自身の影響を解釈するときに生じる認知バイアスに気づくこと、他者（教師や生徒）の立場に立って、彼らの解釈およびどのように活動・決定を行なったのかを見ることができること、何かに固執することなく複数の視点から自身の解釈を裏づけるエビデンスを探すこと、そしてメリットや価値、重要性について判断することなどが含まれます。これはすべて、教師の専門性の本質を物語っています。私たちは専門職としてあまりにも長い間、この専門性を評価・認識せずに、リソースを共有したり、教授法に集中したり、カリキュラムを議論したり、生徒へのアセスメントや自身の仕事のよりわかりやすい部分の影響を気にかけたりしてきました。さらに、私たち教師は、仕事のほとんどを他の教育者から「切り離された」自分たちの学級で過ごす傾向にあり、他の教師と自分の考えを議論して公開することはめったにありません。10のマインドフレームは、あなたをより深く掘り下げ、他者の解釈を聞いたり自分の解釈を批評してもらったりするための時間と空間をつくり、教師たちが教育者としてどのように考えているかを調査することにいざなうものです。

他者の立場に立ち、社会的感受性をもってスキルを伸ばす能力は、この専門性の根底にあるコアスキルです。原田信之氏と彼の翻訳チームがこの本を日本語に翻訳する際に私たちの立場に寄り添ってくれたことをとても光栄に思います。彼は私たちのメッセージを理解してくれました。単なる言葉の翻訳ではなく、大きなアイデアやメッセージが翻訳によって日本の読者の皆さんに伝えられることを光栄に思います。また、本書を読むことで、あなたもまた私たちの立場に立ち、自身を批判的に見つめ直したり、本書のアイデアを発展させたりすることにつながり、教育者としてのあなたが及ぼしている影響をあなた自身がどのように評価するかを理解するのに役立つと信じています。

ジョン・ハッティ、クラウス・チィーラー

Contents
目次

Chapter 0

はじめに：行なったことの影響をいかに考えるかは、いかに行なうかを考えるよりも重要である　001

Chapter 1 私は生徒の学習に及ぼす影響の評価者である 029

Chapter 2 アセスメントは自身の影響と次のステップを知らせてくれるものである 046

Chapter 3

Chapter 4

Chapter 0 はじめに：行なったことの影響をいかに考えるかは、いかに行なうかを考えるよりも重要である

1 50人の教師との1万5000時間

私たちは誰でも、人生のうち学校でおよそ1万5000時間を過ごし、その間に約50人の異なる教師から教えられている。自分にポジティブな影響を与えてくれたこれらの教師を思い出そうとしても、私たちはしばしばほんの数人しか思い出せない。よい教師もいれば、悪い教師もいた。どちらの場合も、その教師の名前を覚えていることだろう。彼らが着ていた服や特徴的なしぐさまで覚えているかもしれない。私たちを「変えてくれた」教師を数えるのは片方の手で十分だが、同じように悪い教師を数えるには、おそらく片方の手では足りないだろう。とはいえ、教師に関する記憶についてのよい情報としては、私たちのほぼ全員が1人か2人かのよい教師にめぐり合ったということである。悪い情報としては、学校にいたはずの教師の大多数が私たちの記憶から完全に消え去っているということである。私たちは彼らの名前も彼らが教えた教科の中身も思い出せない。

何年も、あるいは何十年も私たちの記憶に残り続ける教師もいれば、ほんの少し時間がたつと忘れ去られてしまう教師がいるのはどうしてだろうか。

よい教師に関する記憶を詳しくたどってみよう。その記憶をたどると、あなたには何が思い出されるだろうか。この質問で多数の大人を調査したら、2つの主な答えが得られた。情熱を注いであなたを変えようとした教師か、または、私たちが自分自身の中に見たことのない何かを見せてくれた教師を思い浮かべたかである。あなたが思い出す可能性が最も高いのは、その教師の考え方、サポートの仕方、チャレンジのさせ方、情熱の示し方であった。彼らが特定の教科を教えたり、友好的であったりしたかではなく、彼らがあなたに何らかの影響を与えたことが理由になっている。

本書は、これらの教師、何年にも何十年にもわたり好印象をもって私たちの記憶に残る教師について書かれている。彼らは私たちの学習と教育に大きな影響を与えた教師であったし、その教師がもたらした影響は今の私たちに残っていることも珍しくない。この本の主な焦点は、なぜその教師がこうした影響を与えたのかについて核となる知見を詳しく調べることである。

2 サイモン・シネックとゴールデンサークル

教育の専門知識と成功するリーダーシップの間には明確な類似点がある。どちらの場合も課題となるのは、開発、思考、行動において、可能なかぎり人を挑戦させ、自信を与えることである。2009年にアメリカのファシリテーターであり作家でもあるサイモン・シネック（Simon Sinek）

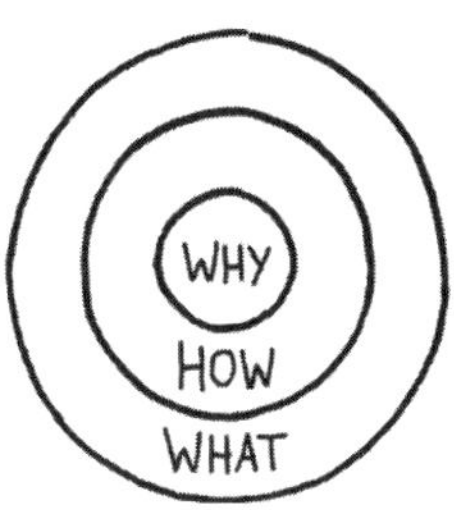

図0-1　ゴールデンサークル

は、「How Great Leaders Inspire Action（すぐれたリーダーはどうやって行動を促すか）」というタイトルでTEDトーク〔訳者注：ネットを通じて行なわれる動画の無料配信プログラム〕を開催した。この講演は短期間のうちに世界的な議論を引き起こし、今でもTEDで3番目に視聴されている動画である。ビジネスネットワークcom todayでの再生回数は、過去6年間で2000万回以上になる。その後まもなく、サイモン・シネックは『*Start with Why*（WHYから始めよ！）』〔訳者注：Sinek, 2009：邦訳は[11]頁を参照〕を出版した。この本で彼は、講演で最初に説明したアイデアを具体化した。

　一見すると、彼の考えは単純すぎて真実ではないように見える。「**何を**（WHAT）」、「**どのように**（HOW）」、「**なぜ**（WHY）」という言葉でラベルづけされた同心円（図0-1）は、成功をどのように説明しているのだろうか。成功へと導くリーダーシップを説明するのに、綿密な調査によってのみ、この同心円が表わすつながりが役立つことが証明される。また、教育の専門知識をよりよく理解するのにも役立つ。

　サイモン・シネックは、リーダーシップは3つの異なる観点から考えることができると主張している。第1に、成功するリーダーが「何を」するかという観点から見ることである。第2に、リーダーがしていることについて、リーダーが「どのように」それを行なうかを問うというアプローチをとることである。第3に、リーダーがしていることについて、「なぜ」それをするのかを自問することである。この考えを説明するために、サイモン・シネックは、図0-1の図を使用する。この図を彼はゴールデンサークルと呼んでいる（Sinek, 2009を参照）。

サイモン・シネックの考えが発する主なメッセージは、平均的なリーダーは最初から最後まで、円の最も外側の部分で考えているということだ。彼らは自分たちが何をしているのかを自問しても、通常はそれ以上考えない。

そのため、彼らは自分たちが行なっていることを、どのように、そしてなぜ行なっているのかというはるかに重要な質問を考慮していない。このように、平均的なリーダーはしばしば目前の目標を見失い、そのことによって与えられた主な任務にも失敗してしまう。つまり、人の成長や思考、行動において可能なかぎり人を挑戦させたり、自信を与えたりすることができないのである。リーダーに続く人たちの反応は、外部刺激に対するうわべだけの機械的反応でしかない。その人たちは内なる信念から行動することができない。生徒への影響に関係なく、彼らは仕事をし、行動を起こし、学校を運営するだけである。

成功するリーダーは多様なアプローチをとる。彼らにとっての主な問いは、なぜ何かをしなければならないのかということである。これは彼らをどのように何かをするかという問いに導いたうえで、最後に何をするべきかという問いに導く。サイモン・シネックは、次の言葉で彼の議論の核心に導く。成功するリーダーにとって重要なことは、彼らが何をするかではない。さらに重要なのは、彼らが行なうことを「どのように」、そして「なぜ」行なうのかである、と。したがって、彼は成功の秘訣を、内側の円とその理由の問いから始めて、そこから外側に向かって、「どのように」「何を」を問題にして問うことであると理解している。サイモン・シネックは、自身の考えを説明するために、アップル、マーティン・ルーサー・キング・ジュニア、ライト兄弟の3つの例を紹介する。

アップル社の成功の秘訣は何か。それは確かにアップル社がしていることとは何の関係もない。アップル社は他の多くの会社がそうであるように、コンピュータやタブレットや携帯電話をつくっている。これらのデバイスを詳しく見てみると、競合製品よりもはるかにすぐれているわけではないことを認めなければならない。ポケットの中でくにゃっと曲がるスマートフォンは、ユニークな機能かもしれないが、どうしてもというほどの意味があるわけではない。それにアップル社が行なっていることとは何の関係もない。むしろ、この点に関する会社の記録を詳細に見ると、正反対のことがわかる。それはつまり、低賃金で、環境への負荷が大きく、労働条件が悪いということである。したがって、アップル社の成功の秘訣は、なぜを問うことにあるに違いない。今日アップル社の製品を購入する人は、技術的なデバイスだけを手に入れるわけではない。彼らは、個人的な哲学、生き方、ブート［訳者注：コンピュータを起動すること］への情熱をも手に入れる。アップルはよりよい生活を送っているという感覚表現になっている。

マーティン・ルーサー・キング・ジュニアがアフリカ系アメリカ人の公民権運動にあって最も有名で影響力のある指導者の中にいるのはなぜか。まさか彼がなしたことだけではあるまい。彼はその時代の唯一のヒューマニストというわけではなかったが、彼の考えは活動家の多くに通じる考えだった。これは、彼がそれをどのように行なったかと言い換えても見いだされるものではない。彼は間違いなくすばらしく情熱的な演説者であったが、それでも彼が仲間の活動家と区別してもち上げられることはなかった。マーティン・ルーサー・キング・ジュニアの成功の理由は他に探す必要がある。なぜ彼は彼がしたことをしたのか。１９６３年8月28日のワシントン大行進に参加した25万人は招待状を受け取っていなかった。彼らが来たのは、マーティン・ルーサー・キング・ジュニアを信じていたからである。彼が何を言ったか、そしてどのように言ったかよりも、彼が言った理由が大切であった。マーティン・ルーサー・キング・ジュニアは、彼がやっていることをなぜやっているのかというビジョンをもっていた。「私には夢がある」は彼の不滅の言葉であり、それは「私には計画がある」ではなかった。この大行進の日にマーティン・ルーサー・キング・ジュニアの言葉を聞いた人々は深く感動し、同じ価値観を共有し、共通のビジョンをもっていた。彼らは皆、この日がすべてを変えると信じていたのである。

１９０３年12月17日、ライト兄弟は有人動力飛行に成功した最初の人になった。なぜ彼らだったのか。同じ目的をもつ他のチームと比較して、彼らの見通しのほうが暗かった。資金もなければ、政府からの支援や有力な人とのつながり、そして特別な訓練を受けたこともなかった。飛行のパイオニアとしての王位をかけた競争の最も有名なライバルであったサミュエル・ピアポント・ラングレーは、ライト兄弟に欠けていたすべての利点を享受していた。資金調達、政府との協力、すぐれた交際相手、さらには米国海軍兵学校の教授職にあった。では、なぜライト兄弟だったのか。どちらのチームも意欲が高く、明確な目標を掲げ、それを達成するために懸命に努力していた。違いは運でも、一発逆転でもなかった。着想の豊かさの違いだった。ラングレーのチームは名声と名誉を最初に獲得したかったのに対し、ライト兄弟は飛行したいという夢に向かう信念に支えられたビジョンに駆り立てられていた。ラングレーのチームは、彼らが「何を」しようとしていたかに動機づけられてはいたが、ライト兄弟はひたすら、「なぜ」それをしているのかという問いに照準を合わせていた。

要約すると、アップル社、マーティン・ルーサー・キング・ジュニア、ライト兄弟の成功は、サイモン・シネックのメインメッセージを例証している。彼らは皆、「何を」したいのかではなく、「なぜ」何かをしたいのかという問いから始まった。彼らは皆、ビジョン、情熱、信念をもっていたし、彼らは皆、自分たちのことを伝え、他者と共有することができていた。

生徒の学習生活を向上させることができ、実際に向上させるというビジョンや情熱、信念は、教育者にも通じることである。これが、教育者が自分たちのしていることを行なう「理由」の中核である。本書の主要なテーマは、教育者が自分の仕事についてどのように考えるかを探求することである。他に何もないとしても、どのようにすれば最もよく教えられるのかという議論から、その教え方の影響を最もよく評価する方法に議論を移したいと思う。後者は、教育者の成功と学校に通う理由の中心を直接扱い、生徒に最も恩恵をもたらすものである。

③ ハワード・ガードナーと３つのE

経験と専門知識に基づいてサイモン・シネックが作成したメッセージが実証的見解と一致していることは驚くべきことであるとともに、興味がそそられる。ハワード・ガードナー（Howard Gardner）〔訳者注：ハーバード大学教授で多重知能の理論を提唱した〕は、１９９５年にミハイ・チクセントミハイ（Mihály Csíkszentmihályi）〔訳者注：ハンガリー出身のアメリカの心理学者でポジティブ心理学の提唱者〕とウィリアム・デイモン（William Damon）〔訳者注：スタンフォード大学の発達心理学者〕とともに「グッドワークプロジェクト（Good Work Project）」（Gardner, Csíkszentmihályi & Damon, 2005）を始めた。その目的は、成功した仕事を構成するものは何かという問いに答えることだった。３人の研究者は、９つの異なる職業分野の人たちに１２００を超えるインタビューを実施し、これらの分野では専門的な成功がどのように定義され、どのようにすれば彼らのすぐれた仕事を特定できるかを明らかにした。広範な一連のデータの分析は、一見単純そうな式に要約される。すぐれた仕事は３つのEによって特徴づけられる。それは、卓越性（excellence）、取り組みの姿勢

すぐれた仕事（ハワード・ガードナーによる）

図 0-2　3 つの E

（engagement）［訳者注：愛着や思い入れ、自発的に自身の力を発揮する貢献意欲］、倫理（ethics）の組み合わせと統合で構成される。成功した仕事人は、自分が何をしているのかを知っており、自分がそれを成し遂げたことを確認し、自分がしていることをしている理由をあげることができる。管理者の仕事について話し合っているのか、トップマネージャーの仕事について話し合っているのかは関係ない。すぐれた仕事とは、卓越性、取り組みの姿勢、倫理の問題である。

　この説を説明するために、日常生活の例を考えてみよう。次の状況を想像してみてほしい。喫茶店でコーヒーを注文するとしよう。最初のケースでは、ウェイターはあなたにコーヒーを提供している間、フレンドリーで感謝の気持ちを込めてあなたとコミュニケーションをとり、あなたが喫茶店で歓迎されている客であると感じさせる。２つ目のケースでは、ウェイターは、あなたと話したりあなたを見たりしないでコーヒーを提供し、歓迎されていないという感覚を与える。どちらのケースでも、あなたはコーヒーを飲む。つまり、結果は同じでも、2つのケースでは結果にどのように到達したかが異なる。これが3つのEの主なメッセージを示している。すぐれた仕事とは、卓越性（つまり、仕事をするために必要な知識と能力の問題）だけでなく、とりわけ取り組みの姿勢（つまり、あらゆる種類の仕事をするのは、常に関連する仕事をする動機）、倫理（価値観、理由）の問題でもある。

したがって、最終的に飲むコーヒーは同じであっても、コーヒーを提供する行為には質の差がでる可能性がある。質は、ウェイターの卓越性、取り組みの姿勢、倫理に大きく依存する。サイモン・シネックのリーダーシップの考え方についての議論の観点から、私たちは、卓越性を「何を（what）」に、取り組みの姿勢を「どのように（how）」に、倫理を「なぜ（why）」に結びつけようというのである。したがって、サイモン・シネックの考え方を、ハワード・ガードナー、ミハイ・チクセントミハイ、ウィリアム・デイモンが到達した実証的見解と結びつけることができる。この場合も、この結びつきを単純な円の形で示すことができる（図0-2）。

4 教育の専門知識：コンピテンシーとマインドフレーム

論点は、教師が自分たちの仕事についてどのように考えるかというところにある。教室や職員室での一瞬一瞬の意思決定の中で、なぜ教師たちがこれではなくそれを行なうのかということが重要である。この考え方は、生徒を変えようという情熱と熱意に基づいている。この情熱と熱意は、次の10のマインドフレームのセットに現われる。最初の3つは影響（インパクト）に関連し、次の2つはチェンジとチャレンジに関連し、最後の5つは学習の焦点に関連する。

A　影響（インパクト）

1　私は生徒の学習に及ぼす影響の評価者である

2　アセスメントは自身の影響と次のステップを知らせてくれるものである

3　進歩させたいと考えていることや自身の影響について同僚や生徒と協働する

B　チェンジとチャレンジ

4　私は変化をもたらすエージェントであり、すべての生徒が改善できると信じている

5　私は「最善を尽くす」だけでなく、チャレンジに努める

C　学習の焦点

6　私は生徒にフィードバックを提供して理解できるように支援し、私に与えられたフィードバックを解釈して行動する

7　私は一方向の説明と同じくらい対話を取り入れる

8　何ができたら成功なのかを最初から生徒に明確に伝える

9　間違えても他者から学んでも安心して学習できるように人間関係と信頼を築く
10　学習と学習中の言葉に集中する

これらのマインドフレームの際立った特徴として、成功した教師が自らのマインドフレームのためになすべきことをやっているということを示す実証的エビデンスを示すことが可能である。それは、彼らが最も重要なことをどのように考えているか、自らの影響をどのように理解しているか、そして彼らが生徒に与える影響をプラスの影響に改善するためのフィードバックをどう探り当てているのかについてである。このようにして、マインドフレームが可視化される。したがって、熟達した教師は、自分が何をしているのかを問うだけでなく、自分がしていることをどのように、なぜ行なっているのかという問いにも答えることができる。

教育の専門知識が、サイモン・シネックとハワード・ガードナー、ミハイ・チクセントミハイ、ウィリアム・デイモンによって提案されたモデルとどのように関連しているかが明らかになった。学校と教育において成功する行動の鍵は、知識と能力（この意味で、卓越性とwhatの問い）だけでなく、意志（この意味では、取り組みの姿勢とhowの問い）と判断（この意味では、倫理とwhyの問い）にもある。特に興味深いのは、これらの見方の間には内的つながりがあるという事実である。能力は、そうする意志がある場合にのみ、そしてそうする理由が変わらずあれば、再生される知識に基づいている。そうであればこれは判断に基づいている。この意味で、教育活動は深い倫理的な活動であ

図 0-3　ACAC モデル

る。必要な能力、知識、意志、判断力を身につけることができる教師は、特定の状況において適応的な行動がとれる。特段の問題がなければ、教師もまたこのように努めれば成功するであろう。これらの見方の一つ、たとえば意志が欠落している場合、教師はおそらく失敗するであろう。図０-３は、この論点をＡＣＡＣモデル（態度、コンピテンシー、行動、文脈）で要約している（Zierer, 2016aを参照）。

高度なコンピテンシーだけでは、専門知識の基礎を築くには明らかに十分ではなく、最高のマインドフレームも同じである。重要なのは、むしろコンピテンシーとマインドフレームの間の相互作用である。この点を念頭に置いて典型的な教師の経歴を見ると、何よりも彼らのキャリアを通して変化しやすいのは彼らのマインドフレームであることがわかる。知識と能力は比較的安定しているが、意志と判断は毎日学校で試される。最終的には、職業生活全般でうまく教えるという挑戦的な課題に取り組んでいるかどうかは、教師のマインドフレームによって決定される。

私たちのモデルを背後にすえて、成功した専門家が、なぜ突然、燃え尽き症候群を経験するのかを考えてみよう。それは確実にコンピテンシーの欠如によるものではない。むしろ、以前は成功していた人がもはや仕事から喜びや満足を得ることができず、そのために失敗するのは、彼らのマインドフレームの変化のせいである。私たちが概説しているマインドフレームを維持する主な理由は、教師が生徒に与える影響のエビデンスを用いてこれらのマインドフレームを継続的に涵養することである。それは自己実現的なものかもしれない。マインドフレームを変えるよりもコンピテンシーを育成するほうがはるかに簡単なことも明らかである。しかし、これは私たちがただ諦めるべきだという意味なのだろうか。私たちが教育の専門知識を開発したいのであれば、このチャレンジを受け入れ、それを教師教育の主な焦点にし、継続的な専門的学習のリニューアルを介する以外に選択肢はない。

成功する教師は、教科だけでなく、一般的な教授と学習、学習者、自らの専門性についても情熱を注いでいる。生徒への影響についてもそうだろう。この情熱は、成功する教師になるためでなく、このチャレンジし続ける専門的職業にとどまるためにも、長期的に成功する教師であり続けるためにも重要である。

5 なぜこの本なのか

この本は可視化された学習のメタ分析研究で検証された成果である（Hattie, 2013, 2014, 2015; Zierer, 2016b）。私たちは、これらの情報源で提供されているエビデンスを精査し、理にかなうようにしたり、筋立てをつくったりして、学校教育への介入が他の介入よりもはるかに影響力がある理由を解釈しようとしている。私たちは、成功の核となる要因を理解するために議論したり、論点を出したりして楽しんできた。影響要因のランキング〔訳者注：『学習に何が最も効果的か』あいり出版、2017年、巻末資料330〜334ページ参照〕をせせこましく誤解を招くように用い、ランキングの上位にあるものを優先し、下位にあるものを無視している人もいる。ランキングが自身の世界観に適合しなかったので、エビデンスを嫌う人もいた。そのとおりかもしれないが、私の学級では違うと言う人もいた。一方の影響力を他よりも厳選して促進する人もいた。そうである。おそらく最初の本はこれらの誤解を引き起こさないように書いたつもりだった。多くの要因が重なり合って本の筋立てが成立したことは明らかだが、この点は十分に補強されていなかったのかもしれない。

調査では、生徒の学習生活に大きな影響を与える人とあまり影響を与えない人との間で真に違いをもたらすものの中核となる見解を探している。これが本書の目的である。確かに、最大の違いを生んだのは、学校に関連する構造ではなく、教育者の専門知識であることが明らかになった。生徒は驚くほど多様でユニークであるが、端的なメッセージとしては、最も手入れの行き届いたものは、ほとんどの生徒で最も効果的であるということだった。ただし、重要なのはこうした見解ではなかった。教育者は自らの影響、影響の意味の性質、この影響の大きさ、この影響の価値に非常に注意を払う必要があった。

本書で検討され、教室での実践に適用されたすべての実証的エビデンスは、可視化された学習のメタ分析研究から取り出されたものである。このメタ分析のデータベースは成長をし続けている。２００９年には８００のメタ分析があったが、現在は１４００に増えている。ただし、根底にある筋立ては変わっていない。実際のところ、６００のメタ分析を追加することで補強されている。本書は、これまでの筋立てを繰り返すものではない。最大の違いを生み出すものは何か、その核心を探し出すことをねらいにしている。これから見ていくように、教育者が自身の仕事、介入、生徒、自らの影響について、「どのように（how）」考えればよいかがダイレクトにわかるようにしている。

6 可視化された学習とは何か

もともとの可視化された学習におけるメタ分析研究の作業は、完了するまでに15年から20年以上かかった。これには、約8万件の研究を構成する８００以上のメタ分析研究の分析が含まれ、研究対象者数がメタ分析研究に常に記載されているとはかぎらないが、推定で2億５０００万人の学習者が参加したことになる。そして、先述のように、可視化された学習プロジェクトはまだ完了していない。現在までに合計1400を超えるメタ分析研究が分析されたが、この研究の主なメッセージについてはほぼ変更されていない。

達成結果に関連するメタ分析のみが考慮される。他には、情意や動機づけの結果（Korpershoek et al., 2016）、私たちの教え方（Hattie & Donoghue, 2016）、特殊教育の生徒（Mitchell, 2014）に関して類似の研究が行なわれている。学校教育の最終年までの定着率、身体・栄養の側面に関する結果のメタ統合まであることはすばらしいといえよう。

可視化された学習は、教育研究から得られたこうした多数の発見の最重要点に到達し、メタ分析研究を統合することによって、そこから読み取れる主要なメッセージを特定しようとしている。目的は、「何が作用しているか」から「何が最も作用しているか」に、そして、いつ、誰のために、なぜそうなるのかへと視点を移すことである。これらのモデレータ（いつ、誰に、なぜ）を理解するための探索が研究の鍵であり、モデレータが非常に少ないことは驚くべきことであった。探索では、最初に「学級定員」「教師と生徒の関係」「確実な習得指導」「フィードバック」など基礎となるメタ分析研究から約150の要因を生成し、次に、たとえば、新しいカリキュラムと古いカリキュラム、学級定員を25～30人から15～20人に減らすなどして、2つの条件の平均を比較したり、介入後の時間の経過ごとに生徒を比較したりするために計算して効果量が定められた。効果量の美しさは、一度計算されると、多くの介入をクロスして合理的に比較できることである。効果量を理解す

表 0-1

	要因数	メタ分析の数	研究数	効果量
学習者	19	152	11,909	0.39
家庭	7	40	2,347	0.31
学校	32	115	4,688	0.23
教師	12	41	2,452	0.47
カリキュラム	25	153	10,129	0.45
授業	55	412	28,642	0.43

るためのすぐれた情報源はたくさんある（Coe, 2012; Lipsey & Wilson, 2001）。他のどんな方法でも、メタ分析でも同じであるが、特にメタ分析研究の統合を構築するための可視化された学習という革新的な試みにも、もちろん欠陥がないわけではない。それには、これらの批判のいくつかを参照することが重要である（Snook et al., 2009; Zierer, 2016b を参照）。

複数のメタ分析から生成されたさまざまな影響は、学習者、家庭、学校、教師、カリキュラム、教え方など多様なドメインに割り当てることができる。表0-1は、全体としての手順の概要を示している［原注］。

この概要はすでに重要な発見を明らかにしている。教育など多くの研究のトピックとなっているドメインと、家庭といったより少ない研究と統合したトピックになっているドメインがある。

重要なこととして、ドメイン内の効果量の分散には大きなばらつきがあるかもしれない。たとえば、学校のドメインのほとんどの要因は、効果量0・20の周りに集まっているが、教師のドメインの要因は、0・12（教師教育）から0・90（教師の信頼性）の間の効果量に達している。この差異を理解することは、これらの多くの影響に通底する根本的要因の一つとして、教師のマインドフレームの肝要さを主張するのに重要なこ

［原注］ 本書は入手できる最新の統計を引用している。印刷の時点でこれらは『*Visible Learning for Teachers*（教師のための可視化された学習）』［訳者注：Hattie, 2012；邦訳は［8］頁を参照］に収められた更新された統計である。

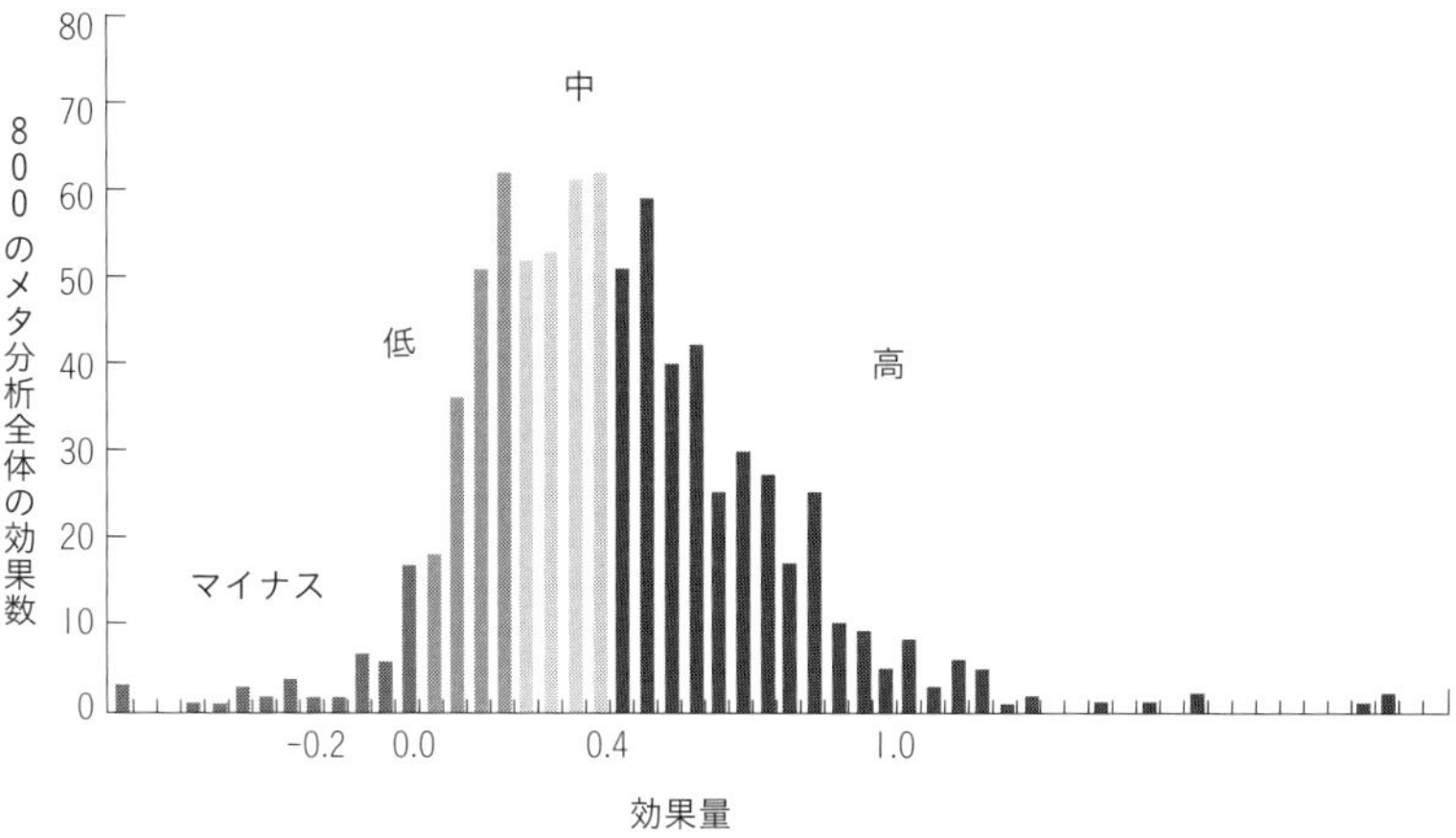

図0-4　効果量の変動性（Hattie & Zierer, 2017）

とである。

メタ分析研究に含まれる800のメタ分析の全体における、効果の変動性は、次の図0-4の分布で示される。

多くの点でこの分布は、学校や教室で発生する事実上すべてのことが学業成績の向上につながる可能性があることを示している。言い換えれば、私たちが学習者に対して行なうことの90~95%は学習者の達成度を高めている。これは教師に安心感を与えると思うかもしれないが、そうではない。この結果が示す唯一のことは、人（あるいは私たちといってよいかもしれない）は、どんなときでも学習しているということである。これは、ほとんどすべての人が自分の好きな影響力の「エビデンス」を主張できる理由を説明するのに役立つ。いろいろな意味で、学習を妨げることはできない。

ただし、鍵となる見解について、平均効果を下回っている（ただし、それでもプラスの）影響と比較して平均効果よりも大きいとされる影響の根底にある筋立てについては問いを投げかけてみる必要がある。これは可視化された学習の筋立てであり、他の可視化された学習の本でも十分に繰り返し述べられているため、ここでは引用していない。本書が取り上げる問いは、生徒の学習生活に変化をもたらす成功の根底にある最も重要な考え、つまり教育者のマインドフレームにかかわることである。

7 本書はどのように構成されているのか

このような背景から、本書に関するいくつかの一般的な方法論的考察を紹介したいと思う。可視化された学習（Visible Learning）［訳者注：「可視化された学習」3部作の邦訳書は以下のとおりである。『学習に何が最も効果的か』あいり出版、2017年、『教育の効果』図書文化、2018年、部分訳、『教育効果を可視化する学習科学』北大路書房、2020年］の一連の本で概説されているように、実証的な教育研究から得られた知見に基づいて、10のマインドフレームを説明するために次の要素を選択した。

■教師が生徒の学習前の知識や過去の経験をうまく活性化させたり考慮に入れたりすることに成功すると、学習がより成功することがわかっている。このため、各章は、500人以上の教師を対象にした調査をもとに作成された自己省察のためのアンケートから始まる。

■私たちは、一般に達成の向上、特に成功は、知識と能力だけでなく、とりわけ教師と生徒の意志と判断に左右されることを知っている。このため、章の冒頭にある「自己省察のためのアンケート」は、読者自身の理解や知識、意志や判断を明らかにするために示されている。

■私たちは、学習目標に関する明確さが学習の成功にとって重要であることを知っている。このため、「エピソード」では各章の主なメッセージを紹介し、それを説明するための例を示している。これにより、その章の以後の展開を理解しやすくしている。

■問題、経験、行動への志向が、指導を成功させるための重要な要素であることを私たちは知っている（Merrill, 2002 を参照）。したがって、本文中で紹介されている理論的・実証的な知見を説明するために、行動のための推奨事項を示すとともに、省察のためのサンプル問題や課題をできるだけ多く掲載している。

■授業の最後のまとめが学習に役立つことを私たちは知っている。このため、各章の最後に「チェックリスト」を示し、読者が資料を確認して実践できるようにしてある。

■学習には熟慮を伴う練習が含まれることを私たちは知っている。このため、各章の最後に「エクササイズ」を示している。これらのエクササイズでは、学習を可視化するために、章の冒頭にあるアンケートを参照する。このエクササイズは、教室での実践に焦点化し、授業の計画と分析をサポートしてくれる。協同の可能性と、自分の考えや行動についてのエビデンスの探求が特に強調されている。

■専門知識には、コンピテンシーと適切なマインドフレームの両方が必要であることを私たちは知っている。このため、本書ではこれら2つの側面に繰り返し取り組み、話に取り入れるように努めている。たとえば、章の最初と最後にある「自己省察のためのアンケート」と「チェックリスト」を頼りにマインドフレームについて検討することを促し、章の中でもエビデンスに基づく知識を提示している。

■読者がこれらのアイデアをフォローアップして、資料を確認し、より深く研鑽するために、いっそう読み込むための提案を示せることを望んでいる。

　このように本書を整理するうえでの私たちの望みは、非常に現実的な意味でのワークブックであると同時に厳しいがやりがいのある刺激的な本に仕立てることである。読者が自身のマインドフレームに疑問を投げかけ、自分のスキルを伸ばし、自分の教育の専門知識を育むのに役立つ本になればと願う。

⑧ この本は誰を対象としているのか

本を書くとき、人は常に特定の読者層を念頭に置く。私たちは誰を念頭に置いていたか。可視化された学習で提供したことから喜びを味わった講演の参加者は、学生、実習生、現職教師から学校長、学校や省庁の管理者にいたるまで、いろいろな立場の人が混在していた。時折、親、教育大臣、記者も参加していた。私たちは本書を書く際にこれらすべてのグループを念頭に置いており、それぞれに何かを提供したいと思っている。

■学生にとっては、この本が教育研究の現状についての見識を提供し、彼ら自身の学習を理解する機会になることを願っている。
■教員養成期の学生にとっては、この本が生徒と教室の世界をどのように考え、解釈する必要があるかに順応するための助けになることを願っている。あとでわかるように、これは、学級経営やカリキュラムやアセスメントの知識、そして関係を構築するためのノウハウとしての秘訣やコツを身につけるよりもはるかに重要なことである。――とはいえこれらのすべては、最も重要な考え方を実行に移すのに役立つ。
■教師にとっては、この本が、自身の教え方についてどう考えるか、他の教師と協働して自身の考えを高め、洗練し、批評することの重要性について多くの問いかけのもとになることをめざしている。
■学校長にとっては、どのようにすれば教師のやる気を引き出し、教師が協力してすべての生徒の学習生活を変えることができるのか、そして教師の影響のエビデンスはその信念をより涵養するのに役立てられるのかについて、この本が方向性を示せることを願っている。

■学校や省庁の管理者にとっては、教師が直面している課題が何であり、教師が成功するために必要なサポートが何かを明確にするのにこの本が役立つことを願っている。教育の場はまぎれもなく学習者と教師の間の相互作用で成り立っているが、学校や省庁の管理者の側でも10のマインドフレームを実行に移すのをサポートすることに敬意を示したり、関心を集中させたりすることも大きな影響を与える可能性がある。

最後に、この本が、学校関連のことでも別のところでも、教育問題に携わるすべての人の関心を引くことを願っている。結局のところ、学習は他分野でも同様の原則に従うものである。原則とは、教師、生徒、リーダー、親のコンピテンシーとマインドフレーム次第であるということである。

9 謝辞

本書は、多くの人の直接的、間接的な協力なしには仕上がらなかっただろう。第1に、過去数年間に、可視化された学習について講演するために多くの学校や教育機関に招かれた。6大陸のすべてで可視化された学習の原理の実施を支援するために数千の学校に招待されたのだ（南極への招待だって歓迎だ）。私たちは、これらの教育機関の教育者に、彼らがどのように考え、仕事をしているのかについて価値のある視点を与えたと思っている。しかし、私たちが確実にわかっていることは、すべての学校から、そしてそこで出会った教師との話し合いから、多くの有益なアイデアを拾い上げてきたことである。それらの多くは、本書の糧になった。

ジョン（John Hattie）

『*Visible Learning*（可視化された学習）』［訳者注：Hattie, 2009：邦訳は[8]頁を参照］を書いたとき、私にとっての大きな課題は、多数のデータの背後に隠されたストーリーを見いだすことであった。このデータを収集する作業にはかなりの時間を要したかもしれないが、データを解釈するよりもデータを収集するほうが簡単だった。多数の調査結果を理解するにはさらに時間がかかり、最終的にすべての見解をまとめるために、常に前に進んでは後ろに戻ったりする必要があった。そうすることですべてのメタ分析の主なメッセージは、教師がどのように考え、何をしているのかをどのように説明するかという問題であることに繰り返し気づかされたのだ。そして、どのマインドフレームがこの考え方を導いているのかによって、子どもたちの学習に対する教師の影響は異なるのだ。このアイデアは、デイヴィッド・ベルリナー（David Berliner）、ジョン・デューイ（John Dewey）、パウロ・フレイレ（Paulo Freire）他の多くの著作にすでにみられるものであるかもしれない。私は最終的に、教師の成功に欠かせないさまざまなかたちのマインドフレームについて説明しようとした。何度か試みたあと、そして研究者や実務家から建設的な批判を受けたあと、それらのうちの10のマインドフレームを説明した。この場をお借りして、私のマインドフレームの形式化の難しさを指摘したり、議論したり、論点を示したりしてくれた皆に感謝を申し上げる。これらの議論がなければ、本書にみられるような鋭い記述にはならなかっただろう。それから私にとっての課題はこのように定義されたマインドフレームを実証検査にかけることであった。これに関連して、デブラ・マスターズ（Debra Masters）とハイジ・レッスン（Heidi Lesson）に特に感謝したい。また何よりも、この機会を利用して、可視化された学習の多数の翻訳者が多くの重要な質問をしてくれたことに感謝する。ニュージーランドの教育グループコグニション（Cognition）の同僚、アメリカ、カナダ、オーストラリアのコーウィン（Corwin）の同僚、スウェーデン、ノルウェー、デンマークの学びへの挑戦（Challenging Learning）の同僚、オランダのバサルト（Bazalt）の同僚、イギリスのオシリス（OSIRIS）の同僚に感謝する。また、メルボルン大学大学院教育学研究科の同僚にも感謝する。彼らは、可視化された学習を日々実践し、多くの重要な発見をし、新しいアイデアを生み出している人たちである。そして、私の最大の感謝は、クラウス・チィーラー（Klaus Zierer）に捧げたい。彼のアイデアやインスピレーション、彼の粘り強さや誠実さ、そして真の友人としての彼の義理堅さに感謝する。彼と一緒にこの本を書くことは喜びだった。オーストラリアとドイツの間の距離と言語の違いを架橋し、刺激的で挑戦的な視点をまとめることができた。一冊の本を書くには多くの時間とサポート、そして忍耐が必要となる。私の家族、特に私の人生のパートナーであり、最大の批評家でありサポーターであり、同僚であり、多くのフィードバックを提供してくれたジャネットに感謝する。今は成人した子どもたち、ジョエル、キャット、カイル、ジェス、キーラン、アリーシャ、エドナ、パターソンに感謝する。この本を私の初孫エマに、そして今後生まれるであろう（たくさんの！）孫全員に捧げたいと思う。

クラウス（Klaus Zierer）

まず、教育政策立案者のゲオルク・アイゼンライヒ（Georg Eisenreich：バイエルン州事務次官）とマティアス・ブロートクォープ（Mathias Brodkorb：メクレンブルク・フォアポンメルン州元教育大臣）に敬意を表する。彼らとは、学校と授業について深い議論を交わした。ヨハネス・バスティアン（Johannes Bastian）にも感謝している。彼の提案は、教育専門誌『*Pädagogik*（教育学）』において、ハッティ研究をシリーズ化することで、ジョンとの共著『*Kenne deinen Einfluss! "Visible Learning" für die Unterrichtspraxis*（あなた自身の影響を知りたまえ！ 授業実践のための可視化された学習）』〔訳者注：Hattie & Zierer, 2016〕を執筆するという私の長年の計画を実現する動機づけになった。それ以来、雑誌『教育学』は、本書の個々の要因を取り上げた4部構成のシリーズを出してきた。ジョンの研究をドイツ語に翻訳することから始まり、それ以来どのような場合であっても継続してきた長年にわたる協力に対して、ヴォルフガング・バイヴル（Wolfgang Beywl）に感謝する。この協力は、信頼と誠実さによって続いてきた。また、私の大学時代の先生から上司へ、そして同僚へと役割は変わってきたが、長年にわたり重要な対話パートナーであるヨアヒム・カーラート（Joachim Kahlert；元ミュンヘン大学教授、元事実教授学会会長）に感謝する。何年にもわたり私のかけがえのない仲間であり、私への最も批判的な読者である私の兄弟ルーディ・チィーラー（Rudi Zierer）にも特に感謝する。私たちは、本書で言及されている多くの問題について、何度もジョギングをしては話し合い、精査してきた。そして、ジョンが私と一緒にこの道を進んでくれたことに心から感謝している。私たちを隔てる物理的な距離が大きいという理由だけでも、最初から簡単な道ではなかった。それでも、私たちの協力は常に相互信頼、透明性、建設的な批判によって特徴づけられていたため、私たちはこのチャレンジがいつも喜びになっていることを確認できていた。最後に、大事なことを言い忘れていたが、私の家族に感謝したいと思う。私の3人の子どもヴィクトリア、ツァハリアス、クイリンは、私が父として役割を果たすよう私に挑んできた。そして理論的、実証的観点からは理にかなっているようでも、実際には役に立たないこと、またその逆に、実際にはうまくいかなくても理論的かつ実証的な観点から説明できることをその姿で私に見せてくれた。深夜の子育てをたいていは楽しそうに振り返ってくれる私の妻マリアにも感謝している。

2017年7月　メルボルンとマルクルコフェンにて

ジョン・ハッティ、クラウス・チィーラー

Chapter 1

私は生徒の学習に及ぼす影響の評価者である

自己省察のためのアンケート

どのくらい同意するかを次の一覧でチェックし、あなた自身を評価してください。

5＝非常にそう思う、1＝まったくそう思わない

●私は□□□がとても得意である

	5	4	3	2	1
・生徒の学習に及ぼす影響を可視化すること	5	4	3	2	1
・生徒の学習に及ぼす影響を可視化するための方法を使うこと	5	4	3	2	1

●私は□□□をとてもよくわかっている

	5	4	3	2	1
・生徒の到達度が自分の与える影響を可視化すること	5	4	3	2	1
・生徒の到達度が自分の与える影響の最大化を助けること	5	4	3	2	1

●私の目標は常に□□□にある

	5	4	3	2	1
・自分が生徒の学習に及ぼす影響を評価すること	5	4	3	2	1
・自分が生徒の学習に及ぼす影響を評価するために、生徒の到達度を複数の方法で測ること	5	4	3	2	1

●私は□□□を強く確信している

	5	4	3	2	1
・自分が生徒の学習に及ぼす影響を、定期的に、また、体系的に評	5	4	3	2	1

価する必要があること

・自分が与える影響を評価するために、生徒の学習を活用する必要があること	5 4 3 2 1

エピソード《》episode

2人の教師を想像してください。どちらの教師も適切に、そして入念に授業を準備しています。一方の教師は「よい授業をする」ことを中心的な目標とし、もう一方の教師は、「授業の最後に、自分が学習者に与える影響を見えるようにしよう」と考えています。一見すると、どちらのマインドフレームも納得できます。しかし、もう少し考えを進めると、それらの違いは明らかです。1人目の教師は、授業が滞りなく進んだ、学習者が熱心に参加していた、授業の流れが邪魔されることはなかった、最も重要な内容が説明された、といったことを授業の最後に感じられた場合に満足するでしょう。もちろん、これらはもう一人の教師にとっても重要です。しかし、2人目の教師は、感覚には頼らず、エビデンスを探すことでしょう。2人目の教師は、少なくとも授業の最後に、おそらく授業の最中にも、評価者の役割を担うこと、話すよりも聞くこと、学習を見える化すること、生徒に今何ができて何ができないかを示すことに徹すると思われます。2人目の教師にとっては、自分が生徒に与えた影響を生徒の学習成果によって可視化することなしに授業は終わらないのです。

1 本章の概略

「エピソード」では，教育的な専門技術は，教師が自身の行ないについてどう考えるかによって示される，というマインドフレームの中心的なメッセージを浮き彫りにしようと試みた。最も重要な問題の一つは，教師が，自分の影響を知りたいと思い，それを可視化したいと思っているかどうかという点である。このような目標をもち，一貫してこの目標を追求する教師は，このような問題について考えない教師とは根本的に異なる。「可視化された学習」と「汝の影響を知りたまえ」が，このマインドフレームの，ひいては本書の核心となるメッセージである。

本章を読み終わったとき，このメッセージを用いて以下のことを説明できるようになるはずである。

■習熟から到達への進展。

■「形成的評価の設定」や「介入指導に対する反応」のエビデンス。

■「教師は最高にすばらしい」という考えが意味するもの。

■個別のフィードバックの働き。

2 マインドフレームを支える要因は何か

あなたが教室に入り、「私がここでやるべきことは自分の影響を評価することだ」と自分に言い聞かせたとき、その恩恵を享受するのは主に生徒である。これは、すべてのマインドフレームの中でも群を抜いて重要であり、可視化された学習研究の主要なメッセージの中でも重要性が高い。もちろん、これは影響力という言葉が何を意味するのか、という当然の疑問を提起する。また、それは、それぞれの生徒に与える影響を最大化するために、自分の振る舞いを絶えず調整し洗練させていかなければならないことを意味し、それと同時に、ときには話すことをやめて、自分の影響に耳を傾ける必要があることを意味する。

影響にはさまざまなかたちがある。学習者としての帰属意識、学習に対する姿勢や挑戦する楽しさ、自分に対する敬意と他者に対する敬意、より高い到達度と姿勢、肯定的な気質、社会的感受性などである。この影響を可視化する方法にもいろいろある。生徒の学習成果、生徒の学習の観察、テストと課題、生徒間のやりとりの観察、自分の学習について生徒が発した声に特別な注意を向けること、などである。

学校における通常の規律を通して、私たちは、成果の達成の道のりにおける生徒の進歩（progress）を、それぞれの生徒に保証しなければならない。もちろん、これらの規律の内容は国や管轄区域によって相当に異なりうるが、何らかの学業成績はあらゆる教室に存在する。カリキュラムについて議論することは本書の範疇を超えるが、マイケル・ヤング（Michael Young）の、私たちは学校に通わなければ経験できないことを経験させるために子どもたちを学校に通わせる、という主張（Young, 2013）を思い起こさせる。また、ほとんどのカリキュラムは「大人の考え」に基づいている。すなわち、その内容の射程と順序は大人集団によって定められている。実際に生徒がどのように進歩しているかという事実に基づいたカリキュラムはほとんどない。それは、このことにかかわる研究がほとんどないからである。確かに、もしここで異なる管轄区域のさまざまなカリキュラムを列挙すれば、その内容の射程や順序、選び方において異なることが確かめられるだろう。しかし、それぞれが一つの妥当な解として設定されているのである。

内容にかかわらず、私たちが教師と生徒に求める重大な課題は、進歩である。進歩することに関する理解は、教室の中で明示的に教師に手がかりがもたらされることで進んだり、教師自身によって直観的に進められたりする。教室には多くの生徒がいることを鑑みると、多くの場合は後者である。それは単純に、学習はほとんどの場合、線形に進むものではないということであり、学習の進み方に関する誰かの指示に従うので、学習は途切れ途切れになるし、それぞれの生徒のスタート地点によっても進展の仕方は異なるからである。

成果を出すことの強調について記しておこう。高い成果はあまりにももてはやされがちであるし、もちろん私たちも高い成果を欲するのであるが、成果を強調しすぎることは教育者の影響についての理解を歪めかねない。進歩と成果の関係は、図1-1に示されているように、さまざまなかたち

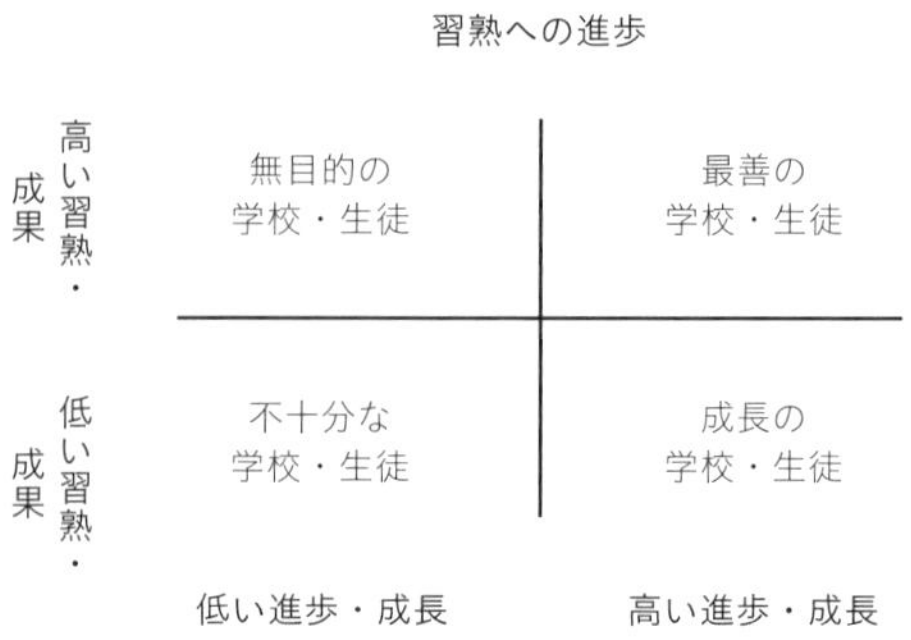

図 1-1　習熟への進歩

で表現することができる。x軸は成長や進歩を示し、y軸は成果を示している。4つの象限のそれぞれには暫定的なラベルをつけることができる。成功は、高い成果によって定義されるだけでなく、高度な進歩によっても定義される。生徒がどこからスタートするかにかかわらず、それぞれの生徒は少なくとも、1年間の努力に伴って1年間の成長を遂げる。これこそが影響への注目すべき点であると知っていることは、影響について理解するための基本的な第一歩である。

「1年間の成長」の意味するところを理解するために、複数の資料を参考にしなければならない。そこには、経時的に効果量を調べること、1年間の生徒の活動の事例、年間のカリキュラムの要求に索引をつけることなどが含まれる。しかし、この1年間の成長を決定的に理解するためには、他の教師と話し合うことが必要である。これは、「進歩させたいと考えていることや自身の影響について同僚や生徒と協働する」というマインドフレームと関係している。

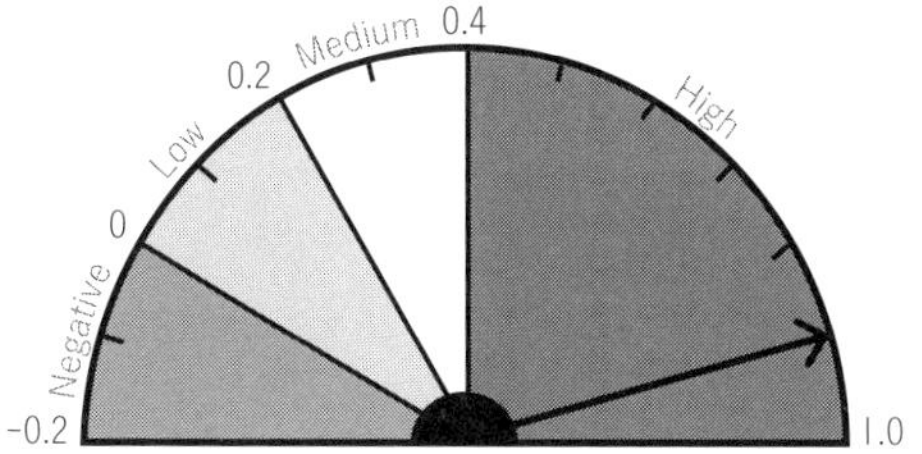

形成的評価の設定		
ランキング	メタ分析の数	出版年
4	2	1986-2002
d=0.90		

図 1-2　形成的評価の設定（Hattie & Zierer, 2017）

形成的評価の設定

図1-2で示されているとおり、「形成的評価の設定」は、可視化された学習において0・90という効果量を示し、最も強力な要因であることが示された。

形成的評価には何が含まれ、何がそれほど形成的評価を効果的にしているのだろうか。マイケル・スクリヴン（Michael Scriven）は、教授過程における形成的評価と総括的評価を区別している（Scriven, 1967）。形成的評価は介入指導の間になされ、教師がその評価結果を教授過程の改善に利用できる一方で、総括的評価は介入指導の最後になされるため、結果に対する評価であるといえる。ただし、あらゆるアセスメントが授業の最中の形成的評価にも、授業の最後の総括的評価にも向いているため、形成的アセスメント、総括的アセスメントといった概念は存在しないことを追記しておく。生徒の学習に与える効果は、それぞれの評価方法によって明らかに違ってくる。形成的評価の結果は学習者を助けるためにも利用できる一方で、総括的評価

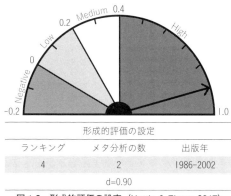

の結果は、次の授業において学習者も利用はできるものの、教師に対するフィードバックとしてしか機能しない。これらの特徴は、なぜ形成的評価がフィードバックに密接に関連し、それゆえに、重複する性質がたくさんあるとみなされやすいのかを示している。しかし、これらの要因には、決定的とは言わないまでも、2つの重要な違いがある。1点目は、フィードバックは、教師から生徒へのフィードバック、あるいは生徒から教師へのフィードバックというかたちをとりうるのに対し、形成的評価は学習者から教師へのフィードバックを提供する。それは、教師が教え方を修正したり、それまでの教え方の効果を確認したりする助けとなり、その後の教え方の方向性を示す手がかりとなる。2点目は、フィードバックが教え方のすべての側面に焦点を当てる一方で、形成的評価は、学習プロセスの目標に焦点を絞り、学習者がこれらの目標に到達しているかどうかを判断しようとする。形成的評価の成功の秘訣は、これら2つの区別にある。結局のところ、学習者が授業の目標や成功の基準に到達しているかどうかに注目することである。また、次のさらなる学習プロセスに向けてこの情報を集め、この情報から正しい結論を下そうとする教師には、そのためのコンピテンシーとマインドフレームが必要となる。もちろん、生徒も、自分自身の学習を調整したり変化させたりするために形成的評価を利用できるが、最もすぐれた影響力があるのは、教師に対して与えられる教師自身に関する形成的評価である。

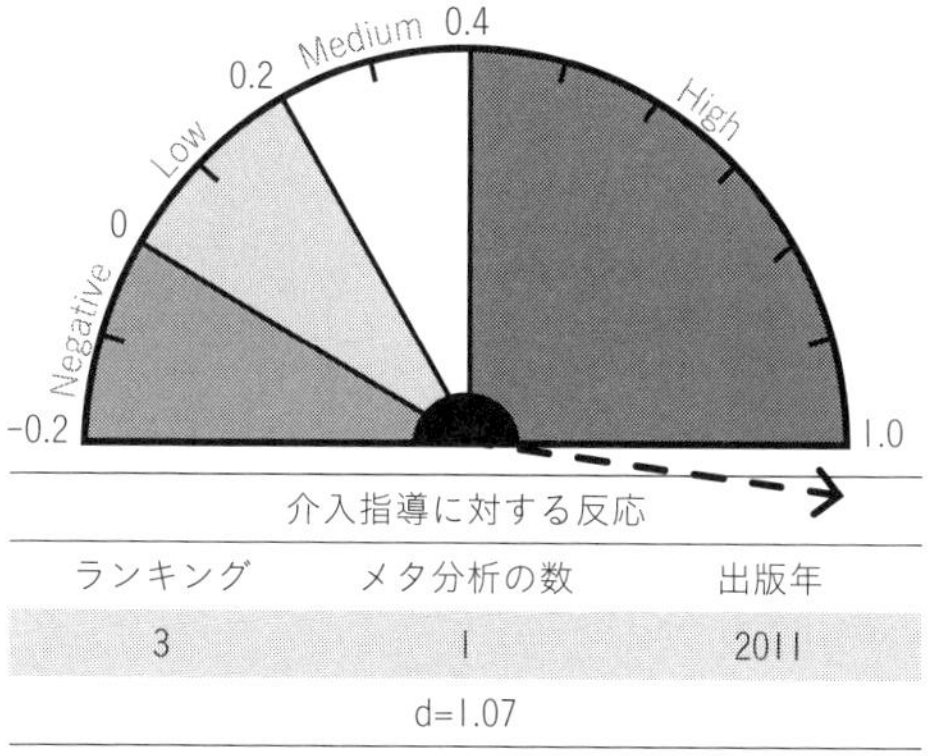

図 1-3　介入指導に対する反応
(Hattie & Zierer, 2017)

介入指導に対する反応

アメリカ合衆国で生まれた「介入指導に対する反応(response to intervention：RTI)」という言葉は、特に学習障害をもつ子どもを対象としたアプローチを指す(図1-3)。そのため、その発端は特別支援教育にあるものの、インクルージョンの文脈の中で通常学級における教育にも適用されて以来、多大な成功を収めている。「介入指導に対する反応」要因の成功の秘訣は、教師の継続的な教授、つまり介入指導の調整と、結果として学習者によってもたらされる利益、つまり反応にある。これによって教師は、生徒の学習水準に合わせて、教え方を絶え間なく調整することができる。

この過程は、おおむね3つの段階で形成される階層的防止モデル(Multilevel prevention model)によって構造化される。第1段階で教師は、現時点での基準を満たしているすべての学習者に対して通常の授業を実施する。第2段階において教師は、第1段階において求められた学習の水準に達することが難しかった学習者のために介入指導を実施する。この支援は、学習の水準を測定するための適切な方法を用いることが必須であり、小集団を対象に一定期間実施される。第3段階では、教師は、第2段階の介入指導において求められた学習の水準に達しなかった学習者に対して追加的な指導を行なう。

第3段階において、介入指導は概して一対一で行なわれる。それによって教師は、個別の生徒が必要とする支援に合わせた、より集中的な介入指導ができる。したがって、第3段階は、集団の大きさ、個別化の程度、継続時間といった点で他と異なる。重要な点として、教師は、学習者に最良の支援を提供するために、すべての段階の間やすべての介入指導の最中に、学習の成功に関する継続的なフィードバックを求める必要がある。

③ 教師は診断したり介入指導をしたり評価したりする必要がある

これは、「介入指導に対する反応」に含まれる概念、すなわち、「すぐれた診断」「適切な介入指導」「介入指導に対するすぐれた評価」といった概念に等しい。教え方や介入指導があまりにも強調されやすく、これら介入指導が、生徒が何を知っていて何を知らないかといったことと関連しないで適用される場合でさえそうである。また、同じような介入指導や教授方法が何度も繰り返されては、注意散漫である、動機づけが低い、賢くないなどといって生徒が非難されるということがあまりにも多すぎる。そうではなく、もし生徒が最初に学習しなかった場合には、教え方を変えることがそうした生徒を前進させやすくする。

このような3つの見方は、教師に必要とされる専門知識を際立たせる。また、その3つの見方は継続的に影響し合っている。このような哲学は、教師による高次の認知的判断のスキルを求める。すなわち、積極的に「私は介入指導の方法の選択を誤った」と判断し、自分のしたことを変化させること、あるいは、自分がじょうずに生徒に教えることができたと感じられたことに基づき、「私の介入指導の選択は正しかった」と判断することが必要となる。さらに、このような哲学は、それぞれの診断、介入指導、評価に関する協働的な探求に取り組むことを教師に要求する。生徒にとって必要なことに注意を払わずに介入指導を急いだり、新たな方法を試したり、あるいは新たな教え方を用いたりすることはよくあるが、これは破滅的である。もし新しい方法がうまく機能しなかった場合、教師は、生徒が受容的ではない、うっかりしているからだ、課題に真剣に取り組んでいない、といったことを口にしがちである。何らかの解決法が生徒の必要とする学習の改善に結びついていない場合は、その解決策を有する教育者には気をつけなければならない。

診断（diagnosis）…生徒一人ひとりが、授業を受ける時点ですでにもっているものや動機や参加意欲を理解することを意味する。

介入指導（intervention）…教師は複数の介入方法を備えておくことを意味する。それによって、ある介入指導が特定の生徒に対してうまく機能しなかった場合に他の介入方法に切り替えられる。これには、効果の見込める介入指導を知っていること、いつ切り替えるかを知っていること、また、当然のこととして、生徒が学ばないことについて非難しないことも含まれる。

評価（evaluation）…スキルを知ること、複数の方法を有すること、介入指導による影響の大きさについて協力的に議論することを意味する。

影響力を最大化するこれら3つの要素に加え、第4の要素も必要である。それは質の高い実行力である。すぐれた介入指導（介入指導でもへたに実行されてしまうことがあるが）は、指導そのものよりも、実行上の影響をより大きく受けるものである。だからこそ、高い効果量、すなわち、成功の見込みに関して高い確率を示す教え方の介入方法を見つけたとしても気をつける必要がある。実行の正確さを保証するためにも引き続き注意を必要とする。おそらく、教師は診断したり、介入指導をしたり、評価したりする必要があるに違いない。

4 何から始めればよいか

これまでの考察は、私たちを『*Visible Learning for Teachers*（教師のための可視化された学習）』（Hattie, 2012［訳者注：邦訳は[8]頁を参照］）で展開されたアイデアに導く。すなわち、それぞれの学習者に対する個別の効果量を算出するために通常のテストを利用できる、というものである。そのためには、以下で記述されている公式に、テストの結果を代入する必要がある。平均値、標準偏差、標準偏差の平均値を算出したあと、表1-1のような表に個別の効果量をまとめることができる。

$$効果量 = \frac{平均値_{介入前} - 平均値_{介入後}}{標準偏差}$$

表 1-1　効果量

生徒	時期 1	時期 2	成長効果量
ジュリア	44	48	0.28
ジュリオ	57	66	0.62
ケイト	37	52	1.03
メーガン	82	78	-0.28
ジェニファー	39	62	1.58
マット	46	64	1.24
ユン	57	73	1.10
パブロ	63	60	-0.21
ロバート	68	71	0.21
マックス	29	35	0.41
ロドリゲス	67	68	0.07
平均値	53.55	61.55	
標準偏差		14.54	
効果量		0.55	

個別の生徒に対する効果量を算出するために、私たちはそれぞれの生徒が全体の分散に同程度に寄与していることを想定し、それぞれの生徒の推定量として標準偏差を使用する。結果を解釈する際にはこの前提にも注意が必要である。計算には先の公式を使う。

表1-1の例は、教師にいくつかの重要な問いを投げかける。ジェニファーとマットはなぜこれほど得点が伸びたのだろうか。また、メーガン、ロバート、ジュリアはなぜこれほど得点の伸びが低いのだろうか。データはもちろん理由は示さないが、これらの重要な因果関係の説明につながる最良のエビデンスを与えてくれる。ただし、この場合、得点の伸びの低い生徒が有能でなく、得点の伸びの高い生徒が有能であるということを必ずしも示しているわけではない。

それぞれの生徒が全体の分散に同程度に寄与しているという前提があることを考慮すると、最も重要な問題はこれらのデータが何をつくりだすのかということである。より強く影響を受けた生徒とあまり影響を受けなかった生徒について、どのように説明することができるだろうか。エビデンスを利用して適切な問いを設定することができるが、この理由を探すことができるのは教師だけである。また、例によって、私たち教師はこれらの理由に関するトライアンギュレーション［訳者注：同じ現象を研究するために複数の研究方法を組み合わせること］を模索し、これらの生徒に対する方略を考案する必要がある。

効果量を利用する際に注意すべきことがいくつかある。

A　分析対象が少ない場合に気をつけるべきである。対象が少ないほど、より慎重に複数の視点から得られた知見について検証する必要がある。対象となる生徒が30人以下であれば「少ない」と考えるべきであり、したがって、ほとんどの場合に注意が必要といえる。

B　外れ値を探すことはきわめて重要である。対象が少ない場合、少しの外れ値が効果量を歪めかねず、特別な配慮が必要である。これは、たとえば、なぜある生徒が他の生徒に比べてこれほど進歩したのだろうか、または、なぜある生徒が他の生徒ほどには進歩しなかったのだろうか、といった疑問にもつながる。これらの外れ値を除外したうえで効果量を再計算することが必要な場合もあるだろう。外れ値を含む場合と除外した場合で全体的な効果があまり異ならないのであれば、おそらく外れ値を除外する必要はないだろう。もしそれらが大きく異なるようであれば、外れ値は計算から除外しなければならない。

効果量を用いることの強みは、効果量が、テストや学級や時間などといったさまざまなデータの性質における違いとは無関係に解釈できることである。事前テストと事後テストにおいて同じテストを用いることは理にかなっているが、必ずしもそうである必要はない。たとえば、いくつかの縦断的研究では、それぞれの時期のテストが異なるものの、どちらの時期でも同じ側面を測定できるように設計され、テスト内の項目の難しさの違いについても考慮できるように調整されている。解釈に適さない得点もある。たとえば、百分位数、スタナイン［訳者注：テストの得点分布を9つに分割する区分方法〕、NCEスコア〔訳者注：NCEはNormal curve equivalentの略で、平均値を0、標準偏差を1とする標準得点に、21・06を乗算し50を加算した得点〕などは独特の特徴を有しているため、これらの得点を用いて先述の式に従って算出される効果量は誤解を招くことがある。

効果量を使用することは、進歩を推定したり、個人や集団により合った学習のために指導法を再構築したりするために、アセスメントの使用について教師に考えさせる。それは、自分の教え方の結果として、進歩する生徒と進歩しない生徒がいることの理由について教師に考えることを促すことになる。これは「エビデンス（根拠）に基づく行動」の一例である。

CHECKLIST チェックリスト

- ■自身が生徒の学習に及ぼす影響を、授業の最後に可視化しよう。
- ■次回の授業を計画するために情報を活用しよう。
- ■介入指導の段階では、自分が生徒の到達度に与える影響を測定するための、また、これに取り組むことができるように学習を可視化するための手続きを実行しよう。
- ■学習を可視化するために形成的評価を利用しよう。

EXERCISES
エクササイズ

●本章の最初に記載した自己省察のためのアンケートに戻り、別の色でもう一度回答してみよう。あなたの考え方が変わったのはどこだろうか。それはなぜだろうか。あなたの自己評価について同僚と話し合ってみよう。

●生徒が、自分が何を学んだかについて示す段階を含んだ授業を計画してみよう。その後、あなたの経験について同僚と話し合ってみよう。

●個別のフィードバックのための2つのテストを、同僚と一緒に設計し、この形成的評価を授業で実施してみよう。あなたの経験について同僚と話し合い、エビデンスに基づいてこのツールを改善してみよう。

Chapter 2

アセスメントは自身の影響と次のステップを知らせてくれるものである

自己省察のためのアンケート

どのくらい同意するかを次の一覧でチェックし、あなた自身を評価してください。

5＝非常にそう思う、1＝まったくそう思わない

●私は□□□がとても得意である

・生徒がそれぞれの学習目標に到達できていない場合に指導すること　5　4　3　2　1

・目標、内容、方法、メディアに関する私の考えに結論を出すために、生徒の到達度を用いること　5　4　3　2　1

●私は□□□をとてもよくわかっている

・生徒の到達度が私の指導の成功に関するフィードバックであること　5　4　3　2　1

・生徒の到達度が目標、内容、方法、メディアに関する私の考えに結論を下す助けになること　5　4　3　2　1

●私の目標は常に□□□にある

・生徒の到達度を継続的にかつ体系的に測定すること　5　4　3　2　1

・私の指導の成功について評価するために、生徒の到達度を測定す　5　4　3　2　1

る客観的な方法を使用すること

●私は□□□を強く確信している

・生徒の到達度について、継続的にかつ体系的に確認する必要があること　5　4　3　2　1

・私の指導の成功について評価するには、生徒の到達度を測定する客観的な方法を用いる必要があること　5　4　3　2　1

episode《エピソード》

これは経験を積んだ教師なら誰もが知っている状況です。あなたは成績をつけることに多くの時間と多大な労力を割きます。非常に疲れるが仕事がうまくいったことに満足もします。あなたは最後の修正を終えると、その後、間違いについて生徒と個別にどのように話し合い、他の生徒の疑問に対してどのように答えるかを考え始めます。しかし、課題を返すときには何が起こるでしょうか。ほとんどの生徒は、あなたのコメントに一瞥もくれることなく課題を鞄にしまってしまいます。まず、あなたは完全に理に適った問いを自分自身に投げかけます。生徒が面倒臭がってそれを見ようとしないのであれば、私はなぜこれほど苦労して成績をつけるのだろうと。しかし、もっと綿密に検討をすれば、成績をつけるのは、たんに学習者のためというだけではないことに気づきます。より重要なこととして、それは教師自身のためでもあるのです。

1　本章の概略

この「エピソード」は、本章の主たるメッセージを示している。生徒の成績は生徒に対する重要なフィードバックであるだけでなく、教師自身にとっても有用である。なぜなら、それは教師が実施した授業の指標となるからである。たとえば、生徒が学習目標に到達できたかどうか、内容を理解したかどうか、方法を妥当と思ったかどうか、メディアを有用と思ったかどうか、といった教育上の諸問題についても示唆を与える。本章では、「アセスメント」とは、どのように進んでいるのか、どこに向かっているのかという問いを教師や生徒が評価し、次にどこに向かうのかということに注意を向けさせるようなあらゆる課題を指す。したがって、テストやパフォーマンスに対するコメント、議論やプレゼンテーションのそれぞれに与えられた課題などがそれにあたる。マインドフレームは、あらゆる下された判断に対する評価にかかわるものであり、これらの評価は生徒の進歩を促すという主張が典型的である。事実、そのとおりであろう。しかし、望ましいマインドフレームは以下のとおりである。教師は、自分の影響に関する強力なフィードバックとしてアセスメントをとらえる必要があり、それによって、生徒がその利益の最大の受益者となるだろう。

本章を読み終わったとき、このメッセージを用いて以下のことを説明できるようになるはずである。

■「課業に応じた学習時間の設定」「形成的評価の設定」「介入指導に対する反応」といった要因がいかに重要であるか。
■課題（アサインメント）、テスト、クイズ式問題などが、生徒の学習と教師の影響の両方を可視化するのに最も重要な方法であるのはなぜか。
■生徒の成果物を思慮深く解釈することが、このマインドフレームの洗練にどのように寄与するか。

2 マインドフレームを支える要因は何か

学校制度、学級規模、宿題を除けば、成績が適切か不適切かといったような白熱した議論を引き起こすような問題は、学校関連ではほとんどない。しかし、このような議論を引き起こす問題は、成績自体ではなくその扱い方の場合もある。私たちは成績を、不変の汚名を着せることと認識しているだろうか、それともより強力なフィードバックの一つの形態として認識しているだろうか。成績は生徒の動機づけを低下させて学習の進行を阻害するものなのか、または、成績は、生徒がより一生懸命取り組むことを後押しすることで動機づけを高めるのか。成績は、取り組みが完了したことを生徒に知らせるか。代案としてよく提案されるアイデアは、成績を他のアセスメントと置き換えるというものである。以前からずっと人気があり、大いに期待が寄せられてきた2つの提案は、言語的アセスメントと記述コメントである。その支持者は、それが、教育的アセスメントを劇的に変化させ、すべての生徒の学習を改善し、社会的公正にもつながると主張する。

確かに、成績とその他の教育的アセスメントが誤って使用されることはありうる。成績が抑圧の手段として使われること、何の個人的な関連もないような包括的な内容による言語的アセスメントをよくない例としてあげておこう。

これらの悪い事例を正す最も強力な方法がマインドフレームである。もし教師がアセスメントを主として自分自身に対するフィードバックであると考えたならば、そのフィードバックはアセスメントの性質を変化させ、授業をどのように調整するかに関する情報を提供し、次に向かうべき最良の場所について理解することを助けるだろう。これは教師にとってもそうだが、生徒にとっても同様である。

この専門的なマインドフレームを構成するものとして、可視化された学習で示された3つの要因は、「課業に応じた学習時間の設定」と、前章でも触れた「形成的評価の設定」と「介入指導に対する反応」である。

課業に応じた学習時間の設定

「課業に応じた学習時間の設定」という要因が、よい指導の基準一覧から外れることはめったに

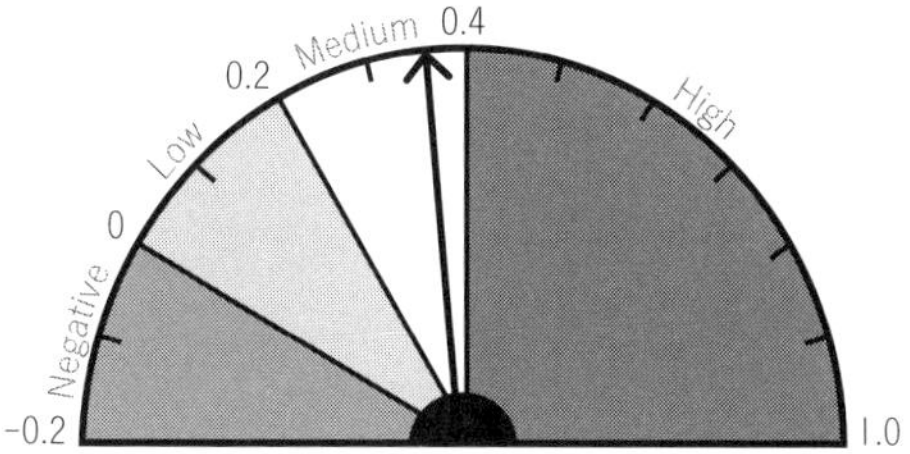

課業に応じた学習時間の設定		
ランキング	メタ分析の数	出版年
75	4	1976-2006
d=0.38		

図 2-1　課業に応じた学習時間の設定
（Hattie & Zierer, 2017）

ない（図2－1）。それを示すように、可視化された学習において示された0・38という効果量は、0・4の線には届かないまでも、十分な大きさといえる。しかし、この信頼性の高い結果は、この要因の理解を妨げるような神話に対して無防備である。「課業に応じた学習時間の設定」は、単純に、学習者をできるだけ邪魔することなく集中させ続けることとして理解されることがよくある。この考えに基づけば、ある方法から次の方法に切れ目なく移行するような展開の授業となるだろう。これは学習者にスムーズに進んだという学習体験の印象を残す。すべての学習者がこの授業の間集中していたという事実さえあれば、それは授業が成功したことの証左になる。このような生徒の到達度の理解は最適ではなく、「アセスメントは自身の影響と次のステップを知らせてくれるものである」というマインドフレームへの到達を阻害するかもしれない。正しく理解するならば、「課業に応じた学習時間の設定」は、たんに学習者が集中し続ける

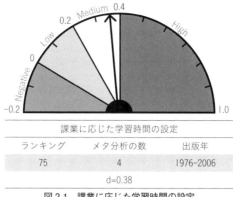

ことを意味するのではなく、学習者が、学習時間の多くを、割り当てられた課題に取り組んで過ごし、適切な程度で挑戦を感じ、それらの課題遂行における限界に挑むことを意味する。このように、利用できる時間の「考え抜かれた」使用の感覚が必要で、たんに練習を繰り返すための課題で時間を使うことではない。特にその練習が、不完全で無関係な間違ったことの過剰学習であった場合はなおさらである。これはまた、メタ分析の主要なメッセージでもある。すなわち、たんに学習の時間を長くすることは学習にほとんど影響しない。むしろ、きわめて重要なのは、学習者の意欲をかき立てること、学習者にそれぞれが何とかやり遂げることのできる水準の課題を提示すること、チームでこれらの課題に取り組ませることである。時間の有用な使い方を知らないことがあるということを考慮すると、学習へのこのような取り組みは、生徒に教える必要がある中心的なスキルである。「課業に応じた学習時間の設定」「形成的評価の設定」「介入指導に対する反応」という要因に関する私たちの説明は、教授と学習の成功の鍵は、生徒の到達度を測定することであり、特に教師がその後の授業でこの結果を利用することを示している。このような教師は、学習を可視化し、自分の教え方に対する正しい結論を導くことができるため、結果として、生徒の学習はより前進しうる。学習を可視化するという課題は、疑いなく、教師に対して2種類のチャレンジを要求する。1つ目は、適切な複数の方法をよく理解し、正確にそれらの方法を用いるためのコンピテンシーが必要となる。2つ目に、これらの方法への信頼とそれらを実行する動機づけも必要となる。それらが一体となって、「アセスメントは自身の影響と次のステップを知らせてくれるものである」というマインドフレームの基盤を形成する。

③ 課題（アサインメント）、テスト、クイズ式問題など：退屈な義務というだけではない？

教育学の文献では、学業成績は「到達度＝勉強＋時間」という物理的定式に還元できないことが繰り返し述べられている。教育学的な到達度は、成果重視であるだけではなく過程重視でもあり、パーソナリティの側面を想起させる。達成への意欲、学習に資源を投入する意欲、すでに知っていることに疑問を投げかけるような新たな経験への開放性が必要である。このために大切な指導法はアサインメント［訳者注：生徒の能力や進度に応じて個別に与えられた課題のことであり、一斉授業の欠点を補うために開発された一連の自学的学習指導法を指すこともある］である。これ以降、到達度別の学業やテストなどといった学校において到達度を測定するためのあらゆる手段の同義語としてアサインメントを使用する。

もちろん、アサインメントは、成績表に記載する成績を決定することが唯一の目的というわけではなく、生徒の到達度を診断したり、指導法を分析したりするための基礎でもある。一方で、教師は、学習の状況、方法、水準を評価したり、生徒の学習や勉強の仕方に関する情報を入手するためにこれを利用することができる。他方で、到達度に関する情報と、学習の目標や内容、方法、メディアの適切さに関する情報を教師に提供し、一貫した結論を導き出すことを可能にする。アサインメントは、授業の導入としても、授業を展開させるものとしても、授業の結末としても活用できる。アサインメントは授業の一部であるため、アサインメントも、教師と学習者と道具の関係と、状況的条件と個人的条件によって構成される状況に左右されるし、これらの状況はすべてアサインメントの結果に影響する。

アサインメントの設計と評価は関連しあっているが、ありふれた方法が問題の範囲を明らかにする。アサインメントの最後に教師が書き入れたコメントを除けば、収集・評価されるデータと情報は、生徒の名簿に入力される成績と評定基準と評価の平均値だけである。当然これだけでは、学習プロセスの有意義な診断や授業の効果的な分析には不十分だろう。教育的な到達度のどんな基準にもならない。それどころか、到達度が総括的評価の唯一の成果とみなされてしまうと、過程を無視し、生徒の到達度の個別の性質を考慮せず、指導を取り巻く要因のすべてを無視することにもなる。そのことを表わす具体例を示すため、病気のために本来の到達度に達しなかったがいつもは到達度の高い学習者、または、本来の水準からするとそれでも通常よりもややがんばったいつもは到達度の低い学習者を考えてみよう。両者のどちらに対しても、Fという悪い成績が付与された場合、それは両者の到達度が同じであることを示すという事実は、最終的な成績だけを指導の診断の基礎として、ましてや分析の対象としてとらえる必要は必ずしもないことを示している。

しかし、結果が非常に「よかった」場合、または「悪かった」場合にはどうすればよいだろうか。前者の場合には、実際には何の困難もないはずである。すべての生徒が学習目標に到達できることが、あらゆる教育的努力の目標なのではないだろうか。しかしながら、この問題は、特に、クラス間、あるいは学校間で比較する場合に再浮上する。私たちの考えとしては、分布の正規性や、2・0、つまりC評価という「容認できる」最低合格点を得るために、よすぎる結果を修正するという相対評価の一般的なやり方は許容できない。特に、到達度の高い生徒がたくさんいる学級にいることを理由に、高い水準の進歩を示した生徒の評価を下げることは教育的に正当化されない。教師には、アサインメントが簡単すぎたり難しすぎたりしなかったかをよく考えること、自分の指導と将来のアセスメントについて必要な結論を下すことが求められる。あまりにもよくない結果も、教師に同様の問題をつきつける。たとえば、教師が、テスト基準と照らし合わせた授業の設計に成功していなかった場合でも、その生徒は低く評価されるべきだろうか。この場合であれば正規分布は容認されるだろう。なぜなら、教師は生徒に味方する必要があるからである。具体的な事例において、成績の範囲を設定するために学級の状況に関する自分の知識を使用することは教師の仕事である。成績水準の揃った集団においては、成績の平均値は役立つし機能する。しかし、先に示したような2つの極端な例は、指導の先行状況と指導の結果が、いかにアサインメントの設計と評価に密接にかかわるかを描き出している。

4 ワークシートがなくなってもワークシートは不滅である
：過剰なワークシートに対する批判

教師が一般的に次から次にワークシートを課してきたことは、たんなるインターネットのせいではない。自分の指導に関するあらゆる情報を集めたいという、教師の多くがもっている強い傾向性の結果でもある。そのような教師は、自分の棚をバインダーで埋め尽くし、それによって、すべての指導状況をすぐに取り出すためのワークシートをもっていることに自信を感じる。ワークシートが魅力的に、創造的に、楽しく設計されていればいるほど、そのワークシートは使用されやすいだろう。けれども注意が必要である。

芸術のようなワークシートは、確かに見た目はよい。しかし、学習という点から考えた場合、致命的な欠点があることが多い。本書の第10章「学習と学習中の言葉に集中する」で議論される認知負荷理論によって示されているとおり、それらは目前の課題への注意をそらして、飾りでしかなく、たんに授業を活気づけることとくらいにしか役立たない絵柄などに注意を向けさせる傾向がある。この飾りが、ワーキングメモリに過負荷をかけることで、実際に学習課題を完遂するのに必要な学習者の資源を枯渇させてしまう、という明白な問題がある。さらに深刻なことに、この飾りがもたらす動機づけの大部分は外的な動機づけであり、これもまた生徒の最初の学習水準と関連する。そのため、飾りは控えめに利用されるべきである。この問題は、タワー型の計算課題、歯車型の計算課題、ピラミッド型計算課題などといった計算の指導のために設計された数多くの教材によって例示されるだろう。これらの方法は、教育的な創造性にあふれており授業を盛り上げることができるため、それらは概して明らかに興味深い。しかし、もし紙面の大部分が挿絵で埋まっているためにほとんど課題が挿入できない場合、また、もし挿絵が邪魔になって、挿入されたいくつかの課題について学習者が理解しづらくなっている場合、そのワークシートは教育的な価値を失う。課題の貧弱さは、ほとんど強化と練習を提供せず、理解するために過剰な認知的努力を要求する。

この文脈においては、オッカムの剃刀という原理が有用である。科学哲学者であるオッカムのウィリアム〔訳者注：William of Ockam：オッカムは出身地の地名〕は、現実を説明するために多様な仮説がありうるならば、最小限の変数と前提で構成される仮説を選ぶべきである、と論じた。このアイデアはアリストテレスもすでに展開していた。教育的な文脈に置き換えると、これは、生徒が学習目標に到達できたかどうかを確かめるための多様な方法が手元にあるならば、余分な労力を最も必要とせずに学習を可視化できる方法を選ぶべきであり、その他すべての教育的な仕掛けは削ぎ落とされるべきである、ということを意味する。例として先述した数学教育においては、思慮深いやり方は、できるだけ挿絵は入れずに紙に課題の種類を書き、生徒に必要な計算をさせるというやり方だろう。

オッカムの剃刀は、認識論的な理論によって支持されており、多くの研究分野で実験的に正当性が立証されてきている。したがって、教育学的な観点に立って、多様性ではなく節約の原理に従って考えることには、それだけの価値があるといえる。

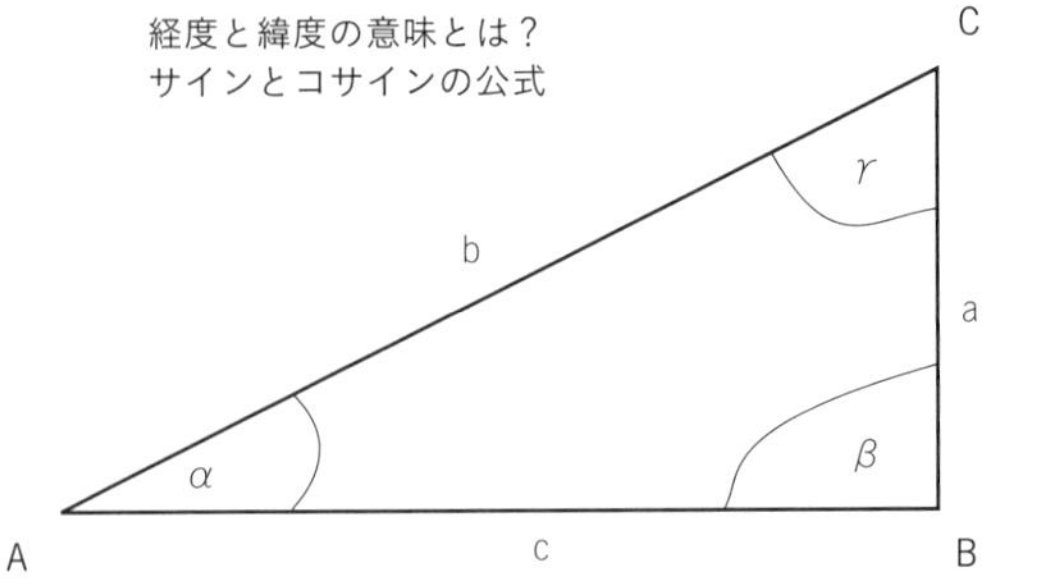

$$\sin\alpha = \frac{\text{高さ}}{\text{斜辺}} = \frac{a}{b} \qquad \cos\alpha = \frac{\text{底辺}}{\text{斜辺}} = \frac{c}{b}$$

図2-2　サインとコサインの公式の例（Hattie & Zierer, 2017）

5 何から始めればよいか

以下では、読者が自分でアイデアを出し、それを発展させ、試し、同僚と議論することができるようになるための助けとなるよう、授業の最後に学習を可視化する方法例を3つ紹介する。

最初の例は、「経度と緯度の意味は何か？」（図2-2）と呼ばれる授業の一環として組み込まれている、サインとコサインの公式に関する数学の授業である。教師は、図2-2のような図式を黒板に書く。

学習者は、この黒板に描かれた内容を自分のノートに書き写す。これは、題材を活性化させることに役立つと同時に、「学習を重労働とみなす」というマインドフレームの文脈で記述された忘却曲線を思い返すと、強化と復習のための最初の重要な手段でもある。また、ノートに書かせることで自分の学習に責任をもたせる。教師は、授業の最後にノートを閉じさせ

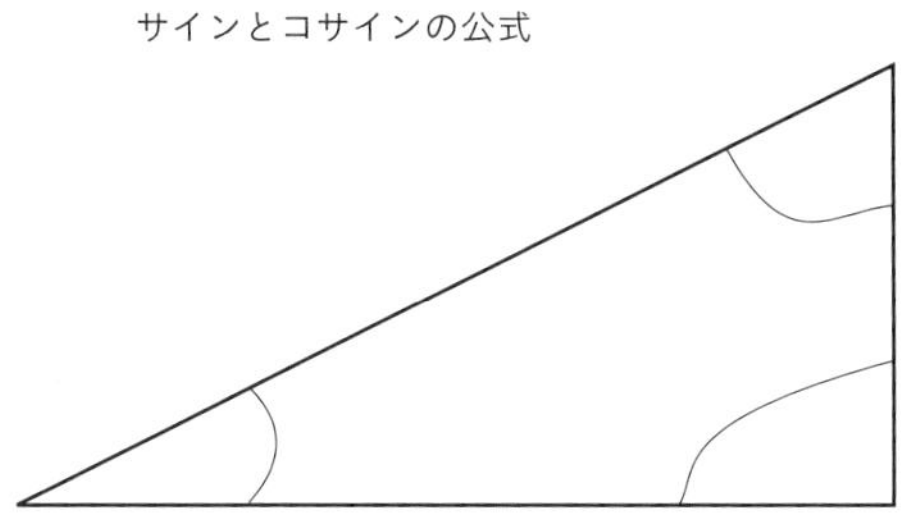

sin α = ———— = ——　　cos α = ———— = ——

図 2-3　サインとコサインの公式（Hattie & Zierer, 2017）

る前に、公式に関するさらなる練習を続け、生徒に図2-3を完成させる課題を課す。

この課題は単一構造レベルに位置づけられる。特に、関連づけレベルと拡張された抽象化レベルといった深い理解が、単一構造レベルと多構造レベルという具体的な表面的理解のうえに構築されると考えている場合には、この課題は初歩の授業にとって適切な水準の挑戦的な難易度といえる（これらのレベルに関する詳細な説明は第5章を参照）。

2つ目の例は、授業における最も重要な単語に関するクイズ式問題である。このクイズ式問題は、授業中の最初の学習とは異なる到達の形式であるため、この課題は、複合構造水準に属する課題として位置づけることができる。葉や果実に基づいてさまざまな落葉樹が紹介された授業の最後に、学習成果を可視化するための、以下のようなワークシートを課す。

学習者の到達度に合わせて、(1)~(8)の数字を葉と果実の写真に置き換えることや、言葉で補足すること、教師が適切な記述を大きな声で読み上げることなどもできる。

3つ目の例は、学習者が学習対象に関する深い理解にいたることを促すための記述問題である。課題は、ピカソと彼の作品に関する授業の最後に配布される（Hattie, 2014, p.61を参照）。

(1)					A	C	O	R	N	
(2)				A	L	D	E	R		
(3)					L	I	M	E		
(4)			B	I	R	C	H			
(5)				W	I	L	L	O	W	
(6)			M	A	G	N	O	L	I	A
(7)	B	E	E	C	H					
(8)			N	U	T					

［訳者注：1～8の各行に正しく落葉樹の名前を記入して、色の塗られた列に意味のある文字列をつくる。正解は「all right」である］

ピカソは彼の作品であるゲルニカで何を表現しようとしたと思いますか。あなたの考えを説明してください。

これら3つの例は、あなたの思考や教育活動のアイデアを生み出すことがそれほど難しいことではないということを証明するために示した。本質的には、教えるという過程がどのように学習プロセスに影響するかを自分自身に問いかけることと、これら2つの過程の関連性を可視化するためのエビデンスを探し求めることが大切である。最も重要なことは、たんにデータを集めることだけではなく、あなたの次の授業を念頭に置いて、データについてよく考えて解釈することである。

あらゆるかたちの課題（アサインメント）、テスト、クイズ式問題のような方法を用意して実施することは、世界中の教師にとって最も重要な仕事の一つであるといえる。

CHECKLIST チェックリスト

あなたが次回の授業を計画するときには、以下の点を検討してみよう。

■生徒の到達度をあなたに関するあなたのためのフィードバックと考える。

■学習プロセスについて、教授過程と密接に関連づけて考える。

■学習者の間違いについて、あなたの教え方を念頭に置いて解釈する。

■授業の終わりに、学習を可視化する局面を設ける。

■現在の生徒の学習水準とあなたが生徒に課そうとしている課題の難易度の両方を考慮に入れたうえで、学習の可視化を目的とする方法をあなたの授業計画に組み込む。

■あなたの教育的な思考と活動の観点から、具体的にはあなたの指導の観点から、あなたが集めたデータについてよく考える。

■指導の進め方について計画している間に、のちのアサインメントに含めたいものをノートに書いておく。

■アサインメントに含めるべき、単一構造レベル、多構造レベル、関連づけレベル、拡張された抽象化レベルの課題のそれぞれについて早い段階で決めておく。
■授業のためにあなたが定義した難易度について同僚と話し合う。生徒の到達度について考え、その難易度が適切であったどうかを確認する。
■以下の問いについて明らかにするためにアサインメントを使用する。授業で私が達成した目標が何であったか。私が学習者に正しく理解させることができた教材は何であったか。学習を促すために有用であるとわかった方法は何であったか。学習を促すために有用であったメディアは何であったか。
■生徒が教材について学んだことを確かめるために、おそらくそうだと思える場合であっても、念のために二重に確認をする。この場合、信じることよりも知ることのほうが大事である。

EXERCISES
エクササイズ

- 本章の最初に記載した自己省察のためのアンケートに戻り、別の色でもう一度回答してみよう。どこが変わったのかよりももっと重要なのは、そこに書いたあなたの見方が変わったのはなぜかという理由である。あなたの自己評価について同僚と話し合ってみよう。
- 授業の最後で、生徒が学習目標に到達したかどうかを確認するための方法を設計してみよう。実行し、まずは自分自身で、次に同僚と一緒に結果についてよく考えてみよう。
- 次のアサインメントを構成し評価する際、単一構造、多構造、関連づけ、拡張された抽象化のレベルについて考慮しよう。同僚と集まり、アサインメントの評価について本章で議論された可能性を試してみよう。

Chapter 3

進歩させたいと考えていることや自身の影響について同僚や生徒と協働する

自己省察のためのアンケート

どのくらい同意するかを次の一覧でチェックし、あなた自身を評価してください。

5＝非常にそう思う、1＝まったくそう思わない

●私は□□□がとても得意である

・他の教師と仕事を分担することで時間を節約すること	5	4	3	2	1
・チームで責任を共有すること	5	4	3	2	1

●私は□□□をとてもよくわかっている

・失敗はチームで乗り越えられること	5	4	3	2	1
・責任はチームで共有できること	5	4	3	2	1

●私の目標は常に□□□にある

・チームワークによって強みを強固にすること	5	4	3	2	1
・チームで失敗を乗り越えること	5	4	3	2	1

●私は□□□を強く確信している

・強みはチームで強固にできること	5	4	3	2	1
・同僚との協同が重要であること	5	4	3	2	1

エピソード
episode

弁護士は絶望的に思えるケースにどのように取り組むのでしょうか。調査によって一見矛盾するような事実に行き当たった記者にとってどんな選択肢が残されているのでしょうか。研究が袋小路に陥ったとき、科学者には何ができるでしょうか。これらのことに対処できる人々が取る行動は、他者と対話を始め、他者と協力してそれらの問題を解決しようと試みることです。

1 本章の概略

この「エピソード」は、本章の主たるメッセージを示している。すなわち、教育的な専門知識は交流と協同（cooperation）の産物であるということである。一匹狼でも成功しうるが、もし誰かと一緒に仕事に取り組んでいれば成功の可能性はいっそう高まる。これは、個人間で共同体の感覚を発達させるうえで特に重要である。

本章を読み終わったとき、このメッセージを用いて以下のことを説明できるようになるはずである。

■「マイクロ・ティーチング」「教員研修」「学校規模」という要因が、いかに影響力があるか。
■集合的知性の意味とそれが個人にどのように利益をもたらすか。
■チーム・ティーチングを成功させるためにどのような条件を満たす必要があるか。

2 マインドフレームを支える要因は何か

疑いなく、互いにやりとりし協同しようとする教師は多い。したがって、教師は同僚とまったく協同して働かないという指摘は間違っているだろう。しかし残念なことに、この協同は実際の実践に常に生かされているわけではなく、教師の教育プログラムにおいて体系的に要求も推奨もされず、ほとんど無視されている。より重要なのは、協働（collaboration）の焦点が生徒に対する影響と効果についてである必要があるということだ。カリキュラムやアセスメント課題、魅力的な活動の共有について議論するよりも、自分たちの影響に関するそれぞれの考えと評価について共有する必要がある。

交流と協同の重要性と必要性は、生物学的比較によってしばしば説明される。アリやハチのコロニーは、個体が集団からどれほどの利益を得るのか、また、個体の合計よりも全体がどれほどすぐれているかを示す古典的な例である。人類の多様性の高さと開かれた社会の価値を考慮すれば、これら2つの類推があらゆる水準の仕事に当てはまるわけではないが、どちらの例も民主主義における共同体の根本的な側面を描き出しており、したがって次の重要なメッセージを説明するのに役立つ。すなわち、人間も交流し、協力し合うことで協働から利益が得られる、ということである。

可視化された学習における多数の要因、特に、「教師の集合的効力感」や「マイクロ・ティーチング」「教員研修」が、この論証にとって実証的なエビデンスを提供する。

集合的効力感

可視化された学習の影響力の一覧に、新たな1番が追加されるだろう。それは教師の集合的効力感（collective efficacy）である。この要因は、26の研究をまとめたエールズ（Eells, 2011）の論文において、生徒の到達度に対してd＝1.23という非常に高い効果量を示した。この効果は、すべての対象となった学校、またすべての学校段階（小学校、中学校、高等学校）を通じて高いことが示された。メッセージは明白である。教師が集団として、自身の影響と生徒の進歩についてどのように考えているかということが、生徒にとっての成功に最も関連するということである。

教師の集合的効力感は、あらゆる障壁と限界を乗り越えるために高められた自信と、この学校のすべての生徒が1年間の努力に見合うだけの1年間の成長を遂げることができるという信念をもつことを意味する。明らかに、組織環境を向上させるための学校におけるリーダーシップの推奨によって、協働することや、すべての教師がこの自信の感覚を共有し、違いを生むことに高い期待をもつことができるように、時間をつくり方向づけるといった学校の規範がつくられた。しかし、この高められた集合的効力感が生徒の学習に対して望ましい影響を与えるというエビデンスが必要であるということに留意する必要がある。すべての有望なマインドセットではなく、エビデンスに基づくマインドセットこそがすべて有望なのである。

エールズの研究は2つの主要な気づきに基づいている。第1に、一定の成果を生み出すために生徒に準備をさせ教える自分の能力に自信をもつ必要があるという考えである。これは、かつて述べたことがある「私は学習を引き起こす」に関連する。この成果に関して適切に高い期待を私たちがもっているとき、実際に、生徒からより高い成果を得る可能性が高くなる。私たちの期待が低い場合には、やはりそのとおりになるだろう。第2に、自分たちの期待が十分で正当化できるかどうかを確認するという理由だけであれば、私たちは期待を共有する必要がある。これは、私たちが一緒になって、私たちの影響の意味に関する考え方と、この影響が生徒の学習に実際に作用した場合にそれを知る方法を共有すること、この影響がどのようであるかに関する典型例を提供すること、この影響の強さに関する私たちの信念を批評することが必要であることを意味する。エールズは説得力のある例を示した。

集団的な活動が、陸上競技のチームのように、個別の成功の合計であるならば、競技者の個別の効力感を測定しそれを合計すればよい。バスケットボールチームのように、集団全体が相互作用しなければならず、集団的な活動が協同作業の成果である場合、チームが何を成し遂げられたのかに関する集団成員の信念を測定するほうが理にかなっている。(p.66)

学校において、集合的効力感は、教師の協働を促す管理者の態度のような組織の特徴に大いに影響を受ける。しかしながら、生徒の教育に関する乗り越えがたい困難（たとえば、居住地、親、動機の欠如、準備の欠如）についてじっくりと考えるために議論を続けると、教師の効力感は損なわれる可能性が非常に高い。かたや、学習、動機、行動的問題について取り組むための方法を見つけるために教師が協力し合っている学校においては、生徒は主に恩恵を受ける者となる。

学校では、「どう教えるか」よりも、「教え方の影響」についてもっと語られるべきである。「5年生の英語が得意である」ことは何を意味するのか、8年生のスポーツ・コーチングにおいて少なくとも1年間で成長することは何を意味するのか。私たちに、これが1年間の成長であると確信させるような、生徒の勉強と自身の勉強に対する生徒の考え方に及ぼす私たちの影響のエビデンスは何だろうか。簡単に答えは出ないが、生徒の成果に歴然とした差をもたらすような水準の影響を私たち全員が実感できるのは、集合的な対話と、自信の感覚においてである。それは一つの情報源ではないことが多い。テストの得点、授業の成果物、生徒の観察、学習に対する生徒の声などの複合的な情報を必要とする。

私たちは、集合的効力感の発展と「進歩させたいと考えていることや自身の影響について同僚や生徒と協働する」というマインドフレームの支えになる9段階があると考えている。第1段階は、「私は学習を引き起こす」ということを理解することである。第2段階は、すべての生徒に対する高い期待と「私たちはそれぞれの生徒に対して共通に責任をもつ」ことの重要性である。第3段階は、自身の教え方の影響について評価しようとする評価的思考である。第4段階は、〝I〟スキル（たとえば、自己を認識する、自身の影響に関する学習者である、自身の影響に関する葛藤や疑念に対処する）と、〝we〟スキル（たとえば、高い水準の社会的感受性をもつ、改善に向けて共有された目標をもちたいと思う、他者の考え方を信頼し尊重する）をもつことである。第5段階は、私は、自分たちが違いを生み出すことができるという高い水準の自信を支え正当化するような影響のエビデンスを他者と協力して探すことである。第6段階として、当該学年において到達目標として設定した十分で高い水準の成長について他者と合意できるということである。第7段階は、生徒が教室に何をもたらし、生徒がどのように学習に取りかかり、自分がこれらの生徒にどのような影響を与えるか、といったことに関してのすぐれた診断に着目する心構えができていることである。第8段階は、同僚と協力し評価し合うことで、共通の進歩に関する考え方と、非常に肯定的な自分たちの影響に対して喜びを感じ、この影響を最大化するために協力し続けることである。これらすべては第9段階によって決まる。すなわち、集合的効力感を醸成するには信頼と時間が必要なことを認め、それらを支持し、尊重し、つくりだすというスクールリーダーの役割である。

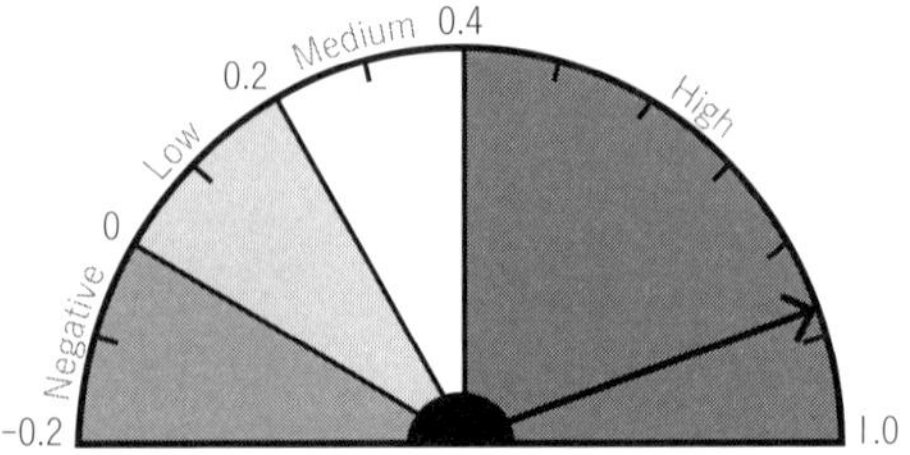

マイクロ・ティーチング		
ランキング	メタ分析の数	出版年
6	4	1986-1995
d=0.88		

図 3-1　マイクロ・ティーチング
(Hattie & Zierer, 2017)

マイクロ・ティーチング

マイクロ・ティーチングは、小グループで行なわれる小規模の授業を設計し、ビデオを用いてその授業を分析し議論する方法である（図3-1）。それは、通常の教室における教師を撮影したビデオを観察することにまで拡張されうる。これは教育実践と教育行動に関する詳細な観察を可能にするが、より重要なことは、教師が生徒に与える影響についての話し合いを可能にすることである。この要因が示した0・88という効果量は、その有効性を実証している。しかし、私たちは、マイクロ・ティーチングを利用する目的が、教師が教えるのを見ることなのか、あるいは、教師の教え方の影響を見ることなのかという目的の違いが、マイクロ・ティーチングに決定的な違いを生むと考える。主に後者の目的がこの違いを生んでいる。教師のマインドフレームや刻一刻と下されていた意思決定について聴くために、自身の教える姿を観察している間、特にオーディオがオフになっているとき、

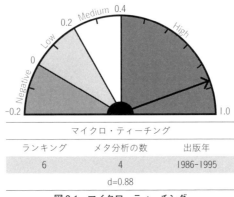

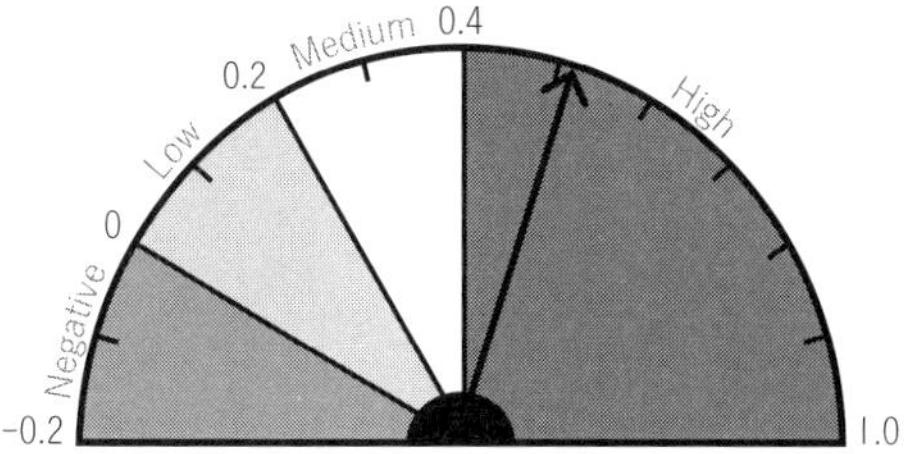

教員研修		
ランキング	メタ分析の数	出版年
47	10	1980-2011
d=0.51		

図 3-2 教員研修（Hattie & Zierer, 2017）

教師が「独り言を言う」ことを促すこともできる。それは、「マイクロ・ティーチング」の技術というよりは、教師の考えについて聴き、生徒に対する教師の影響を理解し、考え方と影響に関する対話の土俵をつくり上げる機会になる。

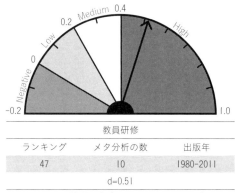

教員研修

「教員研修」は、可視化された学習においてd＝0.62〔訳者注：図3-2の効果量d＝0.51は、より新しい『*Visible Learning for Teachers*（教師のための可視化された学習）』Hattie, 2012（邦訳は[8]頁を参照）において示された効果量〕という大きな効果量を示したが、その一方で、最も効果の変動が大きい変数の一つでもあった（図3-2）。つまり、教師に対するあらゆるトレーニングや継続的な教育プログラムが功を奏しているわけではないということである。むしろ、効果的な教員研修プログラムは、教師が生徒に与える影響に関し、協力して理解し高め合い評価するという点で特徴づけられる。やはり、違いを生じさせるのは学習の協働的な性質なのである。教員研修の目的が特定の個人の学習目標に合わせて設定されている場合には、この協働はおそらくあまり重要ではないという点に触れておく必要はあるものの、教員研修の目的が学校単位で設定されている場合には、協働こそが本質である。後者の場合には、学校における積極的なリーダーシップが必要である。多くの場合、教員研修への意欲的な参加とその影響を確かなものとするためには外部の専門家の助言が必要である。また、教員研修が適切に選択されていることを確かにするためだけでなく、のちに教員研修の影響を評価するための基準値として役立てるために、教員のニーズの分析も必要である。

他のすべての学習プロセスと同じように、教員研修においてもフィードバックは鍵となる要因の一つである。この文脈において教師に与えられるフィードバックは、課題の水準と過程だけでなく、特に自己調整（self-regulation）にも焦点を当てるべきである。もし教員研修が将来の指導の改善と評価のための具体的な目標と道筋を示しているならば、教師はそこから多くの利益を得る。同じように重要なのは、参加者が教員研修のやり方に対してフィードバックする機会を設けることであり、それによって参加者の学習水準に合わせた調整が可能となる。

③ 交流と協同の成果としての集合的知性

私たちの誰もが、コンピュータのマウスが何でありどう使うものかを知っている。しかし、それがどのように機能するかを知っている人は限られており、どのように組み立てられているかを知っている人はさらに少ない。また、この例でさらに続けるならば、重要な部品のすべてをつくり上げることや、それらから正常に機能するマウスに組み上げることは、ほとんどの人ができない。このような当たり前の物体がこなしているような複雑な課題は、たくさんの人の交流と協同によってのみ可能となる。コンピュータ・マウスの開発に投入された技術的開発は、原材料の生産、プラスチック工業、プログラミングなどの進展を含んでいる。

このような交流と協同は複雑な物体にのみ当てはまることであり、たとえば鉛筆のような、コンピュータ・マウスよりも非常に長い歴史をもち、それほど複雑でない筆記用具などには当てはまらないと反対する者もいるだろう。ただしこの場合でも、木を切り倒し、木材を乾燥させて切り出し、黒鉛を成形して、最終的に木材と黒鉛の芯を組み合わせる、といったことがたった一人でできるとは思えない。鉛筆の生産にも交流と協同が含まれている。

社会学者は、これらの関係を明らかにするために「集合的知性（collective intelligence）」という言葉を使用する。この言葉は古代からずっと存在する。アリストテレスは、彼のいわゆる最終弁論でそのアイデアに言及し、ギリシャの哲学者によって、全体は部分の合計よりもすぐれている、という考えが著された。より最近では、マット・リドレー（Matt Ridley）が、彼の著書『*The Rational Optimist*（合理的楽観主義者）』［訳者注：Ridley, 2010；邦訳は[10]頁を参照］と関連して大いに悪名を轟かせた。彼は、集合的知性に関連づけられる可能性と機会の例を数多く提示している。その中には本章の「エピソード」で触れた例も含まれている。最終的に、彼は、あまり成功してない文化や制度、人々のすべては、開かれておらず、考えや財産を交換せず、したがってこの点では協力し合わないということを根拠として、集合的知性を、成功した文化、制度、人々の鍵となる特徴であるとさえみなしている。分離は停滞を意味し、長い目で見ると、退行を引き起こす、と。

私たち教師はいつも、交流と協同との両価的な関係を築いてきた。一方で、私たちは毎日生徒に協力し合うことを要求し、それが教育にとって重要であると考えている。他方では、自分自身の教育課程において、私たちは学習者同士を話し合わさせ協力し合う方法を経験はするが、そのスキルを学ぶための支援はほとんど得られず、ほとんど自力で重要な課題に取り組まなければならない。さらに、多くの教師が、自分自身の教育の早い段階で一匹狼になるように社会化されているとさえいえる。その初期段階において最も重要なことは、よい成績、最高のパフォーマンス、最も説得力のある模擬授業である。なぜ私たちは他者も利用できる考えや道具、授業計画をつくるべきなのだろうか。他者はほとんど口を出さず、それぞれが自力で自分の仕事をできるだけよく、できるだけ早くこなしているとして、仲間との交流と協同を時間の浪費であるとみなしている教師について耳にすることは珍しくない。さらに言えば、私のクラスは私の私的な領域である、とも言う。私たちは、くつろいでいてほとんど関与せず、その反面、グループにおける他者の仕事に対する称賛を持ち逃げするような同僚を「社会的怠け者」とみなす。これは個人の場合には真実であるが、もっと視点を広げてみると必ずしも真実とはかぎらない。この点を証明するために、マット・リドレーは次のような例をあげている（Ridley, 2010を参照）。この例は、時間の側面にのみ注目しているものの、交流と協同の力を描き出すには十分有用である。

アダムとオズ2人とも槍と斧を作ることができる。アダムは槍を作るのに4時間、斧を作るのに3時間を必要とする一方で、オズは槍を1時間、斧を2時間で作ることができる。それぞれが槍と斧を1本ずつ作らなければならないとすると、仕事を済ますまでにアダムは7時間、オズは3時間を要する（表3-1）。

もし2人が一緒に仕事をしたら何が起こるだろうか。まず、オズは、2つの槍と2つの斧を作製するためにアダムと働いたとしてもまったく時間を節約できないため、オズにとっては何の意味もないように思える。しかし、もし以下のように仕事を分担した場合はどうだろうか。オズは

表 3-1

	アダム	オズ
槍	4	1
斧	3	2
合計	7	3

表 3-2

	アダム	オズ
槍	0	2
斧	6	0
	槍と斧の交換	
合計	6	2

2時間で2本の槍を作れるという彼の強みを活かす。その引き換えとして、アダムは6時間で2本の斧を作ることができるという強みを活かす。その後、槍と斧を1本ずつ交換する。そうすれば、アダムとオズの両方にとって、槍と斧の両方を手に入れるために単独で仕事をする場合よりも1時間の節約となる（表3-2）。

たとえ、槍と斧のできがよい場合も悪い場合もあるという事実を無視しているとしても、交流と協同はどちらの側にも明らかに利益がある。それでも、このような方法で時間を節約することだけでも、すでに集合的知性の体を成してはいるが、解決すべき課題が複雑であるほどその利益は増大する。

槍をワークシートに、斧をテストにそれぞれ変更したらどうなるだろうか。あるいは、さらにこの例を用いるならば、槍と斧を、授業の設計に関するアイデア、指導の評価の経験、フィードバック、目標設定、教師と生徒の関係、動機づけ、実践、差別化、学級経営などと言い換えたとしたらどうだろうか。これらの場合における集合的知性の利益は、たんに時間的な性質のものだけでなく、何にもまして、対話の力や交流と協同の強み、チームでの教員研修に存するのである。このすべてが、たんなる情報交換やたんに情報を集めてファイルにまとめることではない。集合的知性は、それぞれの個人のコンピテンシーとマインドフレームに関する、集約的で、建設的で、集中的な話し合いによって可視化される。

今こそ、私たちの学校において交流と協同の文化を発展させるときである。それによって、私たちは、学習者に益し、なおかつ教師にも益するように、集合的知性の力を活用することができるようになる。

4 チーム・ティーチング：自明のように思われる要因の可能性と限界

「進歩させたいと考えていることや自身の影響について同僚や生徒と協働する」というマインドフレームに対する批判の一つは、可視化された学習における「コー・ティーチング（co-/teaching）」の効果の低さである。「コー・ティーチング」要因の効果量は0・19で118番目でしかなく、多くの人の期待にははるかに及ばなかった。どのようにあるべきなのだろうか。大幅な譲歩と多大なコストをかけて実行している場合、どうしてチーム・ティーチングはこれほど効果が低いのだろうか。「コー・ティーチング／チーム・ティーチング」要因は、この要因が失敗する理由を理解することが、この先、その効果を改善する基礎となることをも証明している。それならば、私たちは、チーム・ティーチングの効果量の低さをどのように理解したらよいだろうか。

以下の逸話がこの疑問への回答の一助となる。オーストリアの専門家は、インクルーシブ教育が実施されているクラスにおいて、このようなクラスで明らかにもたらされる追加的な教育的・指導的な困難に対処するために、チーム・ティーチングの導入を推奨した。この提言がなされてすぐに、インクルーシブ教育が実施されているクラスにはそれぞれ2人の教師が配置された。そのいくらかあと、教師の間の関係に興味深い発展が見受けられた。第2の教師に対して、「ラジエーター・ティーチャー（radiator teacher）」という特別な名前が与えられたのである。なぜだろうか。なぜなら、他の教師が教えている間、この教師はラジエーター［訳者注：各教室に設置されているセントラル型の暖房器具］にもたれかかっていたからである。1人目の教師が教え終わると、その教師はラジエーターのところへ向かい、同僚にクラスの責任を引き渡すのである。これはせいぜい「単独授業」と同様であり、チーム・ティーチングの力を失っている。

この逸話で描かれている教え方はチーム・ティーチングではない。なぜなら、教師は互いに一緒にではなく交代で教えているからである。また、チーム・ティーチングがただこれだけで構成されているかぎり、その効果は典型的なクラスのようにただ1人の教師が教えている場合と何ら違わない。そうではなく、チーム・ティーチングは、教師が特別なコンピテンシーと特別なマインドフレームを所持することを必要とする。なぜなら、たんに指示を出すことが、2人1組で実行されているのだから、その複雑さが緩和されなければ、非常に複雑な活動になるからだ。この複雑性は、一緒に学習者の最初の学習水準を分析すること、一緒に教育目標を設定し構成すること、一緒に課題を設計すること、必要に応じてそれらを分化させること、一緒に授業を実施すること、最後に、一緒に授業を評価すること、といったことを可能にする能力を、協力して働く教師が有することを必要とする。また、それらはおそらくお互いに対する高い水準の社会的感受性、聴く力、高い水準の信頼を構築するコンピテンシーを必要とするだろう。このすべてが簡単なことではない。このうえさらに、授業を計画し、実行し、評価することに求められるのは、たんなるコンピテンシーではない。いくつかのマインドフレームも必要とする。自分の同僚の前で失敗する、妥協案を示す、自分自身を抑え自分のアイデアと好みを控える、特に得意ではない課題に対して責任を負う準備をする、同僚に頼ることも含めていろいろなことを試す勇気をもつといったマインドフレームである。これらのマインドフレームは、残念なことに、未だに教師の育成プログラムにおいて丁寧に、また体系的には教えられていない。あまりにも多くの若い教師が自分だけの学級をもちたがる。学級に一人にしてほしい、教材を自分でつくらせてほしい、自分で採点させてほしいなどと言う。このような忙しい仕事を数年経験したあとに、彼らは「誰も助けてくれなかった」と感じても不思議ではない。教材の開発者、生徒の勉強の採点者、自分の領域の王や女王といったような「よい教師」像は、職業として教えることの主要な障害であり、もしマインドフレームがこうならば生徒にチャンスはない。しかし、影響や進歩に関する考え方について他の教師と協同することで、これは和らげることができるのである。

それゆえに、チーム・ティーチングは高い水準のコンピテンシーとマインドフレームを必要とする。集合的知性の一形態としての効果的なチーム・ティーチングは、すべてが独自に現われるわけではない。それは、交流と協同を、したがって教師の側には高い水準のコンピテンシーとマインドフレームを必要とするのである。それが真に協同的であり、連携して集合的な影響を最大化することに集中している場合に、チーム・ティーチングは生徒により大きな影響を及ぼす。

5 何から始めればよいか

先に議論された研究の知見は一つのことを明らかに示している。すなわち、協同を成功させるために必須のコンピテンシーとマインドフレーム、交流と協同は学習される必要があるということである。これを背景として、「進歩させたいと考えていることや自身の影響について同僚や生徒と協同する」というマインドフレームに取りかかるには、まず、交流や協同に関する自分自身の行動を自覚し、この知識を使って協同がより持続的で肯定的な効果を発揮し続ける場をつきとめるのが得策である。下記のリストはこの省察のために有用である。このリストは、さまざまな水準の協同をつきとめたうえで難易度の順に並んでいる。

協同のステップ

1. 互いに話し合う
2. 互いに支持し合い、批判し合う

3．ともに授業を計画しそれを評価する
4．ともに授業を展開する

この順序は、指導の一般的な基準について話し合うことは、互いの授業に対する具体的な考えについて互いに支持したり批判したりするよりも簡単であり、そのどちらもともに授業を計画してそれを評価するよりも簡単であるという理解に基づいている。教師間の協同の到達点は、ともに授業を実施して、この授業が生徒に与える影響をともに評価することである。特に、これがすべてのチームワークの仕上げを意味しており、それぞれのチームの成員の考え方だけでなく行動も一つにまとめることを含んでいることからもわかるだろう。

中心的な技能は、合意された成功の基準は何か、生徒が何を知っていて何ができるかに関する現在の見立てはどうであるか、計画された介入指導に生徒を今いる場所から自分たちの目的とする場所へ移動させることがおおむねできそうか、といったことについて一緒に取り組むことである。適切な成功の基準と一連の授業において期待される成長の水準に関する話し合いこそが、最も重要である。

これらの考察のもとで、私たちは、あまりにも性急なチーム・ティーチングの導入には注意を喚起したい。高い水準の信頼と社会的感受性を含む必須のコンピテンシーとマインドフレームが身につき始めた場合にはじめて、交流と協同の段階に進むべきである。第1段階として、生徒の成長に

表 3-3

	負	低	中	高
学級規模	○	○	○	○
開かれた学級対伝統的な学級	○	○	○	○
視聴覚機器	○	○	○	○
教科知	○	○	○	○
ピアジェに従った認知的発達段階	○	○	○	○
課題目標の設定	○	○	○	○
分散学習対集中学習	○	○	○	○
教師と生徒の関係	○	○	○	○
協同学習	○	○	○	○
確実な習得指導	○	○	○	○
社会経済的地位	○	○	○	○
動機	○	○	○	○
フィードバック	○	○	○	○
形成的評価	○	○	○	○
コー・ティーチング／チーム・ティーチング	○	○	○	○

関する自身の期待について同僚と議論することを推奨する。そのためのよい方法は、可視化された学習から得られた要因の一覧（表3-3）に従って考え、自分自身の教育経験に基づいてそれらの有効性を評価し、そしてそれについて同僚と話し合うことである。そこでは同僚と自分の意見が異なっていること、要因に関する自身の理解も異なっていることに気づくだろう。しかし、これらの話し合いは、自分たちの思考と行動に関するアイデアを交換し教育の専門家として協同するために、まさにする必要のある話し合いである。

協同の次の段階は、「私は変化のエージェンシー（主体）である」というマインドフレームに基づいて協力することである。たとえば、次章では動機づけのＡＲＣＳモデルが説明されるが、本章では授業の導入時のモチベーションの重要性について先に触れておく。他の教師にとっての最大の挑戦は、学習の主題に対して学習者の賛同を得ることができ、また授業の最初に学習者の関心を引くことができるように、教材を方向づけることである。教師は、このことがどれほど難しいかを日々感じ、その試みがいつも成功するわけではないことも経験している。それゆえ、ほとんどの学校が、教育の過程における効果的な導入に関するアイデアを集めて教師間で共有しようともしないことには、驚くばかりである。代わりに、全員が、この重要な課題を単独でやろうとする。なぜ教材等創意工夫してつくったものを蓄積しないのだろうか。ＡＲＣＳモデルに則って、できるかぎりたくさんの動機づけ方略を集め、それらをよく検討し、特にそれらの有効性や実際に使用した経験について同僚と話し合ってみよう。たとえば、改善の手段として、メディアを選ぶときに何を考えたか、使用した方略に生徒がどう反応したか、明瞭でなかったのはどこか、学習者が何を提案したか、といったことを書き留めておくのもよいかもしれない。教育における思考や行動のエビデンスを探索するこの過程は、「私は生徒の学習に及ぼす影響の評価者である」というマインドフレームに明確に関連する。なぜなら、これらの疑問に有意義な回答を与えられるのは、生徒だけだからである。

先で触れられた例は、可視化された学習において何度も強調された協同の主要な考えを示している。すなわち、「汝の影響を知りたまえ」である。これが意味するのは、教師同士の交流と協同は、教育の有効性を正確に測定しエビデンスを探すために、指導に疑問を投げかけることに焦点化すべきである、ということである。そのため、協同の目的は、教材を蓄積することや学習者を特徴づけること、親を診断すること、同僚を非難することなどではなく、教え方に関する自分自身の思考と行動を注意深く探ることと、何が効果的ではなかったのか、それはなぜか、そして何が効果的だったか、それはなぜか、と問うことである。後者の問いは、何よりも仕事への満足度にとって特に重要である。これは、ある教師が、成功を収めたことがわかり、その理由を知ることになるからである。

もちろん、いつでもどこでも、協同の最終段階に到達することが必須なわけではない。むしろ、先述の協同のステップリスト（82頁）は、あまり急ぎすぎず、またそれによって協同の繊細なところに過剰な負荷をかけないようにするための指針となることを意図していた。この繊細さは基礎的なマインドフレームに反映されている。協同はある特定のマインドフレーム、特に自信と信頼を必要とする。初代ドイツ帝国首相として歴史に名を残すオットー・フォン・ビスマルク（Otto von Bismarck）は、以下のような言葉で、この点に注意を促した。「自信は弱い植物である。一度枯らしてしまえば、そう早くは元どおりにはならない」。

CHECKLIST
チェックリスト

あなたが次回の授業を計画するときには、以下の点を検討してみよう。

- ■教育的技能には協同が含まれていることを知ること。
- ■同僚とアイデアを交換し指導について話し合うこと。
- ■責任を共有することで自分の仕事量を減らすこと。
- ■全般的な問いから始めて、それらを少しずつ具体的な授業に適用すること。
- ■教材や教具、たとえば、ワークシートや板書、アサインメントなどに、一緒に目を通すこと。
- ■常に、生徒の到達度を、自分の交流と協同の根拠のベースになるものとみなすこと。
- ■同僚と協同してエビデンスを探すこと。
- ■自分のコンピテンシーとマインドフレームの点から、自身の指導と協同について反省すること。

EXERCISES
エクササイズ

●本章の最初に記載した自己省察のためのアンケートに戻り、別の色でもう一度回答してみよう。どこが変わったかよりももっと重要なのは、そこに書いたあなたの見方が変わったのはなぜかという理由である。あなたの自己評価について同僚と話し合ってみよう。

●自分の授業の導入、ワークシート、板書、動画、その他の教育的支援を同僚に見せて、あらゆる観点から明瞭さに欠けるところがないかを尋ねてみよう。授業を実施したあと、もう一度同僚に会って、学習者がその授業をどのように経験したのかを話し合おう。

●授業のためにあなたが定めた目標、学習者に課した課題、どのように学習者がそれを完遂したかを同僚に紹介しよう。目標はさまざまな到達度の水準にいかによく適合していたか、課題がどのくらい明瞭に提示されたか、どのようなかたちで提示されたかについて話し合うための基盤として学習者の到達度を用いよう。

Chapter 4

私は変化をもたらすエージェントであり、すべての生徒が改善できると信じている

自己省察のためのアンケート

どのくらい同意するかを次の一覧でチェックし、あなた自身を評価してください。

5＝非常にそう思う、1＝まったくそう思わない

●私は□□□がとても得意である

・教え方をもっと多様にするために、成功している方法を用いること　5　4　3　2　1

・生徒の動機を高めるためのさまざまな方略を用いること　5　4　3　2　1

●私は□□□をとてもよくわかっている

・私の授業が生徒に影響を及ぼすこと　5　4　3　2　1

・動機を高めるためのさまざまな方略があること　5　4　3　2　1

●私の目標は常に□□□にある

・授業を通して生徒に影響を及ぼすこと　5　4　3　2　1

・生徒を学習プロセスにおいて動機づけること　5　4　3　2　1

●私は□□□を強く確信している

・私の授業を通して生徒によい影響を与えること　5　4　3　2　1
・私の授業の影響を絶えず問い続けることが重要であること　5　4　3　2　1

エピソード
episode

以下の状況を考えてみましょう。それは、あなたに自身の幼少期の何かを思い出させるかもしれません。とてもやる気があり、関心の高い学習者は、新しい分野の知識を探究しようと決心します。しかし、彼は親から、「お前にそれはできない、それは難しすぎる」と聞かされます。試みようとしてもその成功は危うい状況にあります。学習者は親にそれは間違いだとうまく納得させることができるでしょうか。その学習者にはその力があるでしょうか。それとも、その学習者は周りの人を信じ、彼らの見解に合わせて自身の関心や動機を押し殺してしまうのでしょうか。同じ学習者が「お前にはできる、私たちはお前を信じている」という言葉を聞くときと、その学習プロセスはどれほど異なったものになるでしょうか。自身の内にもっているとはまったく気づいていなかった力を解き放ちながら、彼の関心は増大し、動機は高まることでしょう。信念は、実に山をも動かすことができるのです。

1 本章の概略

この「エピソード」は、本章の主たるメッセージを示している。学習は見方（perspective）と大きく関連している。とりわけ、教師の見方とそれが学習者の動機づけに与える影響、親の見方とそれが学習者の自信に与える影響、クラスメイトの見方とそれが学習者の取り組みの姿勢に与える影響、学習者自身の見方とそれが自身を学習の消費者または生産者とみなす能力に与える影響である。もし生徒が学習していないとしたら、それは学習を実現するための方略がまだ見つかっていないからである。学習を成功させるには的を絞った見方が必要であり、関係者全員によって肯定的な見方を築き上げ、支援し、発展させることは学習者を取り巻く人たち（教師、親、クラスメイト）の責任である。これは必然的に、自分自身を変化のエージェント［訳者注：ドラッガー由来の組織開発の世界で使われてきた言葉であり、情熱と高い志をもって組織を導く変革者を指す］とみなすことを意味する。

本章を読み終わったとき、このメッセージを用いて以下のことを説明できるようになるはずである。

■「学級経営」「先行オーガナイザー」「問題解決型学習」といった要因がどれほど重要であるのか。
■動機づけは学習にどのような影響を及ぼし、生徒を動機づけるために教師にはどのような可能性があるのか。

■生徒の学習を支援する適切な方略を、その方略が有効であるというエビデンスと、生徒が必要とすることに関するあなたの知識の双方に基づいて選択しなければならないのはなぜか。
■あなた自身の考えを全員に完全に納得させる必要はないこと。むしろ、あなたの見通しに対する限界質量［訳者注：critical mass：核分裂反応が自律的に維持されるウラニウムの量を指し、この「限界質量」を超えると爆発的な連鎖反応が起きるという原子力工学に由来し、これが何らかの結果を得るために必要な量として多様な領域において援用されている］を獲得することで足りる。

2 マインドフレームを支える要因は何か

政治選挙キャンペーンがどれほど精神的に疲れるものであるとしても、社会科学的な観点からは非常に有益である。たとえば、バラク・オバマの大統領選挙戦で使われたポスターをよく見て、それがあなたにどのような連想を呼び起こすのかを考えてみよう（図4-1：http://wpshout.com/change-wordpress-theme-external-php/）。

このポスターを見て、誰も否定的な感情をもたないだろう。そのメッセージは徹底して肯定的である。変えることができる。あなたの人生から何をつくりだすのかはあなた次第である。それによって、あなたは変えうることの中心的なエージェント（主体）になる。それはあなたが成功できるこ

図 4-1　見るものを変えよう

とを意味する。したがって、選挙キャンペーンのスローガンは、「やればできる」であった。

生徒が学習に主体性をもつことは、確かに学習における主要な目的である。しかし、これは彼らを放っておくことではなく、むしろ、彼らにその学習をコントロールするよう求めたり、この主体性の獲得において生徒と協力したりすることを意味する。これには、援助を求めたり、彼らがわからないことを見つけようとしたり、彼らが今できることを越えて学んだりすることが含まれる。

平均以上効果〔訳者注：心理学で「自分は他者と比べて平均以上である」と自己を過大評価する認知バイアスのこと〕の1つが、アウトワード・バウンド〔訳者注：Outward Bound：1941年にイギリスで発祥した世界33か国220か所以上の拠点をもつ非営利の冒険教育機関〕のアドベンチャー・コースと関連する。ホワイト川をカヤックで下ることや、岩壁をザイルで降りることが、なぜ数学や読解を向上させるのだろうか。私たちはこの効果を理解するために、10年かけてアウトワード・バウンドと協力している。もしあなたがカヤックを漕いだことがなくて、川の最初の曲がり口で問題が発生したとしたら、学習をコントロールできず、問題を解決する時間もなく、問題を解決するのに十分な知識もない。即座に説得力のある助けを求める方法を知っておく必要がある。同様に、学校教育で問題に直面したとき、私たちは援助を求める方法を知っていたり、助けを求めて聞くことができるよう信頼の雰囲気を高めたり、間違いをするかもしれない状況に（安全地帯の外に）置かれたりする必要がある。ジレンマを解決するために、そこに援助がなくてはならない。そこから、あなたは次の波へと向かう。これは、私たちが最速で学び、学ぶために援助を求める必要がある状況での学習への「やればできる」というマインドセットをつくりだす。

成長マインドセットは、キャロル・ドゥエック（Carol Dweck）の生涯にわたる入念で厳密な研究活動によって開発された。彼女は、成長マインドセットは多様な目標を刺激し、努力についての見解を形づくることができると主張したが、その学術的著述において、「成長マインドセット」と呼ばれる心的状態があると主張したことはない。それは人の属性ではなく、特定の状況における考え方である。彼女はよりよい結果をもたらすためにそれがいつ、どこでかき立てられるのかを理解するために多くの調査研究に取り組んだ。それは存在する状態というより、対処方略である。

「特定の状況」とは、私たちが答えがわからない、間違いを犯す、失敗を経験する、不安を感じる、次に何をするのかがわからないといったときである。たとえば、ドゥエックのいくつかの主張を見てみよう。

成長マインドセットは、彼らが誰か別の人と意見が合わないとき、苦しんでいることがわからないなど、共感が困難な脈絡において、より共感に努めようとする。

（Murphy & Dweck, 2016, p.487）

生徒が自信過剰な状況では、困難な問題に時間を割こうとしなくなる。

（2016, p.98）

成長の引き金になるときとは、困難に直面するときや批判を受けたり、他者と比べてうまくいかなかったり、危機にさらされたり守りに入ったりしているときである。

（Dweck, 2015, pp.3-4）

クライメイトとの対立や仲間外れ

（Yeager & Dweck, 2012, p.309）

私たちが間違いを犯したり、不足が明らかになったりするときに、間違いを隠そうとしたり、能力がないと感じたりする。

（Dweck, 2017）

「失敗は人を強くする」ととらえる人とは対照的に、「失敗は人を弱くする」ととらえる人たち。

(Haimovitz & Dweck, 2016, p.866)

鍵となる問いは、「硬直したやり方を乗り越え、成長するやり方に考えを切り替えるのに適した状況は**いつか**」である。こうした状況では、成長思考に近づくことで、状況を打開し、前進させることができ、抵抗や過剰反応や硬直したマインドセットに逃げ込む懸念がない。

ごく最近のことだが、ドゥエック(Dweck, 2017)は、自身の研究が、生徒が自らの能力を認識する方法に直接関係すると述べた。それには、「自己帰属」「統制の所在」「キャリブレーション」〔訳者注:相手の表情や身のこなし方など非言語的情報から感情を読み取るスキル〕など、多くの関連する用語を経た長い歴史がある。彼女は2つの核となる概念を明らかにした。それは、自分の知性や能力は変えることができるという信念と不動で不変であるという信念である。すぐれた研究者のすべてがそうであるように、彼女は、これらの作用がどのように機能しているのか、強められたり誤用されたりする可能性があるのかについて、さらに学び続けると述べた。たとえば、成長マインドセットは、たんに努力や賞賛、よい気分や前向きな見通しをもつこと、誰もが賢いと信じることではないし、一部の生徒が学んでいない理由(「ああ、彼のマインドセットは硬直している」)を説明するのに用いられるだけではないと彼女ははっきり述べている。これらの例は、学習する・しないは生徒側にだけ責任があることを典型的に示すために用いられるべきではなく、また、成長マインドセットと硬直マインドセットのカテゴリーのどちらかに生徒を分類するために用いられるべきではない。成長マインドセットは努力を称賛し、報いることと想定すべきでもない。そして、肯定的な目標を表明する「やればできる」というポスター、あたかもよいことが起きるに違いないという成長についてのありきたりの決まり文句を口にする生徒に焦点化して、成長マインドセットを教え込むべきではない。

実際、私たちは学習する理由やしない理由について、より深く徹底して調べる必要がある。教室での実践だけでなく教室の言語においても、成長や硬直といった概念をいつ使うべきかについてはエビデンスが必要である。大人は、間違いに対する子どもたちの行動や対応の仕方にではなく、彼らの言葉に「成長」を認めることがあまりに多すぎる。ドゥエックは、私たちの誰もが成長と硬直という概念の混合物であり、私たち自身が双方を理解する必要があると述べる。最新の成長プログラムのメタ分析は効果量がきわめて低いことを示している。これは主に、ほとんどのプログラムがドゥエックが要求していたものになっておらず、適切な場面で硬直したマインドセットを成長のマインドセットに切り替えることが非常に困難になっていることが理由である。

人に適度に挑戦的な目標を追求させ、動機づけ、その感情に訴えることは、人を変えたいと願うならば、もつべき大切な能力である。これは政治家だけの問題ではなく、教室で日々多くの教師が直面する挑戦でもある。より難しい問題に取り組み、熱意に満ち、奮起するよう学習者を納得させるにはどうすればよいのか。これが簡単でないことはすべての教師が知っている。社会がますます

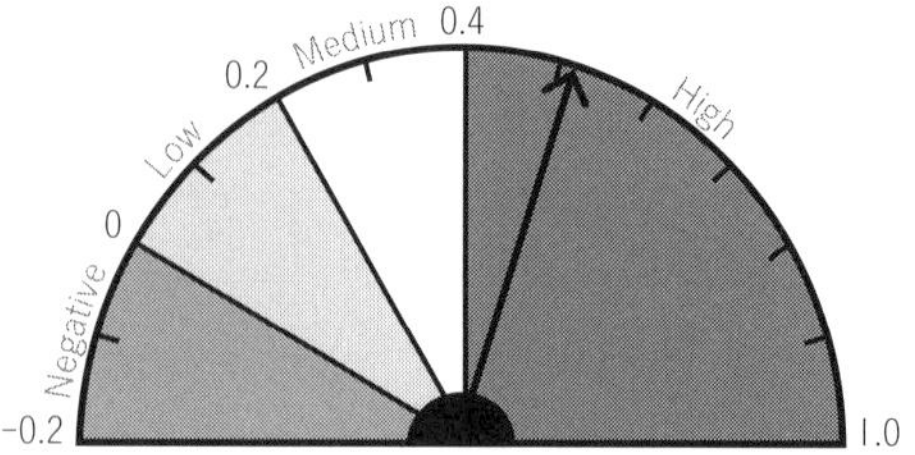

学級経営		
ランキング	メタ分析の数	出版年
42	1	2003
d=0.52		

図 4-2　学級経営（Hattie & Zierer, 2017）

多様になり、関心や学習前の知識や過去の経験に引き寄せにくくさせるものが多くなるにつれて、より複雑化する課題でもある。これは、教師が変化をもたらすエージェントでなくてはならないことを意味する。可視化された学習には、この主張を裏づける多くの要因が含まれる。それらのいくつかを以下で説明する。

コンディションを整えること：学級経営

「学級経営」は効果量が0・52で、長い研究の歴史をもつ最も影響力のある要因の一つである（図4-2）。すぐれた学級経営は、構築されるべき信頼性、優勢であるべき公正性、次に起きることを学ぶための場面設定である。予防的方略は、叱責や処罰よりも、教室での規律を乱す行動に対処するのにより有効な手段である。この考え方は、この問題に関する多様な研究結果から開発された学級経営の方略で明らかになる（表4-1）。

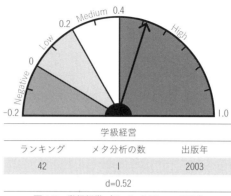

表 4-1

焦点と存在感	あなたが教室にいて、些細なことでも気づいていることを学習者に知らせる。全意識を直ちに騒ぎに向けるのではない。そうではなく、授業に集中しつつ、同時に、非言語的な合図を用いるなどして騒ぎに対処するようにしよう。
スムーズさとペース	授業での無駄な時間や進み具合が低下するのを避けよう。気が散る原因になったり、学級崩壊につながったりすることもあるからである。生徒とともに規則やきまりごと、活動の進め方、行動パターンの多くを実行する必要がある。
グループへの焦点化	できるだけ頻繁に、すべての学習者に同時に対応するようにしよう。もしあるグループと長く話す必要がある場合は、残りの学習者に学習に取り組ませ続けるための課題を与えよう。
退屈さの回避	授業が刺激的で興味深く、有益で楽しいと生徒が感じていれば、教室の騒ぎのたいていは回避できる。退屈さは、最も負の影響力を伴う効果量であることに留意しよう。最も有効な方略は、生徒が適度に挑戦的な学習に取り組み、学習が少しずつ成功していると認識させることであり、それが彼らの学習を促す。これを進める方法は、学習者がうまくいく場面（間違いからの学習を含む）を経験する状況を取り入れることであり、生徒を不愉快にさせたり、まごつかせたり、生徒にとって困難すぎたり、退屈すぎたりする課題を与えないことである。

これに関連して覚えておくべき重要なことは、学級経営の成功はコンピテンシーだけでなく、適切なマインドフレームを必要とすることである。あなたの目標はまず予防措置をとることで規律を乱す行動を避けることなのか、それとも、罰を科して規律を乱す行動に対処することなのか。あなたは教室で2つの目標を次から次へと切り替えるかもしれないが、教師としてのあなたの役割が担う態度は両ケースで異なる。1つ目のケースでは、あなたは自身を学習者に変化をもたらすエージェントととらえ、その役割は教室で働きかけを始めることである。2つ目のケースでは、あなたはたんにやりとりに反応しているだけである。

学習の成功の基準を提供しよう

一連の授業の成功の基準を考案することについては、多くのことが書かれている。私たちは約6～10週間のサイクルで、成功とはどのようであるのかの説明に取り組んだ。これは、A、B、Cの活動の事例を提示したり、（必ずしも1日目というわけではないが）事前に最終段階で望まれる評価を知ったり、成功の基準にすでに到達した生徒と話したり、成功の基準を再構築するために生徒と協力したりすることによって成し遂げられる。成功の概念を理解するのに役立つもう一つの方法は、成功の基準へと導いていく一連の授業の学習意図をより具体化することである。鍵となるのは、成功の基準を持ち合わせない学習意図はかなり効果が低いということである。学習意図は、成功の概念に到達するためにより具体化した方法である。学習意図は、それ自体ではあまりにも表面的なレベルであったり、あまりにも強硬的であったりして、支離滅裂になる可能性がある。そのため、学習意図は、多くの場合、学習に関するものではなく、なすべきことに片寄りすぎている。学習意図とは、私たちは今日何をするかではなくて、私たちは今日何を学習するかなのだ。そして、私たちはいつそこに到達するのかをどうやって知るのだろうか。

先行オーガナイザー

先行オーガナイザー（advance organizer）は、既有の知識と新しい情報とをしっかりと関連づけたり、新しい教材を扱うのにその後の指導に最も重要な局面を明確にしたり組織したりする一つの

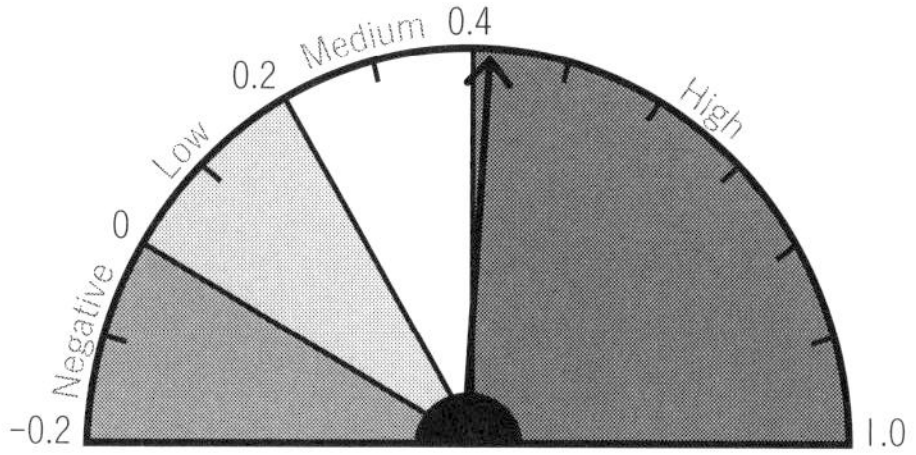

先行オーガナイザー		
ランキング	メタ分析の数	出版年
67	11	1978-2006
d=0.41		

図 4-3　先行オーガナイザー（Hattie & Zierer, 2017）

方法である。可視化された学習において得られた0・41という効果量は、平均的とみなされるかもしれない。先行オーガナイザーが成功の基準と結びつけられると、この効果は増大する（図4-3）。

　しかし、メタ分析の結果には大きなばらつきがあるので、先行オーガナイザーをうまく適用するための基準について問う必要がある。2つの側面が重要である。第1に、先行オーガナイザーは表面的な理解に取り組むだけでなく、深い理解を考慮に入れると、一般にはより効果的である。最も重要な深い理解に対する表面的な理解の適切な比率を思い出してみよう。第2に、先行オーガナイザーが学習者に利用されれば（たんに授業を構想するための道具として使用されるのでなければ）、より高い効果をもたらす。これら2つの側面により、教師は生徒に既有の知識と経験の重要性を示したり、次の学習プロセスにおける成功の基準を生徒に可視化したり、これら基準について生徒と理解を深めたりすることができる。

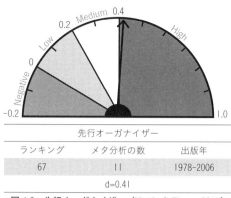

これは先行オーガナイザーの重要な利点である。先行オーガナイザーは、学習者が学習プロセスにおいて了解していた学習者としての自身の役割が受け身の姿勢から、自ら行動し自己責任に向かうよう変化することを意味する。これは、教師が自身を変化をもたらすエージェントとみなす場合にのみ起こりうる。以下の問いは先行オーガナイザーの考え方の例である。

私たちの話題

私は何をすでに知っているのか？
私は何を学ぶ必要があるのか？
私が今知っていることと、知る必要があることとの間の隔たりはどのくらいか？
この隔たりを埋めるために、私には何ができるか？

3 問題解決型学習

「問題解決型学習」は、問題を活用した学習教材を提示する方法であり、学習者に対してより強い指導を集中させる伝統に由来する。可視化された学習において算出された0・15という効果量は低いにもかかわらず、この要因に関する研究成果は、「あなた自身が変化をもたらすエージェント

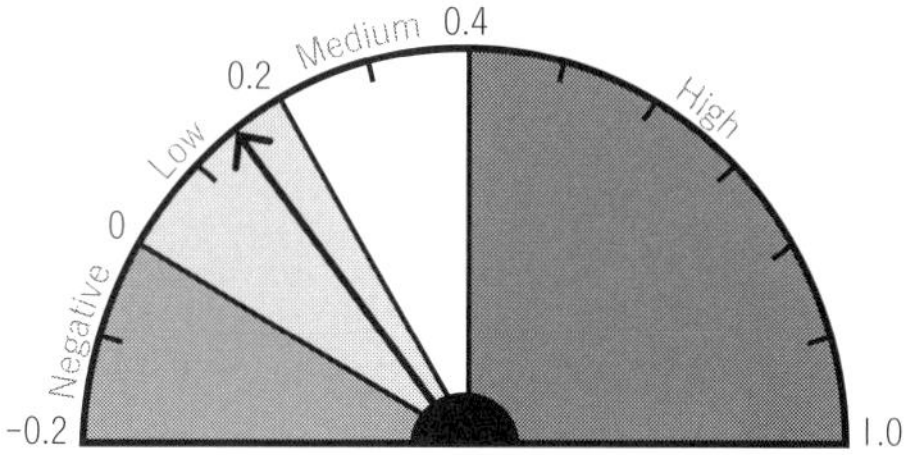

問題解決型学習		
ランキング	メタ分析の数	出版年
128	9	1993-2008
d=0.15		

図 4-4　問題解決型学習（Hattie & Zierer, 2017）

であるとみなそう」というマインドフレームにとって興味深い。問題解決型学習が学習プロセスにおいて適切な時機に実施された場合、実際に生徒のパフォーマンスに大きな影響を与える可能性があることを、メタ分析は示している（図4-4）。適切な時機とは、問題解決型学習が負の効果をもたらすこともある表面的な理解の領域に未だ生徒がとどまっている間ではなく、彼らが深い理解の領域に到達したときである。言い換えれば、学習者が転移と問題解決のレベルで課題をこなすのに基盤となる必要な知識をすでに獲得している場合にのみ、問題解決型学習は効果を発揮するであろう。さらに、教師が開始における学習者の学習レベルを特定し、適切な問題を与える能力とともに、彼らを深い理解の領域に導き、問題に取り組むよう動機づけるための適切なマインドフレームを有することが必要である。問題に焦点を当てることは、教育学的見地からきわめて有効なアプローチであることは明らかである。なぜならそれは、間違いを肯定的

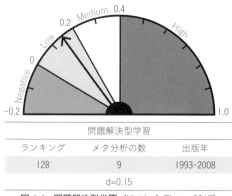

にとらえる文化の構築、フィードバック・プロセスの有効な一部となること、学習者の自己調整、学級をグループに分ける可能性に根本的な影響を及ぼすからである。したがって、問題解決型学習が効果的であるかにはいくつかの側面があるものの、教師がエビデンスに基づいて実施できる多くの方法のうちの一つである。

「学級経営」「先行オーガナイザー」「問題解決型学習」といった要因は、教師の見方が教室での思考や行動にどれほど影響があるのかを示す。教師が何を見るのかと同じくらい重要なのは、彼らがそれをどのように見て、どのような信念や判断に導かれるのかである。したがって、学習や教授に関する教師自身の見方は、学校における子どもたちの成功に持続的な影響を及ぼす。

4 学習者は動機づけられる必要がある

学習への動機づけの影響に関する研究結果を考慮すると、可視化された学習における「動機づけ」の0・48という効果量は何ら驚くものではない。学習には動機づけが必要であり、動機づけなく学習プロセスを開始することは困難である。一見すると、この動機づけが内的（内発的）なのか、外的（外発的）なのかは重要ではないと思われるかもしれない。なぜなら学習者はどちらの場合も一生懸命努力するからである。しかし、これら2つの動機づけの形式を詳しく見ると、学習への熱心さとその持続性に関して重大な相違があることに気づく。外発的に動機づけられた学習は、しばしば表面的な理解の領域にとどまり、短期的な学習成果にしかつながらない。一方、内発的に動機づけられた学習は深い理解をもたらし、長期的な学習成果をもたらす。そのため、内発的動機づけは、外発的動機づけより望ましい。

教師はこの問題を心理学的観点から組み立て、「私は生徒の内発的動機づけをどのようにして促進することができるのか」と問うてもよい。もしくは、この問題に方法論的視点からアプローチし、「生徒を動機づけるために、どのような可能性があるのか」を検討することもできる。これらは簡単に答えることができる問いではないとすべての教師が知っている。教室に入るとすぐに、多くの学習者の表情や身振りから、彼らが今起きようとしていることに興味を示すかどうかが明らかになる。興味を示さない場合、教師には2つの選択肢がある。この無関心を当たり前のこととみなし、生徒が一連の指導で途方に暮れることになるという事実を甘んじて受け入れるか、自身とその授業に疑問を投げかけ、結局は期待を込めて授業への生徒の関心を呼び起こすために、生徒を動機づける可能性を再考するかのどちらかである。この決断は、適切なマインドフレームをもつことにかかわるが、第2の選択肢がより成功の可能性が高いというのは言うまでもない。学級の雰囲気を整え、生徒を動機づけることは教師の責任であり、その逆ではない。

ついでに言えば、選択した動機づけの方略がうまくいかないと判明した状況でも同様である。繰り返しになるが、教師には状況に対処するための2つの選択肢がある。教師は学習者が物事を今回も理解しなかったと主張したり、彼らはできるかぎりのことをしたと信じて気を休めたりするか、もしくは、新しい方略を探そうとしたり、学習者の失敗を自身の失敗とみなしたりして、それをチャレンジととらえることができるかのどちらかである。

実証的な教育研究は、教師がこのチャレンジに立ち向かうのに役立ち、繰り返し自身を変化をもたらすエージェントととらえ、そのように行動するためのいくつかの実践モデルを提供してくれる。これらのモデルは、生徒の学習に

カテゴリー	対応する動機づけ方略		
注意 (Attention)	**知覚的喚起** 目新しさや驚きを与える	**探求心の喚起** 解決すべき問いや問題を提起することで、好奇心を刺激する	**可変性** 生徒のさまざまな要求に応えるために、多様な方法やメディアを組み入れる
関連性 (Relevance)	**目的志向性** すぐれた到達点に向けた指導方針や有益な目的、具体的な方法を提示する	**動機との一致** 方針を生徒の要求や動機と一致させる	**親しみやすさ** 理解しやすく、学習者の経験や価値と結びつけて内容を提示する
自信 (Confidence)	**学習の要件** 学習とパフォーマンスの要件、評価規準を生徒に伝える	**成功を収める機会** 成功を収める学習のためのやりがいのある有意義な機会を提供する	**個人の責任** 学習の成功を生徒自身の努力や能力によるものとして結びつける
満足感 (Satisfaction)	**内発的な強化** 学習経験の内発的な喜びを促進し、支援する	**外発的報酬** 肯定的な強化や動機づけるフィードバックを提供する	**公平さ** 成功に向けた一貫した基準と結果を維持する

図 4-5　ARCS モデル（Keller, 2010）

正の効果がある方法を結びつけようとする。生徒を動機づける有益なモデルの一つは、ジョン・ケラー（John Keller）によるＡＲＣＳ（アークス）モデルである（Keller, 2010；図４-５）。

このモデルは、対応する動機づけ方略を用いることにより、教師が影響を及ぼすことのできる動機づけを４つのカテゴリーに区別している。

■注意（Attention）を喚起するための方略には、既有の知識と観察に基づく考えとの間に矛盾を生じさせること、ユーモアを活用すること、生徒に質問する機会を与えることが含まれる。

■関連性(Relevance)を生み出すための方略には、授業で話題にしていることの現在または未来における重要性を強調することが含まれる。

■自信（Confidence）を生み出すための方略には、学習者が自信を確かなものにしたり、強めたりすることが（なんとか）できる課題を提示することが含まれる。

■満足感（Satisfaction）を生み出すための方略には、前向きに発展するよう励ましたり、生徒が予測していなかった達成を認めたりすることが含まれる。

すべての学習者が同じ動機づけ方略で達成することは不可能である。なぜなら存在する動機は異なるかもしれないからである。これは、さまざまな方法を適用する必要があることを意味する。しかし、夢中になりすぎないようにしよう。

5 多様性を目的にした多様性に対抗する：エビデンスに基づいたさまざまな方法の多様性を求める

問題なく順調に進み、学習者ができるだけ多くの異なる方法を活用して、できるだけ長く忙しく時間を過ごしているのがよい授業であると広く信じられている。こうした授業は確かに秩序づけられ、構造化されているようにみえるが、これで授業がすぐれたものになるわけではない。学習者が長時間の活動に従事したというだけで、彼らが学習時間を有効に活用したとはかぎらない。十分に調整された多様な方法が使用されたというだけで、すべての学習目標が達成されたわけではない。この論点の実例として、教師教育からの以下のエピソードを考えてみよう。残念ながら、こうした状況は過去のものではなく、今でも起きている。

教育実習生の多くは、個別活動、ペア活動、グループ活動を取り入れ、教師の講義、生徒のプレゼンテーション、学級討論を特徴とする公開授業を実施するよう求められる。もし実習生が授業にこれらすべての要素を円滑に組み入れることに成功したとしたら（皮肉なことに、これは、通常、生徒がその役割を正確に演じるよう予め指導されている場合である）、幅広い方法を組み入れた授業という理由で申し分のない成績を収めることになる。

しかし、この事例では、教師が多様な方法を用いたことよりも、これらの方法がどれだけ成功したのか、そしてその目標を達成したかどうかのほうがはるかに重要であるにもかかわらず、間違った点が強調されている。実際、公開授業の鍵となる問題は、第1に、授業で用いた方法が学習目標の達成に役立ったかどうか、第2に、そのことを教育実習生が指摘し、授業の実証的なエビデンスを提示できるかどうかである。これにより、エビデンスが方法を選択するための基準となり、教授学が方法論より優先されるべきであるというヴォルフガング・クラフキ（Wolfgang Klafki）の理論的仮説（Klafki, 1996）が実地に裏づけられる。

この見方は、唯一最善の教授方法がないことを明らかにしている。特定の教授方法を主張するというよりも、用いられた教授法がどのような影響を与えたか、授業を成功の基準にもっていくために教授方法を変更したかどうかを問うことが重要である。たとえば、教師が、見事なまでに考え抜いて、独創的な学習計画を実施したにもかかわらず、学習者を学習目標に到達させられなかったとしたら、それはよい授業ではなかったことになる。一方、教師が単調な授業で、すべての生徒を成功に導くことができたとしたら、それはよい授業であったことになる。もちろん、この状況は逆の順序になることがある。

とはいうものの、以下の検討は、公開授業においてできるだけ多くの方法を用いるよう教育実習生に求めることが、なおも理にかなっている理由を示す。1つの方法をうまく適用したことを示すのは比較的簡単であるが、指導過程における多様な場面で用いられた多くの方法が成功したことのエビデンスを示すにはかなりの専門性が必要である。

したがって、私たちはさまざまなエビデンスに基づいた方法を用いることを勧める。授業開始時の生徒の学習レベルが異なることだけを取り上げても多様な方法が必要になる。しかし同時に、ヨハン・フリードリッヒ・ヘルバルト（Johann Friedrich Herbart）がいう「精神の多様性（diversity of minds）」（Herbart, 1806）は、一連の指導の進んだ先の成り行きの中でエビデンスに基づく決定を下すため、どの方法がうまく実施され、どれがうまくいかなかったのかの吟味を求める。

エビデンスに基づいて方法を適用する場合、そうだからといって高度に標準化された科学的なデータの収集手続きは必要ない。すでに十分なデータが利用可能であり、多くの場合、新しい研究を実施する前に所持しているデータを有効活用するのが賢明であろう。むしろ、ここでいうエビデンスとは、教師が授業期間に集めた日頃の情報を意味する。ほんの数例をあげると、グループ活動の観察、完成したワークシート、学習者や親との協議での発言である。このデータの効果を分析し、それを自身の考え方や行動に結びつけ、実証的な研究結果を判断材料とすることが、可視化された学習で推奨されているエビデンス・ベースのアプローチの非常に重要な構成要素である。つまりは、多くの情報を収集すればよいということではなく、利用可能な情報を別の方法で見直すことである。

6 限界質量：変化を成功させるための条件

校長は、ある改革を実施するために、何人の教職員を取り込む必要があるのかとしばしば自問する。同様に、教師は学習プロセスをうまく開始させるのに、学習者からどのくらいの支援が必要なのかを繰り返し自問する。よく耳にするこれらの問いの答えは、100％である。

この答えが関係者に計り知れないプレッシャーをかけるという事実は別として、これは誤りである。経済学の研究結果（Endres & Martiensen, 2007を参照）によると、市場で独占を成し遂げたい会社は、100％でも50％でもなく、たった20～30％のシェアで始めるので十分であることがわかる。これは、変化が進展するには、限界質量に到達する必要があることを示す。

ゲーム理論家は、この閾値［訳者注：ある現象を起こすためにその数値以上では効果が表われ、それ以下では効果が表われない境界の値］との関連において語る。ひとたび閾値に到達すれば、それ以上の介入なしに発展が始まり、システムが改革され、新しいシステムに置き換えられる。研究によると、この効果は集団力学が働く過程で特に多くみられ、したがって、あらゆる形態のリーダーシップや管理にとって重要であることがわかる。

その結果、校長にとっては、構想をうまく行動に移すために、限界質量の教師にその構想を納得させることで十分であろう。教師にとっては、学習プロセスを開始するために、学習者の限界質量の関心や動機づけを呼び起こすことで十分であろう。具体的なケースにおいてどの程度の限界質量が必要であるのかを測定するための一般的な公式はないが、一つ確かなことがある。それは100％未満だということである。

この変化を成功させるための条件に関する見解は、一方ではプレッシャーを和らげ、他方では元気づける。たとえ（まだ）全員が参加していなくても、改革を開始する価値があることを示す。成功への鍵は、限界質量に到達することである。

7　何から始めればよいか

学校や指導には多くの変化の可能性があり、私たちが前述のように議論したことがすでにアイデアを発展させる豊富な材料を提供している。以下では、さまざまなエビデンスに基づいた方法をどのように用いるのかという問題に焦点を絞る。これが学習を可視化する鍵となる要因であり、つまりは「私は変化をもたらすエージェントであり、すべての生徒が改善できると信じている」というマインドフレームの核心を形成するものである。

本書の現段階で特に重要であり、一方ですべての章で繰り返されるテーマである2つの基本的な考え方を指摘することから始めたい。「私は変化をもたらすエージェントであり、すべての生徒が改善できると信じている」というマインドフレームには、エビデンスを継続的に探ったり同僚と緊密に協力したりすることが欠かせない。ある方法が望まれる成果を達成したかどうか、あなた自身の思考や行動の目標であった学習者の変化が実際に起きたかどうかを判断するのに役立つので、エビデンスは必要である。そして、あなた自身の状況認識と他者のそれとの間にはしばしば矛盾が生じるので、あなたの指導を他の教師と話し合うことも必要不可欠である。彼らはあなた自身の影響を可視化し、それに批判的な目を向け、それを建設的な方向にさらに発展させるのを支援してくれるだろう。この点で、あなた自身の専門性や専門的知識を伸ばすのに推進力となるのがあなたの同僚である。4つの目玉は2つの目玉よりもよく見えると結論づけてもよいし、マルティン・ブーバー（Martin Buber）のように、それを「人は他者を通して私になる」と表現できるかもしれない（Buber, 1958）。「進歩させたいと考えていることや自身の影響について同僚や生徒と協働する」という第3章は注目に値する。

本章のはじめのほうで、学習は動機づけに左右され、私たち教師はさまざまな動機づけ方略を自由に使える必要があると論じた。ARCSモデルに基づいて、あなたが好む方略の検討から始めよう。これを行なうために、下の表4-2に記入し、あなたの自己評価を同僚と話し合ってみよう。

一部の研究は、教師は学期中にその他すべてのことよりも、自身の指導について話すことに費やす時間が少ないという残念な事実に対して注意を呼びかける。これが、一連の指導でどの動機づけ方略を用いるのか決定するのに、教師の多くがたくさんのもどかしい時間を一人で費やす理由であ

表4-2　どの動機づけ方略を使うか

注意	関連性	自信	満足感

る。これには教授学的な創造性が必要であり、チームで創造性を発展させるほうがはるかに簡単である。それゆえ次のステップは、同僚と集まり、まずは具体的な授業を、それから一連の指導全体のための多様な動機づけ方略をブレインストーミングすることである。動機づけ方略を用いる際には、たとえば、多様なフィードバック法を用いたり、授業中の学習パフォーマンスを考慮したりすることによって、これらが学習者にどのような影響を及ぼすのかの判断に必ず重点を置くことにしよう。これらの点を同僚と話し合い、資料を作成するよう互いにプレッシャーをかけよう。重要なのは、あなたの第六感ではなく現実であり、この現実を可視化する最善の方法は、学習を成功させることである。すべてを再検討し、有効に機能するものを残そう。あなたの試金石としてのエビデンスを採用しよう。これを行なうよい方法は、表4-3を完成することである。これにより、一連の指導であなたが用いたエビデ

表 4-3　学習者の視野からの動機づけ方略とその有効性

注意		関連性		自信		満足感	
	高 中 低		高 中 低		高 中 低		高 中 低
	高 中 低		高 中 低		高 中 低		高 中 低
	高 中 低		高 中 低		高 中 低		高 中 低

ンスに基づく動機づけ方略の成功を把握できる。

あなたが用いる多様な方法を説明する一方、学習者の視野からその有効性を実証する別の指導原理について、同様の表を作成することもできる。この表は、あなたが目標や内容、方法やメディア、場所や時間に関する決定を下すのに役立つものであり、多様化のさまざまな意味を含んでいる。表4-4は、特有の一連の指導を準備するのに、あなたが同僚とともにさらに仕上げを行なうための例を提供する。これにより、学習者の多様な到達度を統合し、構造化することができる。これは、すべての手段の中で最重要とまでは言わないが、単一構造レベル、多構造レベル、関連づけレベル、拡張された抽象化レベルを含めて多様化を

表 4-4　学習者の視野からの多様化の方略とその有効性

目標		内容		方法		メディア		空間		時間	
単一構造レベル	高 中 低		高 中 低		高 中 低		高 中 低		高 中 低		高 中 低
多構造レベル	高 中 低		高 中 低		高 中 低		高 中 低		高 中 低		高 中 低
関連づけレベル	高 中 低		高 中 低		高 中 低		高 中 低		高 中 低		高 中 低
拡張された抽象化レベル	高 中 低		高 中 低		高 中 低		高 中 低		高 中 低		高 中 低

図る重要な手段の一つである。

　本書で示した有効性のために私たちが説明したい最後の事例は、熟慮を伴う練習である。ここでも、同僚と一緒に作業し、多様な方略を開発し、それらをリストにまとめ、それらを裏づけるエビデンスを探すことはよい考えである。この作業のために、既存のワークシートや教科書を活用することをためらってはいけない。学校や指導、特に教師教育の最大の欠点の一つは、すべてを自身で計画することが最善であると、若い教師に信じ込ませようとする慣行である。指導の軸を新たに考案する必要はない。活用されずにいたよいアイデアがたくさんあり、試してみる価値すらないと思われていたアイデアも確かにたくさんあるに違いない。よいアイデアと悪いアイデアを区別できるのは、専門性の証である。それゆえ、既存の資料を用いて、何が機能し、何が機能しないのかを確かめるためのエビデンスを探すこ

表 4-5　学習者の視野からの課題とその有効性

単一構造レベル		多構造レベル		関連づけレベル		拡張された抽象化レベル	
サンプル課題	高 中 低	サンプル課題	高 中 低	サンプル課題	高 中 低	サンプル課題	高 中 低
	高 中 低		高 中 低		高 中 低		高 中 低
	高 中 低		高 中 低		高 中 低		高 中 低

とにチャレンジしよう。生徒の導入学習のレベルは最重要の要因ではないにせよ、実践にとっては鍵となる要因の一つなので、表4-5のように再び4つの到達度を盛り込むことにする。

これらの手順を組み合わせることによって、動機づけと多様化と実践のための表とリストを作成し、それらを裏づけるエビデンスを探すことによって、学習経路の基盤を構築することができる。さまざまな指導目標に合わせた学習計画を構想し、結果として、適切な方法やメディアを含め、学習者に多様な選択肢を提供する授業の筋書きがつくりだされる。これらは、授業開始時や学習プロセスの次のコースとの間の生徒の学習レベルに合うよう調整されうる（Hattie, 2014, p.88を参照）。そのための条件は、教師が生徒の最初の学習レベルを正確に診断し、生徒を継続中の対話に参加させ、定期的に指導法を評価し、自身のアプローチを検討することである。エビデンスを探すことは、この過程にとって不可欠であるため、フィードバックを集め、学習プロセスを評価し、その他の評価手順を実施することが重要である。学習経路を成功させるために必要な段階は、「教師は診断（diagnose：d）、介入（intervene：I）、評価（evaluate：E）のためなら死ぬ覚悟ができている」という言い回しにある頭文字ＤＩＥでうまくまとめることができる。

CHECKLIST チェックリスト

あなたが次回の授業を計画するときには、以下の点を検討してみよう。

■さまざまな学級経営の方略を活用してみよう。

■あなたの教室で規律を乱す行為に対処するために、予防的方略を活用するようにしよう。

■変化を引き起こすのに生徒の全面的な支持は必要ない。そうではなく、あなたの構想を信じてくれる学習者の限界質量を獲得する。

■すべてを新しく考案するのではない。エビデンスを探すことですでに利用できるものを試してみよう。

■たとえば、さまざまな動機づけ・多様化・実践の方略を用いることで、学習経路を開発しよう。そうすることで、学習経路の成功を可視化できるかもしれないことも忘れてはいけない。

■あなたが選択した方法の評価を学習者からの評価で補足しよう。フィードバックを求めよう。

■あなたの見解を裏づけるエビデンスを活用して、方法について同僚と話し合ってみよう。

EXERCISES
エクササイズ

- 本章の最初に記載した自己省察のためのアンケートに戻り、別の色でもう一度回答してみよう。どこが変わったかよりももっと重要なのは、そこに書いたあなたの見方が変わった理由である。あなたの自己評価について同僚と話し合ってみよう。
- 一連の指導の動機づけと多様化と実践のさまざまな方法の概略を示す学習経路を構想しよう。一連のことを教える前後に、エビデンスも含めて、同僚と話し合ってみよう。
- 生徒の最初の学習レベルを考慮して次の授業を計画し、先行オーガナイザーを組み込むようにしよう。あなたの計画や授業について同僚と話し合ってみよう。

Chapter 5

私は「最善を尽くす」だけでなく、チャレンジに努める

自己省察のためのアンケート

どのくらい同意するかを次の一覧でチェックし、あなた自身を評価してください。
5＝非常にそう思う、1＝まったくそう思わない

●私は□□□がとても得意である

・学習レベルに基づき、挑戦的な課題を開発すること	5	4	3	2	1
・生徒の学習要求に適切に依拠して、挑戦的な学習目標を設定すること	5	4	3	2	1

●私は□□□をとてもよくわかっている

・授業における課題は挑戦的なものでなければならないこと	5	4	3	2	1
・学習の前提条件は、生徒にとって挑戦的なものでなければならないこと	5	4	3	2	1

●私の目標は常に□□□にある

・学習レベルに基づき挑戦的な目標を組み込むように授業を考案すること	5	4	3	2	1

・生徒にとり挑戦的な課題を考案すること　5　4　3　2　1

●私は□□□を強く確信している

・生徒は努力することが大切であること　5　4　3　2　1

・適度に挑戦的な学習目標は、学習レベルに基づくことで設計できること　5　4　3　2　1

エピソード
episode

学習の量的な多さだけでなく、学習が感情的な意味でも目に見えるようになったとき、生徒の目が輝くのを、教師なら誰でも見たことがあるでしょう。学習者は、意を決し、困難な課題に取り組みます。この学習者の気持ちは一目瞭然です。「やばいな、成功しないかもしれない。失敗する危険性が高い。でも、やってみよう」。自分の努力やがんばりが成功に結びついたときの学習者の喜びは、どれほど大きなものでしょうか。それは、舞台俳優が演技の最後に受け取る拍手のように、教えがいのある瞬間です。

1　本章の概略

この「エピソード」は、本章の主たるメッセージを示している。学習にはやりがいが必要であり、それに気を配るとともに、挑戦のレベルが高すぎたり退屈すぎたりしないようにすることが教師の主な仕事である。

本章を読み終わったとき、このメッセージを用いて以下のことを説明できるようになるはずである。

■「教師の明確さ」「目標」「アクセラレーション〔訳者注：早期入学、飛び級、先行学習、学修期間の短縮化など学習を通常よりも加速させること〕」といった要因がどれほど重要であるのか。
■授業においてフロー状態をどのように生じさせるのか。
■どのような学習目標のタキソノミーを選ぶべきであり、どうすればそれらを効果的に機能させることができるのか。
■ゴルディロックスの原理とは何か、そしてなぜそれが学校や指導にとって重要なのか。

2 マインドフレームを支える要因は何か

実際、指導が目標に従うというのは自明のように思われる。しかし、教師が授業を計画する際に、学習目標について考えないことがよくある（Wernke & Zierer, 2016を参照）。授業を実施したあとに、教師が目標をあげることすらできないことは多くあり、また学習者もそれができない。彼らは1時間前に教室に入ったときとまさに同じ状態で教室を離れる。しかし、表面上は忙しくみえる作業はこなしている。

グラハム・ナットホール（Graham Nuthall）は生徒同士や生徒と教師との会話を何年もかけて聞いてきた。彼の研究から最も明らかになったことは、教師が学習や思考について生徒に話をしないということである。教師は、集中すること、他者を煩わせないようにすること、生徒が用いるべき方策や活動にどのくらい時間をかけるべきか、もし時間どおりに終了しない場合はどうなるのかといった活動についてはよく話す（Nuthall, 2007）。これは生徒も同じである。どれだけのことをしたのか、どのくらい時間がかかるのか、見出しに下線を引く必要があるのか、その答えをどこで見つけたのか、それをすべて書き出さなくてはならないのかと彼らは絶えず比較する。ナットホールが見取ったことは、生徒は内容に習熟するのではなく、毎日、授業ごとに彼らに刷り込まれていく学級の手順に習熟するようになるということである。挑戦は学習への挑戦ではなく、教師のルールや手順を知ることになっている学級があまりにも多い。

こうなっていないかを自身で確認し、授業の最後に生徒たちに授業の目標が何であったのかを尋ねてみよう。あなたが成功したと思った授業と、目標に到達できたと思わなかった授業を選ぼう。生徒は手順や内容について話しているのか、挑戦することについて話しているのか、それとも（基準は問わないで）作業をやりこなすことについて話しているのか、間違いや誤概念、知らないこと、よくわからないときに用いる方略、他者との比較について話しているのか。確かに、私たちは生徒に「これは難しいのでできないし、したくはない」ではなく、「これは難しいけど、やってみたい」と言ってほしい。これが私たちの挑戦であり、「私は「最善を尽くす」だけでなく、チャレンジに努める」というマインドフレームの本質である。

以下では、適度に挑戦的な学習の開発と関連する主要な要因について述べる。「教師の明確さ」「目標」「アクセラレーション」についてである。

教師の明確さ

「教師の明確さ」という要因は、指導の質スタンダードのほぼどのリストにも含まれている。アンドレアス・ヘルムケ（Helmke, 2010）、ヒルベルト・マイヤー（Meyer, 2013）、ジェレ・ブロフィー（Brophy, 1999）、METプロジェクト（MET, 2010）は、いずれも教師の明確さを指導を成功させる根幹の一つとみなしている。この要因は、「私は「最善を尽くす」だけでなく、チャレンジに努める」というマインドフレームと関連し、可視化された学習において0・75の効果量に達すること

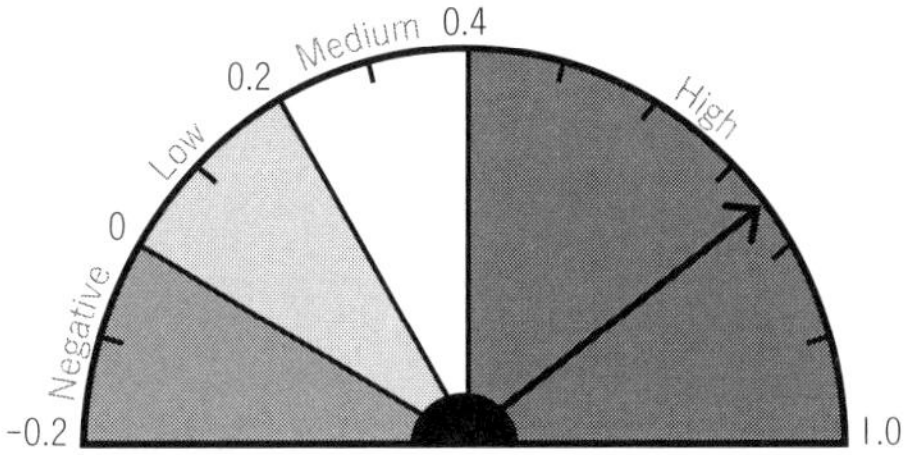

教師の明確さ		
ランキング	メタ分析の数	出版年
9	1	1990
d=0.75		

図 5-1　教師の明確さ（Hattie & Zierer, 2017）

は驚くに値しない（図5-1）。教師の明確さは何を必要とするのか。その答えは、目標や内容、方法やメディアに関するすべての計画段階をはっきりと決め、例を用いて生徒に説明する能力にある。これができる教師は最終的に、学習者が学習目標に向けたチャレンジととらえられる方法で課題を課すこともできる。しかし、最も重要なのは、生徒に授業の目標を透き通るほどわかりやすいものにすること、目標を適度に挑戦的なものにすること、生徒一人ひとりが授業の目標に向けてスタートする時点から進歩をモニタリングする方法や機会を多く提供することである。

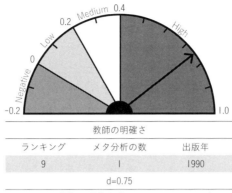

目標

「目標」という要因は、可視化された学習において0・50の効果量に達する（図5-2）。目標は、本書においてすでに述べた他のいくつかの要因と密接に関連し、とりわけ「学習と学習中の言葉に集中する」というマイ

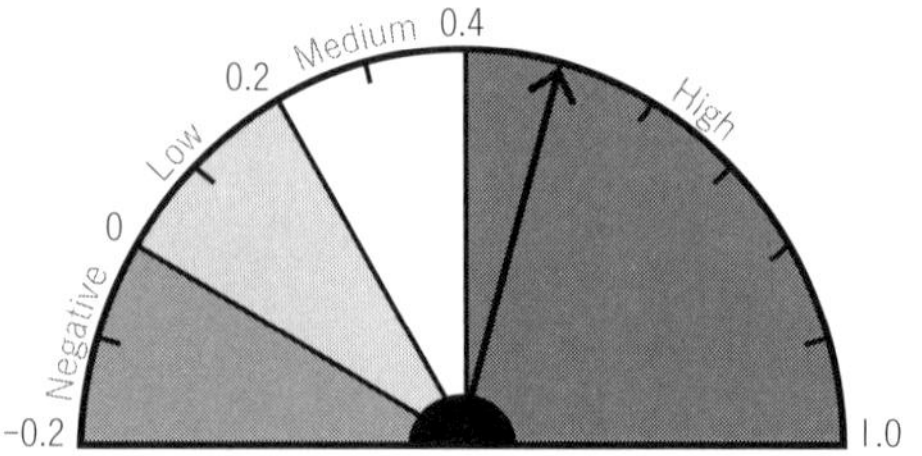

目標		
ランキング	メタ分析の数	出版年
48	13	1984-2010
d=0.50		

図 5-2　目標（Hattie & Zierer, 2017）

ンドフレーム〔訳者注：第10章〕と合致する。

その議論において、教師が生徒の学習前の知識を考慮する程度に応じて学習プロセスがよりうまく成功を収めるという事実に、私たちは着目した。これには、生徒がその学習においてどの地点にいるのか、生徒はその学習や経験についてどのように考えているのか、生徒は家やその文化から何を持ち込むのかを知ること、そして、この学習前の学びをあなたの授業や指導の礎ととらえることが含まれる。これは、多様な生徒のために難易度の異なるレベルで目標を定める必要があることを意味する。この論点はあとで議論することになる。この文脈においてもう1つ重要な点は、私たちはカリキュラムに定められた典型的な目標を参照していないことである。カリキュラムに定められた目標は、学習者からあまりにもかけ離れていて、具体的な授業や日々の学習から乖離している。生徒が明確な学習目標に集中するために用いるべき特定の要件と合致させるには、より具体的な教育目標

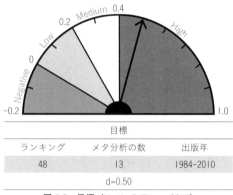

が必要である。

目標に関する最重要な視点は、複数の考えの関連づけや、知識の転移、新しい課題の理解について、授業で達成される挑戦のレベルを明記するということである。伝える必要があるのは達成度である。マーガー（Mager, 1997）は、さらに価値ある3つの規準を追加する。ただし、その3つ目は挑戦的な目標という私たちの重要な特性に近いものである。

1. 目標は、授業の最後までに学習者が示すべき観察可能な行為を表現する必要がある（たとえば、書き留める、計算する、読む）。
2. 目標は、学習者の行為を観察するための条件をあげる必要がある（たとえば、課題を完成するのにどのくらいの時間が許されるのか、どのような支援が認められるのか、学習者は他の学習者と一緒に作業することができるのかどうか）。
3. 目標は、学習者が目標に到達したかどうか、どの程度到達したのかを判断するための評価基準を明記する必要がある（たとえば、正確に完成させるためにどのくらいの課題が必要であるのか）。

これはまた、教育学の文脈でしばしば聞かれる「最善を尽くす」というアドバイスが学習プロセスであまり役に立たない理由を説明する。このアドバイスはあまりにも曖昧で、不正確で、恣意的すぎて、詳細で説得力のある分析を不可能にする。実際、たいていのメタ分析研究は、「最善を尽くす」課題と「適度に挑戦的な」課題を対比し、この対比で学習の質における重要な相違を導き出している。たとえば、仮にある走者（ジェシー）が10キロのコースで最善を尽くすという目標を設定するとしたら、彼はその走りをどのように評価することになるだろうか。ジェシーは、10キロを60分以内で走るといった具体的な時間を目標として設定し、それを達成しようとするほうがよい。この目標がジェシーの自己ベスト記録に関連しているならば、なおさら効果を発揮するだろう。それによって、目標が適度に挑戦的な課題になることがわかる。さらに、これは成功を収める目標の要点の一つを示唆する。教師にとっては、指導目標を明確にすれば十分というわけではない。これはとても重要であるが、最初の段階にすぎない。第2段階には、学習をどのように展開すべきかについて学習者と理解に達し、成功を収める学習のための規準を可視化できるようにして、学習者に明確に理解されるよう取り計らうことが含まれる。

「最善を尽くす」と述べることよりもむしろ、「自己ベスト」の価値を考慮しよう。少なくとも「自己ベスト」は、私たちの現在の学習に照らして達成感を抱かせる。私たちはすでに何を理解しており、それ以上に何をより多く、よりよく学習できるのか。アンドリュー・マーティン（Andrew Martin）は、「自己ベスト」が、生徒の向上心、クラスへの参加、学校の楽しさ、学校の課題への忍耐と取り組みの姿勢、テストでの達成や努力を積極的に予測することを示している（Martin, 2012）。「自己ベスト」の主要な価値は、目標が生徒に「所有される」ようにし、以前のベストを上回るために生徒が努力する必要があることを明らかにし、目標と関連する課題に直接の注意や努力を指し向けるのに役立ち、エネルギーや努力を喚起しながら行動するための強い内的な要求をつくりだし、「自己ベスト」に到達するために、（しばしば失敗しながらも）やり抜くよう生徒を励まし、課題を継続させることができることにある。「自己ベスト」はまた、より多くよりよい作業を示すこと、作業を確認して修正すること、より多くの質問を試みること、他者と協働して作業すること、時間をよりよく活用すること、成功の評価基準についてアドバイスを求めること、課題でよりよい成績を収めることといったマーガーの各規準とも関連づけることができる（Martin, 2012を参照）。

アクセラレーション

飛び級、または、アクセラレーションは、留年、または、原級留置と同じ仮定に基づく尺度である。つまり、学習進度を構造的に調整することによって学習者を支援する。しかし、これらの要因は、その効果と頻度に関してまったく異なっている。留年させられる生徒はより頻繁にいる一方、飛び級が認められる生徒はごくわずかである。原級留置には負の効果（d＝−0.13）がある一方、アクセラレーションは正の効果（d＝0.68）をもたらす（図5-3）。なぜ飛び級はそれほど成功するのか。子どもが留年させられたときには、起きることがないはずの何がここで起きているのか。可視化された学習に記載されたメタ分析によると、原級留置それ自体の構造的な数値なのではなく、主としてその後のやりとりでそれが起きていることがわかる。留年させられた学習者は、同じ教室に座り、

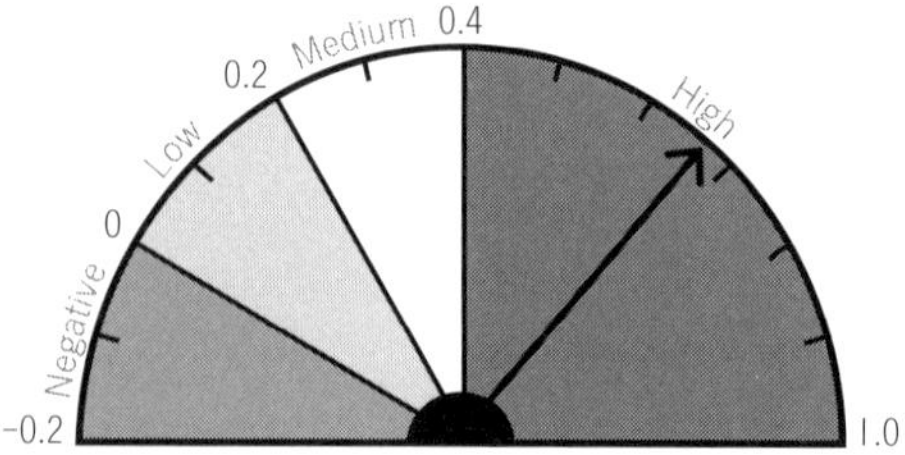

アクセラレーション		
ランキング	メタ分析の数	出版年
15	3	1984-2011
d=0.68		

図 5-3　アクセラレーション（Hattie & Zierer, 2017）

同じ作業を行ない、同じやりとりの中で1年を過ごすので、その学習には伸び悩む傾向がある。彼らまたは彼らの教師が実際に、その原級留置をもたらした問題に取り組み、学習プロセスにおけるその失敗を好機ととらえるのは稀なケースでしかない。関係者全員での深い話し合いが実施され、リメディアル教育のための詳細で多様な計画が作成されることは稀なケースでしかない。結果として、一つの学年を繰り返す生徒は、通常、新しいことを何も学ばず、たんに退屈し、怠け者という強いメッセージを受け取り、前年と同じ過ちをしてしまう。アクセラレーションは、さまざまな相互作用をもたらす。学年を飛び級した学習者は以前よりも、彼らの到達度に対してより適度に挑戦的な課題を受け取る。そうして指導は、学習者の挑戦する気持ちに合うよう調整される。

　アクセラレーションの基本原理である挑戦的な学習は、完全習得学習（学習の基準に到達したときに進む）、自分のペースでの指導、濃密なカリキュラム、カリキュ

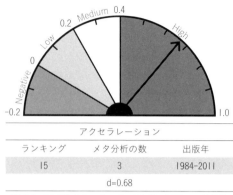

ラムからの多くの表面的な知識の排除、短縮（より挑戦的な作業に移行するためにより迅速に完了する）、学習の進度を早めるのに役立つオンラインコースの活用、ＡＰプログラム〔訳者注：高校生に大学の初級レベルのカリキュラムと試験を提供する北米版の早期履修プログラム〕、早期卒業のような、飛び級以外の方法で達成できる。それは、学習をわかりやすく、挑戦的な目標になるように調整している。それと対極に位置するものは、退屈で表面上は忙しくみえる作業であり、価値ある課題としての学習から生徒を遠ざけることである。

したがって、「教師の明確さ」「目標」「アクセラレーション」といった要因は、成功を収める指導が、常に学習者に対して挑戦をもたらすことを示す。学習者にとっての最重要要素は、彼らに到達が期待される目標についての明確さ、適度な挑戦、結果的に生じる学習経路についての理解、成功を収める学習を可視化するという発想である。これらすべてを可能にする方法が、チャレンジを設定することである。

3　学習にとってのフローとその意義

学習における挑戦の重要性については多くの研究があるが、その卓越した一例がミハイ・チクセントミハイ（Mihály Csíkszentmihályi）が実施したフローに関する研究である（Csíkszentmihályi,

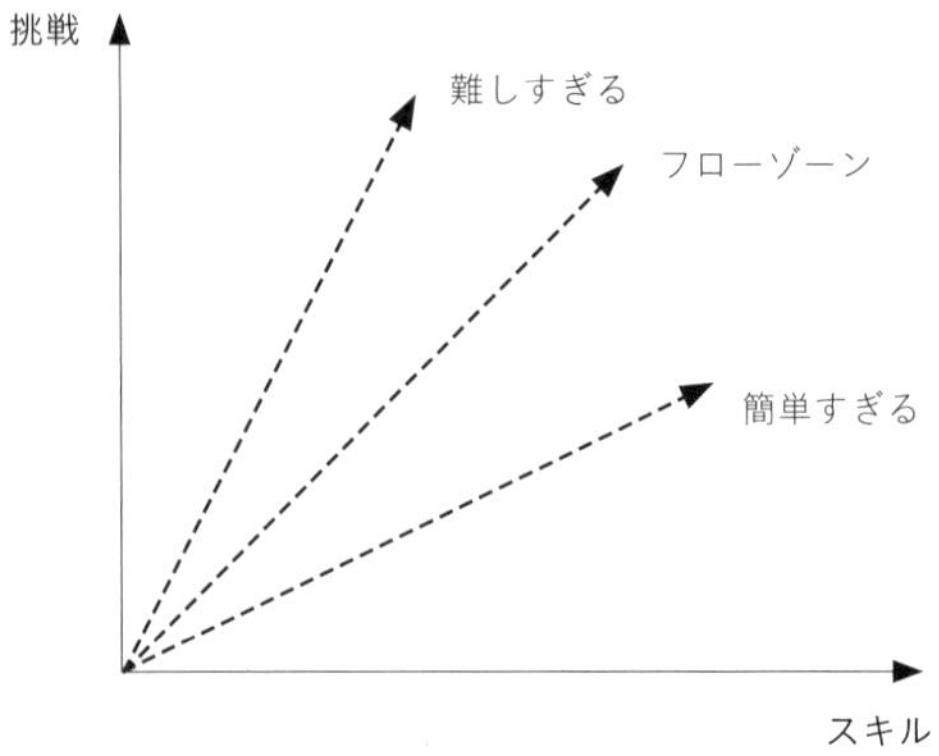

図 5-4　学習にとってのフローとその意義（Hattie & Zierer, 2017）

2008）。彼は学習者が課題に深く、完全に集中して従事するときに、最も深く持続する幸福を体験できると示すことに成功した。完全に集中しているとき、彼らは活動を個人的にコントロールしているという感覚をもち、即座のフィードバックを求めて解釈し、特に努力やスキルを注ぐことによって、成功に到達する可能性があると感じる。生徒が目標や目標への進捗状況を知るとき（これにより課題に方向性と出発点が伴う）、明確で即座のフィードバックの機会があるとき（これにつれて変化していく要求に取り組み、パフォーマンスの調整ができる）、把握された課題への挑戦と自身の把握されたスキルのバランスがとれている場合に、フローが起きる可能性が高い。生徒が目標に到達できるというある程度の自信がなくてはならない。把握された能力と目標で求められていることとの間のバランスは、しばしば図5-4のような図で示される。

　挑戦的な目標の達成がより明確で、その自信が大きければ大きいほど、これらの目標を達成するために、学習者は学習のフローにますます力を入れるようになる。挑戦は難しすぎても簡単すぎてもいけない。もし難しすぎると、心配したり、成功の可能性が低いのに、なぜわざわざするのかと努力を注がなかったり、失敗と感じたりすることにつながる可能性がある。簡単すぎると、退屈をもたらすことがある。生徒と協力して学習を活発にするために、適度に挑戦的な目標を設定する教師にも、同じことが当てはまる。「目標」「自己ベスト」「動機づけ」といった要因がフロー状態に到達するために重要であることは明白である。これらを考慮することは、生徒の能力と挑戦のバランスをとるための基本的要件だからである。

4 学習目標のタキソノミー：可視化された学習と成功を収める授業に向けた重要な段階

「私は「最善を尽くす」だけでなく、チャレンジに努める」というマインドフレームをもつ教師は、そもそも何が異なるのかという問いはわかりきった質問のように思われる。学習目標のタキソノミーに関連する研究によると、挑戦的でない教師と比較して、挑戦的にどのように行動し、考えるのかに関して、教師の行為には観察可能な相違があることがわかる。

この研究の出発点は、ジョン・ビッグス（John Biggs）とケビン・コリス（Kevin Collis）によって開発されたＳＯＬＯ（structure of observed learning outcomes；観察された学習成果の構造）タキソノミーのようなモデルの開発であった（Biggs & Collis, 1982）。このＳＯＬＯタキソノミーは、無知識から専門的知識までを段階化した5つのレベルからなる。

■前構造レベル：無知識
■単一構造レベル：1つの重要な観点の知識
■多構造レベル：いくつかの重要な独立した観点の知識
■関連づけレベル：いくつかの統合された観点の知識
■拡張された抽象化レベル：新しい領域に一般化された知識

これを単純化すると、「考えがない」「1つの考え」「多くの考え」「関連づけられた考え」「拡張された考え」になる。2番目と3番目のレベルは表面的な理解の範囲であるが、4番目と5番目のレベルはより深い理解に及ぶ。このＳＯＬＯタキソノミーは、経験豊かな教師が出す課題が、熟達した教師の出す課題とどのように異なるのかを判断するために学級で観察するのに活用されてきた。全米教職専門職基準委員会に認定された教師を熟達した教師、認定を試みたが合格しなかった教師を経験豊かな教師と定義した。結果を、図5-5に示す（Hattie, 2014, p.33を参照）。

図のように、経験豊かな教師によって出された課題の多くは表面的な知識レベルを目的とする一

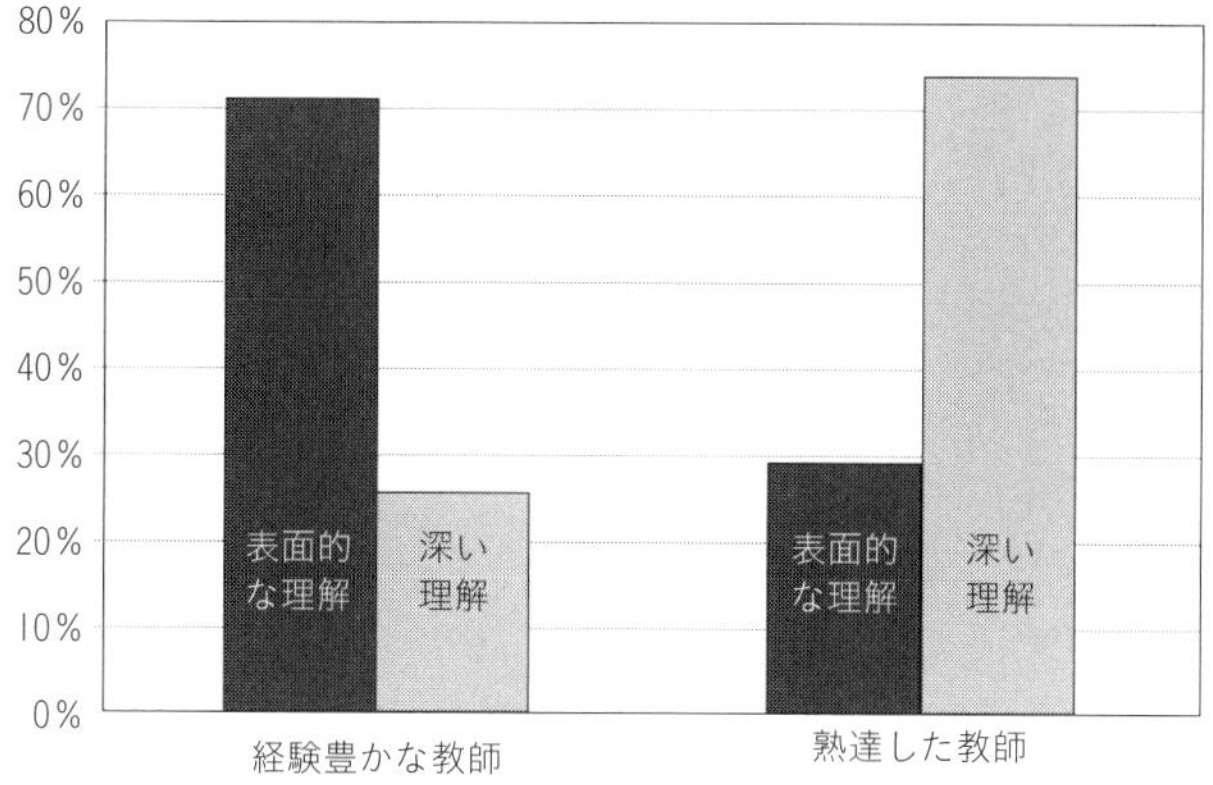

図 5-5　課題のレベル

方、熟達した教師によって出された課題は主に深い理解のレベルをめざす。重要なのは、表面的な理解と深い理解の比率であり、どちらか一方ではないことに注意しよう。ここでの重要な問いは、この違いがどのようにして生じるのかである。推察するであろうことに反して、熟達した教師は深い理解を目的とした多くの作業を絶えず与えるわけではない。これはどの教師にも無理な注文であろうし、表面的な理解は深い理解の基盤であるという事実を無視している。経験豊かな教師は表面的な理解のレベルにあまりにも長くとどまるために、考えを関連づけたり、特に新しいコンテクストに関しての考えを拡張したりすることを生徒に求めるという深い理解への挑戦の瞬間を慎重さのあまり逃してしまうという違いが観察結果から明らかになっている。このアプローチでは、学習プロセスにおいて深い理解への挑戦を提示することで、学習者に多くを求めてしまう。

生徒に挑戦させないもう一つの事例は、授業開始前に、学校や指導で学習すべきと考えられていることの50％を生徒が知っているということである（Nuthall, 2007を参照）。主として教師が適度に挑戦的な目標を設定せず、一連の日頃行なわれていることをひととおり実行し、長い講義を多くし、表面上は忙しくみえる作業を与えるために、生徒が挑戦しなくなってしまう。

これにより第10章の「エピソード」にたどり着く。ヴィクトリアは小学校1年生の1週目に数字の1、2週目に数字の2、3週目に数字の3というように学んだ。最初の週の終わりに、彼女はなぜ入学前にすでに学んだことを学ばなくてはならないのかと尋ねた。そして事態をさらに悪化させたのは、彼女がそれらを学んだときに数字に色をつけなくてはならないことであった。彼女は入学する前には楽しんでやっていたが、今ではやりがいがなくなった活動である。生徒を学習の楽しさから遠ざけてしまうとは、なんということだろうか。

5 ゴルディロックスの原理

本章でこれまでに提示された考えは、子どもたちに人気のある物語『ゴルディロックスと3匹の熊』にちなんだゴルディロックスの原理として知られる概念を用いてさらに明らかにされる。ゴルディロックスという名の女の子が3匹の熊が所有する家に入る。3匹の熊は、食べる、座る、寝るという点で、それぞれの好みがある。3匹すべての食事、椅子、ベッドを交互に試したあと、女の子は以下の結論にいたる。最初の熊の食事は熱すぎて、椅子は大きすぎて、ベッドは硬すぎる。2匹目の熊の食事は冷たすぎて、椅子は小さすぎて、ベッドは柔らかすぎる。3匹目の熊の食事と椅子とベッドがちょうどよい。

この物語の主なメッセージは、両極の間には特定の条件下で最も合う「ほどよいところ」が常にあるということである。この効果は、さまざまな分野に適用されている。たとえば、医学では、投薬量が多すぎたり、少なすぎたりすることがある。コミュニケーション学では、企業が社員間で話し合いのために提供する機会が多すぎたり、少なすぎたりすることもありえることが知られている。多くの文脈において、成功するか失敗するかを決定するのは結局、中庸か、適度な程度であり、これはアリストテレスにまで遡る概念である。道徳的行動は両極間の中間にある。一つの極は過多で、もう一つの極は過少である。これら両極間の適度な位置を見つけると、道徳的に行動できることになる、と。

私たちがこの原理を学校や指導に適用すると、第10章「学習と学習中の言葉に集中する」で指摘されるとともに、「私は「最善を尽くす」だけでなく、チャレンジに努める」というマインドフレームにとっても絶対不可欠な洞察に行き着く。SOLOタキソノミーの問題解決レベルで取り組む学習者がより容易な表面的な課題に立ち向かうことにはあまり意味がないのと同様に、単一構造や多構造レベルで取り組む学習者が関連づけレベルのより困難な課題に立ち向かうことはあまり役に立たない。「ちょうどよい」挑戦になるように調整する必要がある。学習者の現在の到達度のすぐ上に難易度を合わせる必要があるということが核心をなす。教師がこれに成功したら、学習者に課題が提示され、最適に成功を収める学習のための段階が設定される。教師にはゴルディロックスの原理を実行するのに欠かせないコンピテンシーとマインドフレームが必要である。これがとりわけ意味することは、すべての学習者を公正に扱う努力と、多様で挑戦的な目標を考案し、伝える能力である。

しかし、近年の研究では、ゴルディロックスの原理は、「難しすぎず、易しすぎない」から、「難しすぎず、退屈すぎない」に移行している。ローマス他（Lomas et al., 2017）は、ビデオゲームのプレイヤーに難易度を選択させるか、難易度をランダムに割り当てるかを選択させた。難易度がランダムに割り当てられた場合、簡単なゲームのほうがよりやる気が出たが、プレイヤーが選択できる場合は適度に困難なゲームが最もやる気を起こさせた。このことから、格言は今や「難しすぎず、退屈すぎない」に変更されている。生徒は挑戦的な課題であっても、課題が興味深ければ非常に高度なレベルの挑戦にすら取り組み、やるだけの価値があるので退屈ではないと考えるだろう。そのため、最適な授業を立案し、適切な問題や課題を提示し、生徒が挑戦的な局面に集中し、成功のそのときを知ることができるように目標をわかりやすいものにすることによって、より挑戦的な課題に生徒を取り組ませる必要がある。先に述べたように、「自己ベスト」の概念の活用は、生徒がこの「自己ベスト」を達成する、より挑戦的な課題に取り組むのに効果を発揮するだろう。

6 何から始めればよいか

「私は「最善を尽くす」だけでなく、チャレンジに努める」というマインドフレームを身につけるには、次の2つの環境から始めるとよいだろう。第1に価値があるのは、あなたが授業で取り上げようとする課題に、可能であれば同僚とともに批判的な目を向けることである。考慮すべき重要なことは、目標とされるSOLOの到達レベルである。特定のレベルを対象とした課題が多すぎるとしたら、タキソノミーの次のレベルを対象とした問いや課題の準備に時間を費やそう。第2に意味があるのは、あなたの目標をどのように表現するのかを批判的に熟考することである。次の2つの事例を比較し、その有用性について同僚と話し合うことから始めよう。

事例1

学習者は、ビジネスレターのあいさつ文を書くことができてしかるべきである。

事例2

学習者は、提示されたビジネスレター10通のうち、少なくとも8通に適切なあいさつ文を書くことができてしかるべきである。

目標設定についてさらに省察するために、効果的な教育目標には観察可能な学習者の行動、彼らの行動をモニタリングするための条件、彼ら（あなた）の評価スタンダードを考慮に入れる必要があるというマーガーの主張に関する私たちの議論を検討してみよう。これらの基準からどのような結論を導き出すことができるのか。単一構造・多構造・関連づけ・拡張された抽象化のレベルにかかわって、前述の事例をどのように最適化できるのか。これら2つの要因は、可視化された学習において1段上の方略と呼ばれるものの基礎を形成する。新しい課題ごとに基準を少しずつ上げると、学習者は現在の能力以上のパフォーマンスを発揮できるように何度も挑戦するのである。

アングリー・バード［訳者注：Angry Birds：フィンランドのロビオ・エンターテインメントがスマートフォン向けに開発したアクションパズルゲーム］のようなコンピュータゲームは、この原理に従って正確に構造化されていて、このアイデアのよい例である。ゲームはあなたの過去の実績（最新の得点やレベル）をわかっている。挑戦を難しすぎず、退屈すぎないものにするという原理に基づいて、より挑戦的なレベルが設定される。次に、助けを求めたり、再び試したり、友だちに尋ねたり、ヒントを探したり、その間ずっと新しい自己ベストのレベルに近づく方法についてのフィードバックを得たりすることで、熟慮を伴う練習の機会がたくさん生まれる。あなたは次のレベルに到達すると、成功したことがわかる。そして、多くの教師とは異なり、メッセージは、「作業したことを提出しなさい、それで終わりです」ではなく、次のレベルに挑戦し前進するためのものである。そのため、学習のフロー状態と向学心が継続する。この例えはいくぶんか単純にみえるかもしれないが、教師にとっての重要なメッセージを伝えている。学習者を進歩させたいのなら、彼らの当初の学習レベルを考慮し、そのレベルと、難しすぎず退屈すぎず適度に挑戦できる課題とが釣り合いをとるように、そして学習者が課題を完遂することができる方法で、与えようとする課題を調整する必要がある。

多くの場合、教師は「アングリー・バード」のメッセージを忘れ、生徒の多様な学習前の到達点とは関係なく、すべての生徒に同じ課題を与えてしまう。教師は生徒に課題が完成するまで成功とはどのようなものであるかを伝えず、成功とは課題の完成であり、それを提出することであり、実際、成功はその日の作業が終わるそのときのことであることもしばしばある。一部の人にはこれは挑戦的であるかもしれないが、やる気を起こさせたり、ひきつけたりするものではなく、さらなる挑戦的な学習に精力を注ごうとする気持ちを生徒にもたらす可能性は低い。

CHECKLIST チェックリスト

あなたが次回の授業を計画するときには、以下の点を検討してみよう。

■あなたの目標を自身で明確にすることで、生徒に対する目標の明確さを確かなものにしよう。

■あなたの目標に関して、学習者と理解にいたるよう試みよう。

■学習の成功には何が必要であり、それをどのように可視化すべきかを明確にしよう。
■前章であなたが作成した生徒の最初の学習レベルの分析を取り上げ、それを多様な到達度で目標を立てるための基礎として活用しよう。
■授業であなたが与える課題が多様なレベルを表現しているかどうかを確認しよう。
■学習目標のタキソノミーを活用してみよう。
■難易度と到達度とのバランスをとる独自性のある目標を設定しよう。
■あなたの目標や課題のレベルの評価と生徒の評価とを比較できる場を授業に組み込んでみよう。
■あなたが目標を立てる際に、それらが観察可能な行動を表現し、その行動をモニタリングするための条件をあげ、評価基準を盛り込んでいるのかを確認するようにしよう。
■あなたの目標が明確で、学習者に合わせて調整されているかどうか再確認しよう。

EXERCISES
エクササイズ

●本章の最初に記載した自己省察のためのアンケートに戻り、別の色でもう一度回答してみよう。どこが変わったかよりももっと重要なことはそこに書いたあなたの見方が変わったのはなぜかという理由である。あなたの自己評価について同僚と話し合ってみよう。

●あなたの次の授業の目標を、単一構造、多構造、関連づけ、拡張された抽象化のレベルで立ててみよう。授業中の課題や宿題として完成させる課題をつくってみよう。同僚と目標や課題について話し合ってみよう。

●あなたの授業計画を実践し、異なるレベルでの学習課題を生徒と話し合ってみよう。そのフィードバックを、同僚との別の話し合いにおいてあなたの目標立案や学習課題を再考するための機会と考えよう。

●生徒に授業目標を記載するよう求め、彼らの反応とあなたの授業計画を比較してみよう。そのフィードバックを、生徒や同僚が対話に参加するための機会と考えよう。

Chapter 6

私は生徒にフィードバックを提供して理解できるように支援し、私に与えられたフィードバックを解釈して行動する

自己省察のためのアンケート

どのくらい同意するかを次の一覧でチェックし、あなた自身を評価してください。
5＝非常にそう思う、1＝まったくそう思わない

●私は□□□がとても得意である

・生徒からフィードバックを得ること	5	4	3	2	1
・生徒からのフィードバックを利用して、自分の教え方を改善すること	5	4	3	2	1

●私は□□□をとてもよくわかっている

・生徒からのフィードバックに基づいて行動する必要があること	5	4	3	2	1
・生徒にフィードバックを提供し、理解できるようにする方法	5	4	3	2	1

●私の目標は常に□□□にある

・生徒からフィードバックをもらうこと	5	4	3	2	1
・生徒からのフィードバックを反映させること	5	4	3	2	1

●私は□□□を強く確信している

・定期的なフィードバック方略を私の授業に重ね合わせる必要があること　5　4　3　2　1

・生徒の意見をフィードバックとして使用する必要があること　5　4　3　2　1

エピソード
episode

次のような瞬間に慣れていない教師はいるでしょうか。あなたは授業計画に多くの時間と労力を費やし、意欲と準備が整った状態で教室に入りましたが、計画どおりに進みません。導入では意図した反応を生み出すことができず、学習者は落ち着きがなくなり、結局、あなたは彼らに何も教えていないような気がしました。何が起こったのか、実際のところあなたはわからずに不満をもったまま教室を立ち去ります。翌日、新しい授業計画を最初から始めたいと思ったのですが、授業についてどう思ったかを学習者に尋ねることにしました。驚いたことに、あなたは自分が間違っていたことに気づきます。学習者は、授業がおもしろく、目標を達成するために多くの努力をしなければならなかったと言ったのです。抜き打ちテストも納得のいく結果がでました。この状況に満足しておられず、あなたは生徒たちとともに次の課題に取り組み始めました。

1 本章の概略

この「エピソード」は、本章の主たるメッセージを示している。教師は、学習と教授が成功するかどうかという問いに自分では答えることができない。教師は重要なアドバイスを提供するために、学習者が思うところを学習者に尋ねる必要がある。フィードバックの最も強力なやり方は、生徒たちへの影響について生徒から教師に与えてもらうものである。学習と教授は対話的なプロセスである。したがって、成功する教師は、生徒に学習プロセスに関するフィードバックを提供することと、生徒に自身の教え方のプロセスに関するフィードバックを求めて解釈することの両方を行なっている。

本章を読み終わったとき、このメッセージを用いて以下のことが説明できるようになるはずである。

- ■「質問」「メタ認知的方略」「学習スキル」の要因がどれほど重要であるか。
- ■フィードバックを成功させるもの。
- ■包括的なフィードバックを提供することの意味。
- ■学習者から有意義なフィードバックを得ることの意味。
- ■誤解されたフィードバック（賞賛、仲間など）が関与する可能性があるもの。
- ■学級でのフィードバックの基本原則は何か。

2 マインドフレームを支える要因は何か

可視化された学習の主要なメッセージの一つは、学習プロセスに対するフィードバックの重要性である。学習者には教師のフィードバックが必要だが、教師にも学習者のフィードバックが必要だ。繰り返しになるが、重要な問いは次のとおりである。授業は成功の基準を達成したか。学習者は内容を理解したか。生徒たちは、より深い理解にいたるように、これまでに学んだことと内容を結びつけていたか。教師が用いた方法は成功したか。生徒たちは自分たちの学んでいることがわかり、楽しさを感じていたか。これらの質問はすべて、最終的には学習者だけが答えることができる。したがって、教師の仕事は、自分の影響について学習者から聞き出し、フィードバックを求めることである。

答えを見つけるのに、あなたの授業についてどう思ったかを生徒に直接尋ねることを必ずしも必要としないが、一つの可能性としてはありうる。むしろ、学級であらゆる形式のフィードバックを利用したり、学習プロセスの成功や失敗に関するありとあらゆる情報を積極的に探索したり、自分の教え方と関連づけて省察したりする必要がある。次の図6-1を検討してみよう。

ここで学習者が犯した間違いは、数学の教師にはすぐに明らかになるだろう。「それはここです」という答えでは、問題は解決しない。この問題を解決するには、ピタゴラスの定理を適用してx =5cmを導き出す必要がある。ただし、答えを数学的に正しくないものとしてマークし、そのままにして

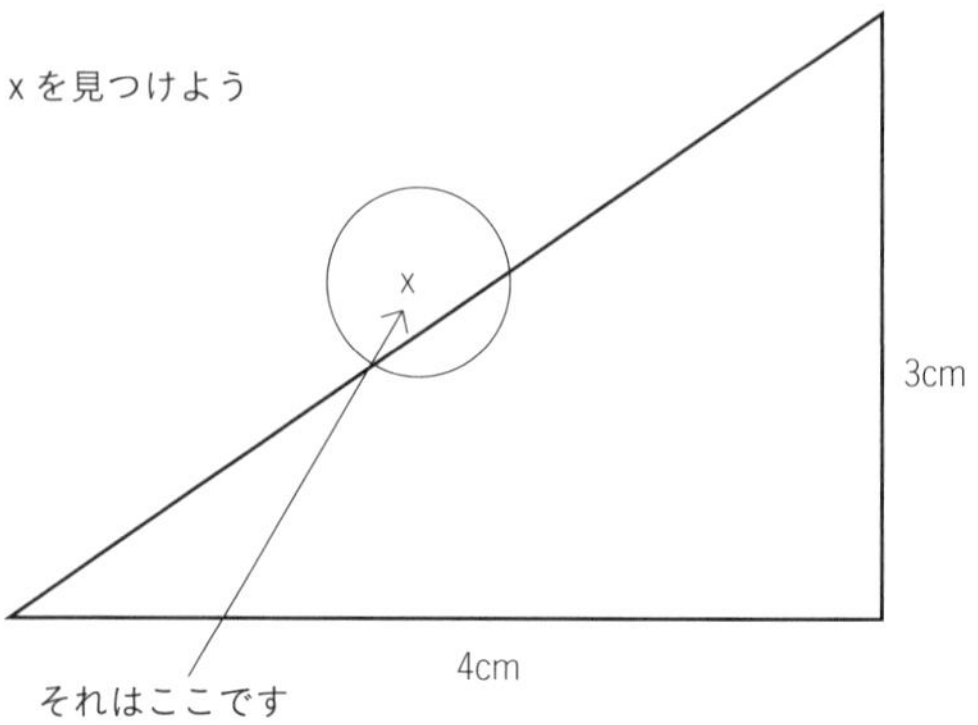

図 6-1　x を見つけよう（Hattie & Zierer, 2017）

おくことは、せっかくの機会を無駄にしてしまう。というのは、この間違いの主なメッセージは他のところにあり、学習者よりも教師に関係しているからである。教師は問題のポイントを伝えたり、課題を明確にしたりすることに失敗している。言い換えれば、教師は学習者に**学習を可視化する**ことができていなかったのである。

　この例は、自分自身を評価者として見ることの重要性を強調している。これは、生徒の学習プロセスと自分自身の教授プロセスの両方に対してである。そうするための鍵は、フィードバックを提供したり、求めたりすることである。一般的に、教師は教室でフィードバックが重要であることを認めているため、授業には多くのフィードバックが含まれている。ただし、成功したフィードバックを提供したり求めたりすることは、それほど単純な問題ではない。以下に示すように、フィードバックがどのように受け取られるかだけでなく、フィードバックがどのように受け取られるかを考慮することも重要である。

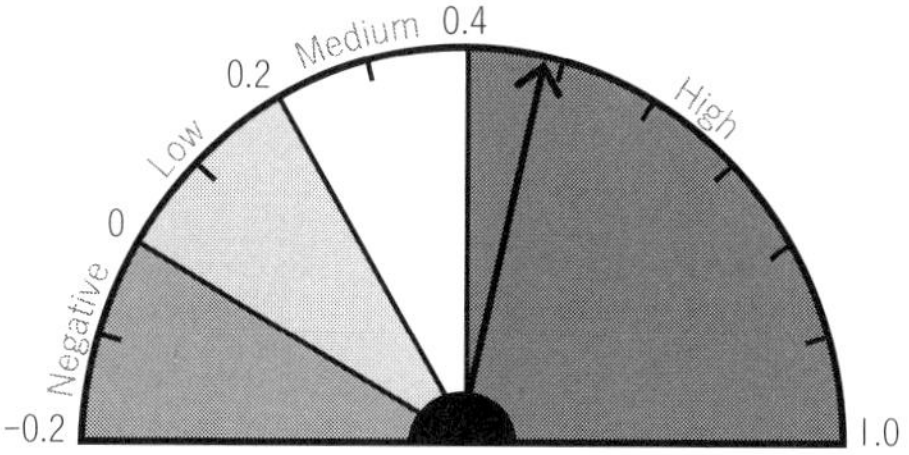

質問		
ランキング	メタ分析の数	出版年
53	8	1981-2009
d=0.48		

図 6-2　質問（Hattie & Zierer, 2017）

後述するように、教師として受け取るフィードバックは、生徒が受け取るフィードバックよりも強力であることがよくある。

手はじめによいのは、可視化された学習を確認することである。「私は生徒にフィードバックを提供して理解できるように支援し、私に与えられたフィードバックを解釈して行動する」というマインドフレームの重要性をさらに強調するいくつかの要因が含まれている。その要因とは、「質問」「メタ認知的方略」「学習スキル」である。

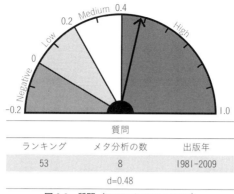

質問

「質問」の要因は、可視化された学習では、それ相応に0・48という高い効果量を示している（図6-2）。ほとんどの場合、質問に関する調査の大きな問題は、「より高いレベルの指示」や「より深い問い」を求めていることに関係する。これは、たいていの質問の90％が、事実や学習の表面的なレベルに関するものであり、教師がたくさんの質問（一日に150以上の質問をしていると主張する人もいる）をするからである。教師がより高い認知レベルの質問をすることで、考えを関連づけたり、既有知識とつなげたり、教えることの影響を「聴き」とるための話し合いを生み出すことが可能になるのである。生徒が互いに質問し合うように誘発したり、教えたり、聞いたりするためのクラスセッションを組むことも有力である。

教師は、生徒の目下の学習レベルにおいて、より高いレベルの指示をするにせよ、より深い問いを投げかけるにせよ、どちらであっても1つ何かをプラスすることで、質問の効力を最適化することができる。つまり、生徒が表面的な学習レベルにある場合、彼らは表面的な質問で尋ねられているということであり、生徒の現状を強化し、1つプラスして生徒を一段上の段階に移行させる助けになる深いレベルの質問の割合が少ないということである。生徒の学習がより深いレベルにある場合は、新しい課題に適用する助けになる転移の質問（transfer question）をすればよい。

学習者により提起された質問は、学習者がサポートを必要としているところやまだ明確になっていないところ、関心のあることや次にどこに進めばよいかを教師に示すものである。こうした質問の余地を提供し、質問に注意を払い、学級で質問を取り上げることは、成功する教師の特徴である。

メタ認知的方略

「メタ認知」とは、自身の思考過程について考えるための用語である。関連する要因「メタ認知

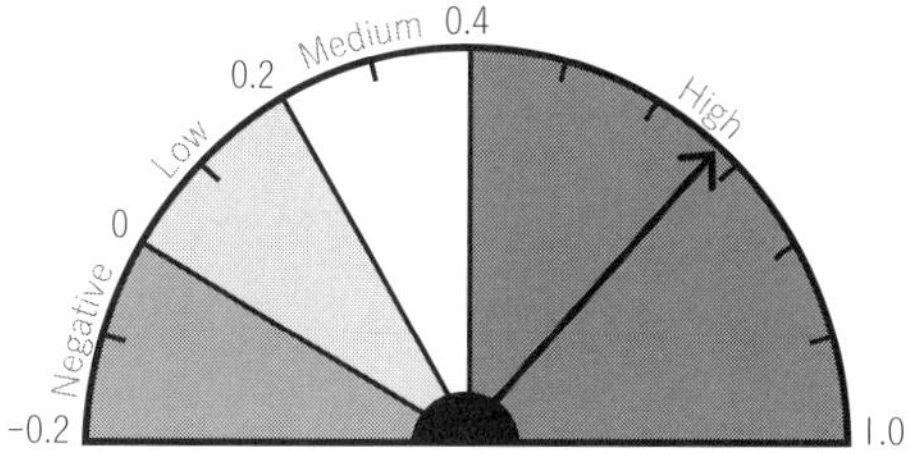

メタ認知的方略		
ランキング	メタ分析の数	出版年
14	2	1988-1998
d=0.69		

図 6-3　メタ認知的方略（Hattie & Zierer, 2017）

的方略」は、可視化された学習では0・69の効果量に達し、トップ10の近くに位置している（図6-3）。ただし、このランキングよりもはるかに重要なのは、この分野の研究から伝わってくるメッセージである。自分の学習に疑問を投げかけ、自分の学習を可視化しようとし、間違ったところを使って自分の行動の型や一貫性を省察する。これらはすべて、学習者と教師の間の対話を促進することになるので、学習に大きな影響を与える。思考について考えようとする試みは、学習と教授を批判的に検討することにつながり、理解しているものとまだ理解していないものを可視化し、次の授業をいかに計画すればよいかを示してくれる。これらの方法で自己調整ができる生徒は、フィードバックを求め、それを用いるのがとても得意である。したがって、主な目的は、フィードバックを求めて解釈するのに役立つこれらのスキルを生徒に教えることである。これは、生徒の学習方法に必須の要素である。

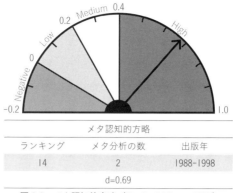

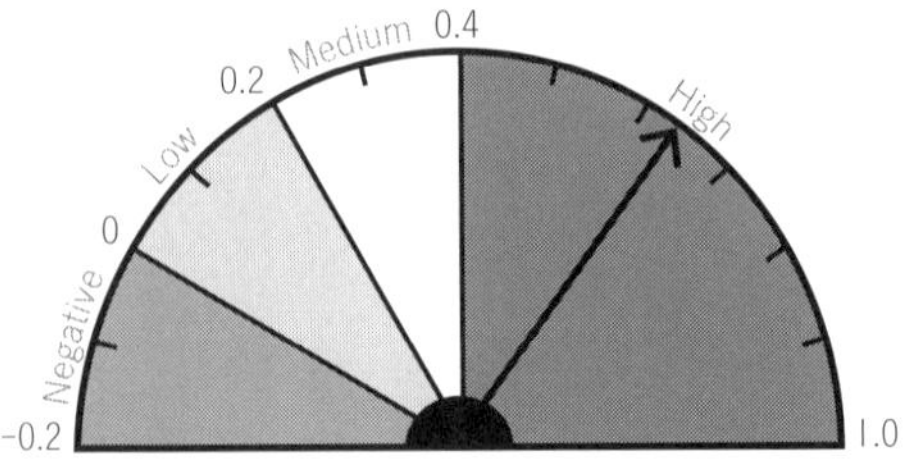

学習スキル		
ランキング	メタ分析の数	出版年
22	19	1979-2011
d=0.63		

図 6-4　学習スキル（Hattie & Zierer, 2017）

学習スキル

学習プロセスに同等の影響を与えるもう一つの要因は、「学習スキル」である。可視化された学習では0・63の効果量を示す（図6-4）。学習者がノートを取り、教材を有意義な方法で吟味したり理解したり、要約を作成したり、自分のモチベーションを調整したり、自身の目標を設定したり、学習プロセスを組み立てたりするのに役立つスキルは、表面的な理解の領域と深い理解の領域の双方においてパフォーマンスの長期にわたる改善につながる。「人はいかに学ぶのか」に関する最近の研究を統合してみると、より戦略的な役割は、学習方略の使用にみられる。同じ方略でも、課題が表面的な学習に関するものと、深い学習や学習の転移に関するものとでは異なる働きをし、そして生徒が習得し始めたときと、授業の意図を内化するときとでは異なる可能性がある。したがって、教師は、生徒が学習サイクルの表面的なところ、深いところ、転移のどこにいるのか、うまくいって

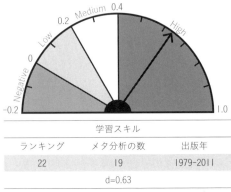

いないのか、それとも学習のまとめをめざしているのかについてフィードバックを求める必要がある（Hattie & Donoghue, 2016を参照）。

ここでは、「相互教授」（d=0.74）、「教授方略」（d=0.62）、「自己言語化と自問」（d=0.64）など、この章の主なメッセージが示す他の要因を簡単に説明する。これらはすべて、前述の要因に直接関係している。ただし、これまで暗黙的にしか扱っていないある一つの要因は他のすべての要因よりも際立っており、ここで明示的に扱う価値がある。それは「フィードバック」である。これは、「私は生徒にフィードバックを提供して理解できるように支援し、私に与えられたフィードバックを解釈して行動する」というマインドフレームの重要性を強調し、成功する教え方の構造が基本的に対話的であることを示すための重要な要因である。

3 あなたの影響を知ること：成功する指導の鍵としてのフィードバック

「フィードバック」は、すべての中で最も徹底的に研究された方法の一つであり、学習パフォーマンスに最も強力な影響を与えるものの一つである。可視化された学習は、過去30年間だけでも平均効果量が0・75を示す25のメタ分析を引用している。ただし、主要な問題は、フィードバックの影響の分散がすべての教育的な影響の中で最も高いため、同じフィードバックが強力になったり有害になったりする可能性があることである。

これには、可視化された学習を背景に実施された研究（Hattie & Timperley, 2007も参照）が役立つところである。これらは、多様なフィードバックの質問と多様なタイプのフィードバックの質を判断する手段を提供し、フィードバックがなぜ、どのように変化しやすいのかを理解することを目的としている。研究では3つの主要なフィードバックの質問のアウトラインとして、私はどこに向かうのか、調子はどうか、そして次はどこに向かえばよいのかを示している。また、表6-1に示すように、さまざまな効果を達成するよう統制された4つのレベルのフィードバックを基本的に区別した。

3つのフィードバックのそれぞれの質問は、これらの各レベルに注意を向けさせる。多くの教師は、「どのように進んでいるのか」と「どこに向かっているのか」という視点からフィードバックを定義し、使用する傾向にある。しかし生徒は、「次はどこに向かえばよいのか」に注意を向けるときにフィードバックの力が発揮されると主張している。生徒は、「次はどこに向かえばよいのか」という3番目の質問に注意を向けるフィードバックを圧倒的に好む。他方、提供されるフィードバックのほとんどすべては、最初の2つの質問に関するものである。そうだが、「次はどこに向かえばよいのか」のフィー

表6-1

自己レベル	課題レベル	プロセスレベル	自己調整レベル
個人評価と学習者への影響（通常は肯定的）	課題をどの程度理解して、実行しているか	課題を理解し実行するために必要なプロセス	行動のモニタリング、指示、調整

ドバックは、「どこに向かっているのか」と「どのように進んでいるのか」に関連するフィードバックに基づいているであろう（そして、おそらくそうあるべきである）。メッセージは明確である。「次はどこに向かえばよいのか」のフィードバックを常に行なうのである。

個人ベースのフィードバック：自己

最初のレベルは自己である。これには、あらゆる種類の賞賛や批評など、フィードバックを受け取る個人を対象としたすべてのフィードバックが含まれる。「それはすばらしかった」「あなたはすばらしい」「あなたはまじめな生徒だ」「お疲れ様でした」。このタイプのフィードバックが学習に与える影響はわずかしかない。これは、自己レベルでのフィードバックには学習プロセスに関する情報が含まれておらず、ほぼ完全に性格特性に焦点が当てられているためである。学習者はこれらの形式のフィードバックを自分が何であるか、つまり自分自身の評価として厳粛に受け止めるため、場合によっては悪影響をもたらすことさえある。学習者は自分自身のポジティブなイメージを表に出さないようにする傾向があるため、過度の賞賛は挑戦する意欲の低下につながる可能性がある。同様に批評は、学習教材や学習者が犯した間違いにではなく、学習者の性格に向けられるため、否定的な自己概念の形成につながる可能性がある。

褒め言葉の最大の問題は、それが作業についてのメッセージの妨げになる可能性があるということである。私たちのほとんどがそうであるように、生徒は褒められたことを思い出し、課題に関する情報を減らすか無視する可能性が高くなる。賞賛の有無にかかわらず、活動に関するフィードバックを提供してみよう。次に、生徒に昨日あなたが与えたフィードバックについて何を思い出すかを尋ねてみよう。これは、一日後の純粋な記憶効果を確かめるだけではない。多くの場合、彼らは課題に関する情報よりも褒められたことを思い浮かべる。賞賛は有用なフィードバックを蹴散らしているかもしれない。

自己レベルでのフィードバックは、フィードバックが一種の外的動機として機能するため、すでに内発的に動機づけられている学習者にとって特に問題がある。これは最悪の場合、内発的動機づけの低下とそれに対応する外発的動機づけの増加につながる可能性がある。外発的に動機づけられた学習者は、心理学的には望ましくないので、教師にとっては避けたいものである。内発的動機が高く、外発的動機が低い学習者は、より効果的に学習し、学んだことをより多く保持して活用する。彼らは学ぶことが好きという感情に触発されているのである。

私たちは、自己について賞賛したりフィードバックを与えたりしてはいけないと言っているのではない。賞賛は効果を弱める働きをするため、賞賛と活動に関するフィードバックを混ぜてはいけないと言っているのである。

自己を対象としたフィードバックが役立つ可能性の一つは、教師と生徒の関係を構築するところにある。そこでは、実際にプラスの効果をもたらすことができる。しかし、教師と生徒の間に安心や自信、信頼や信用の雰囲気をつくりだす効果的な手段はたくさんある。これについては、「間違えても他者から学んでも安心して学習できるように人間関係と信頼を築く」〔訳者注：第9章〕というマインドフレームの議論の中で詳細に扱うことにする。全体として、自己レベルに向けられたフィードバックは、十分に見積もったうえで、適量でのみ与えられるべきであり、課題やプロセスや自己調整に関するフィードバックと混合されるべきではないという一般的な合意が研究者の間にある。「シンプルなほうが効果的だ」という原則は、多くの場合、自己フィードバックにとって最良の指針である。

パフォーマンスベースのフィードバック：課題とプロセスと自己調整

個人ベースのフィードバックと呼ばれる自己レベルのフィードバックとは異なり、課題やプロセスや自己調整のレベルのものはすべて、学習者のパフォーマンスに関係している。これらのレベルでのフィードバックはきまってより効果的であるが、よく見ると程度はまちまちである。

課題レベルでのフィードバックには、学習の成果に関する情報を学習者に提供することが含まれる。たとえば、教師は、学習目標を達成するために学習者が解決しなければならない問題を含む課題を割り当てることができる。教師は課題を修正し、答えを正解または不正解として採点する。このようにして、学習者は**自分ができることとできないこと**を明確に理解する。

プロセスレベルでのフィードバックには、学習課題を完成させるために使用したプロセスに関する情報を学習者に提供することが含まれる。たとえば、教師は、学習者が課題をどのように完成させたかのエビデンスを得るために点検することができる。ほんの数例をあげると、課題をすぐに完成させたように見える場合もあれば、だらしのなさやケアレスミスがたくさんある場合もある。この場合、学習者は自分が**どのように作業したか**についての情報を受け取る。また、誤りを特定するフィードバック、誤りに対処するための提案、課題に取り組むために使用するさまざまな方法についての提案を受け取ることができ、課題の各パートをいろいろとつないでみるよう求められることもある。

自己調整レベルでのフィードバックには、学習を調整するために適用するメカニズムに関する情報を学習者に提供することが含まれる。たとえば、教師は学習者にさまざまな部分にもっと力を入れたいと報告し、この部分が効果的であると思うかどうかを検討するように尋ね、再確認するように勧めたり、セクションの正確性と彼らがよりよくできることについてもっと考えるように勧めたりして、一般的に生徒が彼ら自身の判断で方向性を定め、改善を行なうように促すことができる（それらを教師と確認してほしい）。生徒はあなたのフィードバックを考慮する改善のエージェント（主体）である。このタイプのフィードバックは、**学習者が学習の成果とプロセスをどのように自己調整したか**を学習者に明確にしてくれる。

4 フィードバックのレベルを接合する

別の教師があなたの授業の一つに参加していると想像してみよう。授業後、あなたは授業がどのように進んだかについて話し合うために席に着くとする。選択するとしたら、あなたはどのようなフィードバックを最も受け取りたいだろうか。**授業で**何が正しく、何が間違っていたかを示す課題レベルのフィードバックを選択するだろうか。**授業前**に計画したプロセスと、この計画をどのように実行したかに焦点を当てたプロセスレベルのフィードバックを選択するだろうか。それとも、授業が生徒にどのような影響を与えたと思ったか、**次の授業**でそれを生かして何ができるかについて、同僚と話すように勧める自己調整レベルのフィードバックを選択するだろうか。

また、同僚を招いて授業を観察してもらい、生徒に提供するさまざまな形式のフィードバックを検討することも価値がある。私たちは、学級における口頭でのフィードバックと課題に関する文面でのフィードバックの両方で検討を行なった。何百人もの教師が提供する文面および口頭でのフィードバックの性質に関する調査を実施した。結果は常に同じである。明らかに大多数の教師は、自己調整レベルでフィードバックを提供したり受け取ったりすることを好むが、課題またはプロセスレベルでフィードバックを求めたり提供したりするのはごくわずかである。これは、自己調整レベルでのフィードバックが学習者にとっては特別な状況にあることを示している。結局のところ、この仮の例ではあなたが学習者である。この点を念頭に置いて、教室で日々行なわれているフィードバックを考慮すると、表6-2のような結果が得られる。

したがって、学習者が最も望み必要とするフィードバックはあまり受け取らない種類のものであり、最も重要でないとみなされる種類のフィードバックが最も頻繁に受け取られている。課題レベルでのフィードバックに問題はないが、多くの学級で課題レベルのフィードバックがとても支配的であるとはイメージがしにくい。教師が生徒に与えるフィードバックのレベルにもっと考えを向けるだけで、どれだけ多くのことが達成できるだろうか。

最後に、これに関連して明らかになるのは、フィードバックの成功は量ではなく質の問題であるということである。学習者が同じ間違いをしたことをもう一度聞くことには何の意味もない。なぜその間違いを続けているのか、この先どのようにすればそれを避けられるのかについての具体的な情報を生徒に与える必要がある。言い換えれば、課題レベルで多くのフィードバックを提供しても、たいした影響は生じないのである。プロセスや自己調整レベルでのフィードバックと組み合わせた場合にのみ、実質的な影響は生じる。そこではプラス1の概念を考える必要がある。生徒が現在取り組んでいるレベルでフィード

表 6-2

	Hattie & Masters (2011)	Van den Bergh, Ros, & Beijaard (2010)	Gan (2011)
レベル	18の高等学校の学級	32の中学校の教師	同僚235人
課題	59%	51%	70%
プロセス	25%	42%	25%
自己調整	2%	2%	1%
自己	14%	5%	4%

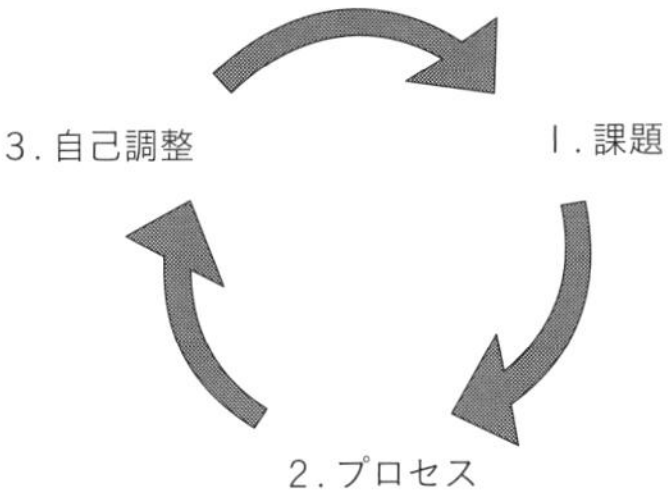

図6-5　フィードバックのレベル（Hattie & Zierer, 2017）

バックを提供するとして、次のレベルでフィードバックを多彩にして、学習が向上するように促すことである（図6-5）。

この向上しようとする動きは自動的には起こらない。学習者が自分の犯した間違いを5回や10回聞くことは、どのようなメリットがあるというのか。こんなことが学習の向上につながることはない。彼らは、学習のプロセスと方略を理解し、最終的には自分の学習をある程度調整して学習を前進させたいと考えている。

私たちは、あるフィードバックのレベルが別のフィードバックのレベルよりもすぐれているという印象を与えたくはない。ここで伝えようとしているメッセージは、さまざまなフィードバックのレベルが相互に関連し合い、相互作用を起こしているということである。したがって、適正なレベルでフィードバックを提供するのではなく、適切なレベルでフィードバックを提供し、生徒の学習に合わせてレベルを上げることに重点を置くことが秘訣なのである。

ここで考慮したことは、フィードバックを成功させるための3つの重要な見識を明らかにしてくれる。第1に、フィードバックは、生徒が活動しているレベルまたはその少し上のレベルで与えられたときに最も強力なものになる（課題、プロセス、自己調整）。第2に、あるフィードバックのレベルを片寄って用いると、不十分な情報で結果が単調になり、かといって生徒たちの動きを止めたくないので、各レベルのフィードバックが減少する可能性がある。第3に、「次はどこに向かえばよいのか」についてのフィードバックを教師が提供することにより、すべてのレベルで効果を高めることができる。

5 初心者・上級者・専門家：達成レベルの役割

フィードバックのレベルについての私たちの議論は、レベル間のバランスが学習者の達成レベルに左右されるかどうかに疑問を提起するものである。次の例を考えてみよう。

ある分野にまったく慣れていないため、初心者だという学習者を想像してみよう。この学習者は、教材についての見識をまだ有しておらず、文脈上の関係を確定することもできず、問われている分野の基本的な要素をまだ理解していないとする。たとえば、20まで数える方法を学んでいる1年生を例にとってみよう。どのレベルのフィードバックが必要だろうか。ここで、この学習者に提供するフィードバックと、ある専門家の専門分野の話題について提供するフィードバックを比較する。彼らは自分の専門分野に精通しており、落とし穴がどこにあるかを知っており、この分野に深い洞察を有している。たとえば、タイガー・ウッズ、ロジャー・フェデラー、レディー・ガガなどであるが、ゴルフ、テニス、音楽に関して、彼らにはどのレベルのフィードバックが必要だろうか。初心者は専門家とは異なるフィードバックに焦点を当てる必要があることは明らかである。初心者は最初に自分が間違っていることを知る必要があるため、課題レベルでのフィードバックが必要だが、専門家は自己調整レベルでのフィードバックからより多くのことを得る。前の例の学習者は、3＋6＝8が正しくないことを知らないかもしれない。といって、誰が彼女を責めることができるだろうか。他方、専門家は、自分が間違ったことをよくわかっている。タイガー・ウッズは、打ったボールがラフに着地したことがわかるし、ロジャー・フェデラーは、サーブが逸れたことがわかるし、レディー・ガガは、音程が外れていることがわかる。しかし、これらの間違いを理解し、学習プロセスをより適切に調整するには、専門家の助けが必要となる。

これは、私たちが、いつも明るい生徒には自己調整レベルのフィードバックを与え、それほど明るくない生徒には課題レベルのフィードバックを与えるべきことを意味してはいない。すべての生徒は初心者として授業の多くを開始するため、課題レベルでのフィードバックから始めればよいだろう。また、どの生徒もフィードバックによって支援され、課題を経て自己調整に進むことができる。したがって、生徒が学習サイクルのどこにいるのかに応じて最適なかたちのフィードバックを用いれば、フィードバックの力に大きなばらつきがある理由を説明するのに役立つ。生徒がどこを学習しているのかに応じて、同じフィードバックでも機能する場合と機能しない場合がある。ただし、ほとんどすべての場合、少なくとも「次はどこに向かえばよいのか」といったフィードバックが、フィードバックを強化することは確認されている。

6 過去・現在・未来：フィードバックの3つの視点

可視化された学習では、4つのレベルのフィードバックを区別すること（Hattie & Timperley, 2007も参照）に加えて、これらの各レベルは3つの異なる視点、つまり「フィードアップ〔訳者注：フィードバックの目標設定・確立のことであり、目標が設定されていてもその目標を再認識することで目標の本質に迫ること〕」「フィードバック」「フィードフォワード〔訳者注：メンバーの今後に向けた改善点と目標を達成するためのアイデアを話し合うこと〕」からとらえることができると主張している。これにより、フィードバックのより深い次元にたどり着き、一見するととても単純に見える要因の複雑さを説明することができる。これらの3つの視点は具体的に何を含むのだろうか。

「フィードアップ」は、学習者の現在の状態と求められている目標の達成状況とを比較するフィードバックである。つまり、それは現在に焦点を当てており、現状に関するフィードバックとして定義することができる。「フィードバック」は、学習者の現在の状態を以前の状態と比較するフィードバックである。つまり、それは過去に焦点を当てており、過去へのフィードバックとして定義

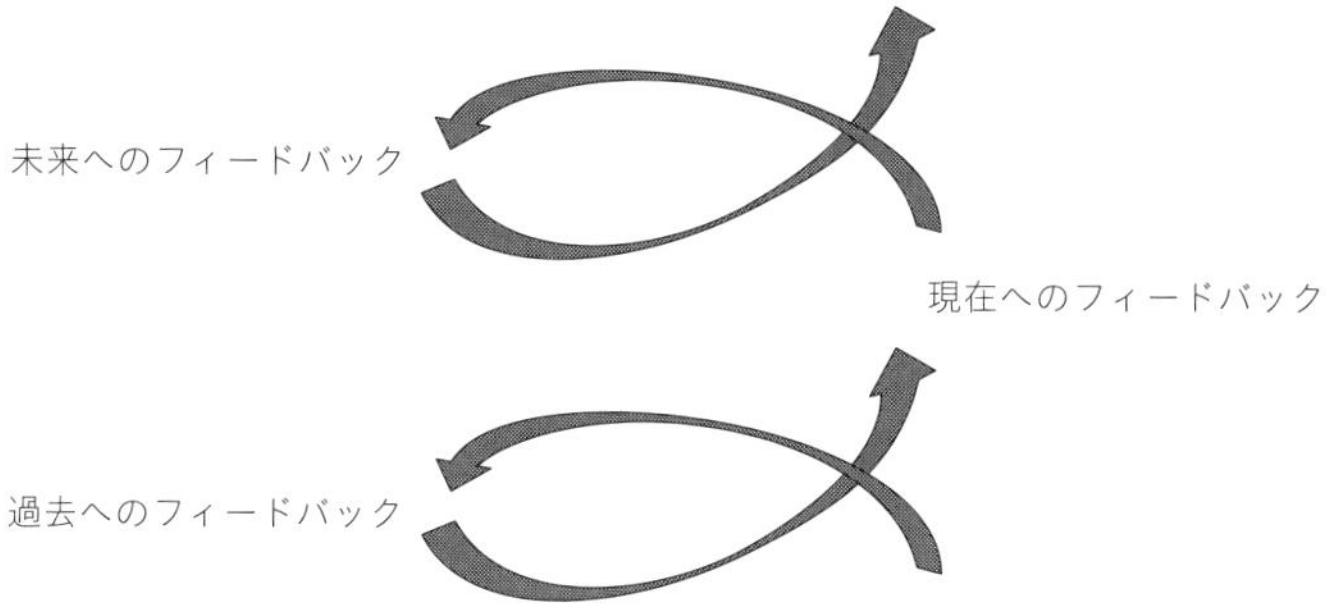

図 6-6　課題レベルでのフィードバックの 3 つのタイプ（Hattie & Zierer, 2017）

することができる。そして最後に、「フィードフォワード」は、学習者の現在の状態に基づいて求められている目標の状態を示すフィードバックである。つまり、これは未来に向けられており、未来へのフィードバックとして定義されるものであり、これは、生徒が好む「次はどこに向かえばよいのか」のフィードバックである。

たとえば、学力テストの結果に関するフィードバックを提供する場合、教師は学習者に3種類の課題レベルのフィードバックを提供できる。**最初に**、正しく解いた問題と誤って解いた問題に関するフィードバックを行ない、現在の状態を望まれる目標の状態と比較して説明する（フィードアップ）。**第2に**、前回の学力検査と比較して、達成レベルがどのように変化したか、どこが改善したのか、どこが改善しなかったのかについてのフィードバックであり、学習者の現在の状態と以前の状態とを比較して説明する（フィードバック）。**第3に**、学習者が、のちに仕上げる必要のある課題と、彼らを導くべき目標達成の状態に関するフィードバックである（フィードフォワード）。

したがって、成功するフィードバックは、過去、現在、未来の視点に焦点を当てたものである。3つすべてが関連づけられて、統合された全体を構成する。現在へのフィードバックは過去へのフィードバックに基づいており、それ自体が将来へのフィードバックの前兆になる（図6-6）。先に述べたように、ほとんどの生徒がフィードバックによって尋ねられることを好む質問は、「次はどこに向かえばよいのか」である。これは、何に向かっているのか、どうやって向かうのかに基づいている場合よりも、より強力である。多くの研究者が指摘しているように、これは、生徒が授業の筋道でスタートする地点と最適に終了する地点との間のギャップを埋めるためというフィードバックの主要な役割を示している。

7 包括的なフィードバックの呼びかけ：フィードバック・マトリクス

可視化された学習では、成功するフィードバックはできるだけ包括的であるべきだと繰り返し強調しているが、包括的フィードバックには何が含まれるのか。教師はどの範囲に集中する必要があるのか。教師はどのようにすればフィードバックのレベルとフィードバックの視点を組み合わせることができるのか。可視化された学習プロジェクトの最大の成果の一つは、フィードバックに注意を引き戻したことであるが、実際にはいくつかの不明なことが残っている。表6-3は、フィードバッ

表 6-3

フィードバックのレベル

フィードバックの視点	課題	プロセス	自己調整
過去（フィードバック）	学習者は目標と内容に関してどのような進歩を遂げたか。	学習者は課題を完成させてどのような進歩を遂げたか。改善したことのエビデンスはあるか。	学習者は自己調整方略に関してどのような進歩を遂げたか。
現在（フィードアップ）	学習者はどのような目標を達成したか。学習者はどのような内容を理解したか。	学習者はどのようにして課題を完成させたか。学習者がどのように活動したかのエビデンスはあるか。	学習者はどの自己調整方略をうまく用いたか。
未来（フィードフォアード）	次にどのような目標を設定する必要があるか。次にどのような内容を学ぶ必要があるか。	次に課題を完成させるためのヒントが学習者に与えられたか。	学習者は次にどのような自己調整方略を用いる必要があるか。

クのレベルと視点を、サンプルの質問を含むフィードバック・マトリクスにまとめたものである。

⑧ ギブ・アンド・テイク：フィードバックの対話構造について

フィードバックに関する議論では、フィードバックは教師から学習者に向けられるべきであるという考えが支配的である。教師は、学習に関する詳細で包括的なフィードバックを生徒にできるだけ頻繁に提供する責任があるといわれている。これは重要だが、フィードバックの数ある形式の一つにすぎない。やりすぎると、生徒に過負荷をかけ、無意味な訓練に退

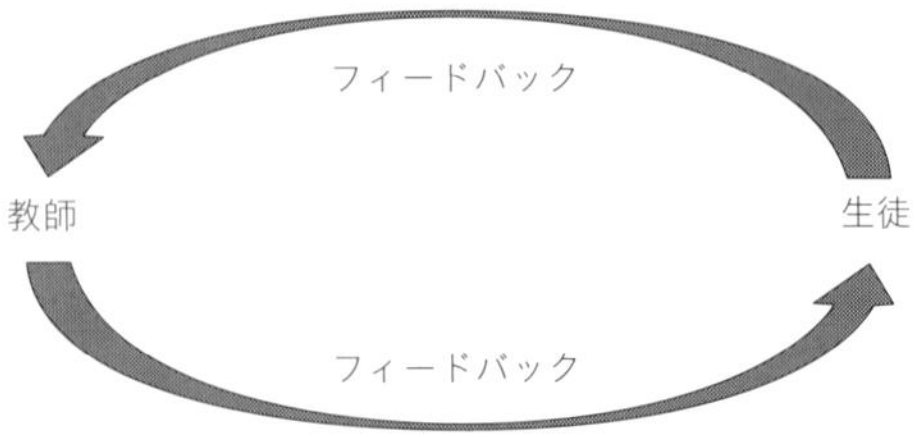

図 6-7　フィードバックの対話構造（Hattie & Zierer, 2017）

化することだって起こりうる。生徒の学習の進歩について、教師と管理者だけが関心をもって、際限なくコメントすることは、教師の生徒へのフィードバックを強調しすぎるとどうなるかを示す、その誇張された例といえるかもしれない。

　このような洞察に基づいて、私たちはフィードバックが学習に与える影響についての長年の議論を新たな方向に導くことになった。教師から生徒へのフィードバックは重要かもしれないが、学習者から教師へのフィードバックも同じかそれ以上に重要である。結局のところ、生徒が目標を達成したかどうか、内容を理解したかどうか、方法が役に立ったかどうか、メディアが役に立ったかどうかという質問に教師は答えることができない。これらは、学習者だけが答えることのできる質問である。教師の役割は、引き出し、耳を傾け、そして反応することである。すべてが計画どおりに進んだように見えても、教師はどのくらいの頻度で学級を満足させているだろうか。一方、生徒はその後、ペナルティを回避するために教師が求めた役割だけを実行し、学習せず、実際には授業に退屈していることに気づいているだろうか。システム理論では、この方略にゲーミングシステムという名前をつけている。自己評価と他者評価の間のくい違いを克服する唯一の方法は、対話を行なうことである。学級で起こっていることで観察可能なのは20％にすぎないという事実を考慮してほしい。残りの80％はすぐには明らかにならないため、可視化する必要がある。教師は、次の授業を計画できるように、目標、内容、方法、メディアに関する教育学的な問いを学習者がどう考えているかを知る必要がある。自分の印象だけに頼っている教師は、学習者にその勘頼みの影響を深く及ぼすというリスクを負っている。

したがって、フィードバックの成功は、教師から生徒へのフィードバックと生徒から教師へのフィードバックの2つの形式のフィードバックを含む循環プロセスにあるといえる（図6‐7）。これら2つの形式のフィードバックは構造的に関連しており、相互依存しているため、正しく理解されたフィードバックから始まる無限の対話プロセスに言及することは正当なことである。

⑨ 仲間についてはどうか：学習者から学習者へのフィードバック

これは間違いなくフィードバック研究の最も印象的な発見の一つであり、可視化された学習でも引用されている。グラハム・ナットホール（Graham Nuthall）の研究によると、学習者が互いに与え合うフィードバックのほとんどは正しくない（Nuthall, 2007）。表面的な解釈では、彼の発見は、学習者から学習者へのフィードバックの価値、ひいては学習者から教師へのフィードバックの価値にも疑問が投げかけている。クラスメイトにまともなフィードバックを与えることさえできないならば、生徒はどのようにすれば教師にまともなフィードバックを与えられるのだろうか。しかし、仲間が提供するフィードバックに留意しないことは、かなり冒険的であり、否定的でもある。

この議論は、「フィードバックを与えることを学ぶ必要がある」という研究の実際のメッセージを見ていない議論である。フィードバックの複雑さを考慮すると、特定のスキルが含まれるのは明らかなことである。たとえば、生徒は、課題とプロセスと自己調整のレベルを区別するように教えられる必要があり、かみ合うように話したり聞いたりするスキルを伸ばす必要がある。生徒が授業のさまざまな場面でどのような学習が必要なのかを表わしたルーブリックをもっていれば、これが助けとなって、次のフィードバックを最適に提供できる。ただし、これは教師にとって大きな課題である。私たち人間は役割モデルから多くを学ぶので、教師はこの関連で再び中心的な役割を果たす必要がある。

また、フィードバックを提供する人が正しいマインドフレームをもっているかどうかという問題も重要である。このことが誤ったフィードバックの原因になることが多いからである。私は友人の気持ちを考え、彼が間違っていることを告げようとはしない。私は、仲間から受けるプレッシャーのために、問題がどこにあるのか指摘することを恐れている。これらのことを改善することは大きなチャレンジである。結局ところ、フィードバックを成功させるには、コンピテンシーとマインドフレームが特に重要となる。必要なコンピテンシーとマインドフレームを学習者が習得すると、教師は学習者間のフィードバックを授業にうまく組み入れることができる。民主的な学校では、そのことがどのような影響を及ぼすかは関係ない。

なお、このことはすべて教師に当てはまる。十分に訓練された教師は、すべてを行なうことができると思いがちであるが、そうではない。彼ら自身、まだ熟達化への途上にあり、フィードバックを与えたり求めたりするコンピテンシーとマインドフレームを開発する途上にある。後者は、生徒が教師に指導についてのフィードバックを与えることができるかどうかという問題について重要な議論になるところである。これは明らかにいつでも可能であるとはかぎらないが、教師が課題レベルでのフィードバックを用いて、指導プロセスと自身の自己調整について結論を出すことができる場合は、専門知識の表われでもある。

10 フィードバックを成功させるための必須条件：間違いの文化

ここまでの議論により、間違いの文化がフィードバックを成功させるための必須条件であることが明らかになったはずである。間違いは避けるべきものとみなすべきか、それとも学習プロセスにおいて重要なものとみなすべきか。学ぶことは間違いを犯すことを意味し、これは教えることもそうである。

　欠点に焦点を当てることは悪いことであると考える教師にとって、決定は安易なものになりうる。彼らは学級での間違いについて話すことはなく、実際、ほとんどの人は間違いをすばやく修正して先に進もうとする。しかし、これはまた、多種多様な学習機会を諦めることを意味する。間違い自体は決して問題ではない。問題になる可能性があるのは、むしろ間違いに関するコミュニケーションのほうである。問題を指摘するだけであったり、課題レベルでのみ話し合うことは、まったく指摘しないことと同じくらい問題がある。学習者は、どこで間違いを犯したかをすでにわかっていることがよくあるが、多くの場合、それらについて話すことを恐れている。間違いを話し合いの話題として取り上げることを教師が許さない場合、結果として間違いについて話されないか、または見過ごされてしまう文化になる。このことは、私たちが学ぶことのほとんどはわかっていなかったり、誤認や誤解がある可能性があるため、間違ったメッセージを提供してしまうことになる。エラーは学習の機会である。したがって、課題は、一方では学習者を尊重し、他方では学習に役立ちそうな間違いを話し合う方法を見つけられるものでなくてはならない。

　間違いや誤認を成長の糧にするのが、質の高いフィードバックである。ここでも再び、フィードバックのレベルは学習のよい出発点になる。事実についての間違いに反応し、自己レベルでフィードバックを提供することはよい考えではない。これは特に年齢の低い学習者の場合に当てはまる。彼らは失敗者であり、学習する能力が低いという印象を与えるからである。この効果は、以前に繰り返し受け取ったフィードバックの受け入れを拒む学習者において観察されている。たとえば、自分に向けられている賞賛として、「みごと」や「すごい」といった言葉をいつも聞かされている学習者が、そのようなフィードバックを受け取らなくなると、彼らの自己概念に悪影響を及ぼす。極端なケースでは、不安にさえなることもある。したがって、あなたのフィードバックがどのレベルに向けられているかを常に学習者に明確に示したうえで、もう一度、その学習者に関するフィードバックを課題に関するフィードバックから切り離すことが重要である。

11 何から始めればよいか

「私は生徒にフィードバックを提供して理解できるように支援し、私に与えられたフィードバックを解釈して行動する」というマインドフレームを育むうえで最も重要なステップの一つは、あなたが自身のフィードバック行動を批判的に検討することである。私はフィードバックを提供することを好む教師だろうか、それともフィードバックを求めることを好む教師だろうか。私は生徒からのフィードバックを受け取り、解釈し、それに基づいて行動ができることを生徒に示す教師だろうか。あなたが授業において提供するフィードバックのレベルと、「次はどこに向かえばよいのか」というフィードバックがなされているかどうかを誰かに聞いてもらおう。次に、フィードバックを提供したり求めたりする際に、あなたが好むレベルと視点を考えてみよう。

この省察には表6-4に示すようなフィードバック・マトリクスを使用し、多彩な色でフィールドに記入する。たとえば、フィードバックを提供する行動には赤、フィードバックを求める場合には青を使用する。たとえば、1=非常に表明されている、2=中程度に表明されている、3=表明されていないというように、フィードバックがどの程度表明されているかを尺度で評価してみよう。

このフィードバック・マトリクスは、授業の計画と分析の補助として使用することもできる。たとえば、計画的にフィードバック・ループを授業に組み入れ、フィードバック・マトリクスのすべてのフィールドをカバーするようにする。生徒が互いにフィードバックを与えるときにも、これを使用できる。前述の質問は、最初のオリエンテーションとして役立つ。その場合の目標は、生徒が学習サイクルのどこにいるかに応じて、最適なフィードバックを提供す

表6-4

フィードバックのレベル

		課題	プロセス	自己調整
フィードバックの視点	過去（フィードバック）			
	現在（フィードアップ）			
	未来（フィードフォワード）			

	課題	プロセス	自己調整
過去			
現在			
未来			

ることである。したがって、具体的なケースのフィードバック・マトリクスのあらゆるフィールドを完成させ、同僚（または生徒）と話し合い、授業で実施してから、同僚ともう一度会って結果について話し合うようにしてほしい。同じように、この方法を使用して、授業全体で与えたり受け取ったりしたフィードバックを反映して評価することもできる。

フィードバック・マトリクスが複雑すぎれば、できれば前の例で名づけた3つのフィールドに焦点を当てることから始めよう。学習者はテストで何を正しく行ない、何を間違えたのか（課題レベルでの現在のフィードバック）。課題を完成させるために行使していた学習者の学習プロセスはどうだったか。生徒は、課題を完成させるために適切な方略を用いたとどのくらい確信していたか（プロセスレベルでの過去のフィードバック）。学習者は、次の課題でよりよい成績を得るために何をする必要があると主張しているか。自分の学習プロセスを調整するためにどのような方法を適用する必要があるか（自己調整レベルでの未来へのフィードバック）。これらの3つの質問により、フィードバック・マトリクスの複雑さは軽減される。

次の質問を用いて、振り返りに役立てることもできる。

課題

■生徒の答えは成功の基準を満たしているか。
■答えは正しいか、間違っているか。

■答えをどのくらい詳細に表現できているか。
■答えの何が正しくて、何が悪かったのか。
■答えをより完全なものにするのに答えに欠けているものは何か。

プロセス

■生徒は学習プロセスでどのような方略を用いたか。
■学習プロセスに関し、何がよくて何が改善されたか。
■学習プロセスにおける生徒の長所と短所は何だったか。
■生徒が課題を完成させた方法について、さらに学習プロセスについてどのような情報が明らかになるか。
■生徒は自分の活動のエラーを検出できるか。

自己調整

■生徒はどのような目標を達成したとみなすだろうか。
■生徒が課題を正しく、または間違って完成させた理由は何か。
■生徒は自分の成功をどのように説明するのか。
■その生徒は次の目標と次の課題は何だと考えているか。
■生徒はどのようにして自分の学習プロセスを自己調整したり検討したりしているか。
■間違いを察知し、その間違いを自分で修正できているか。

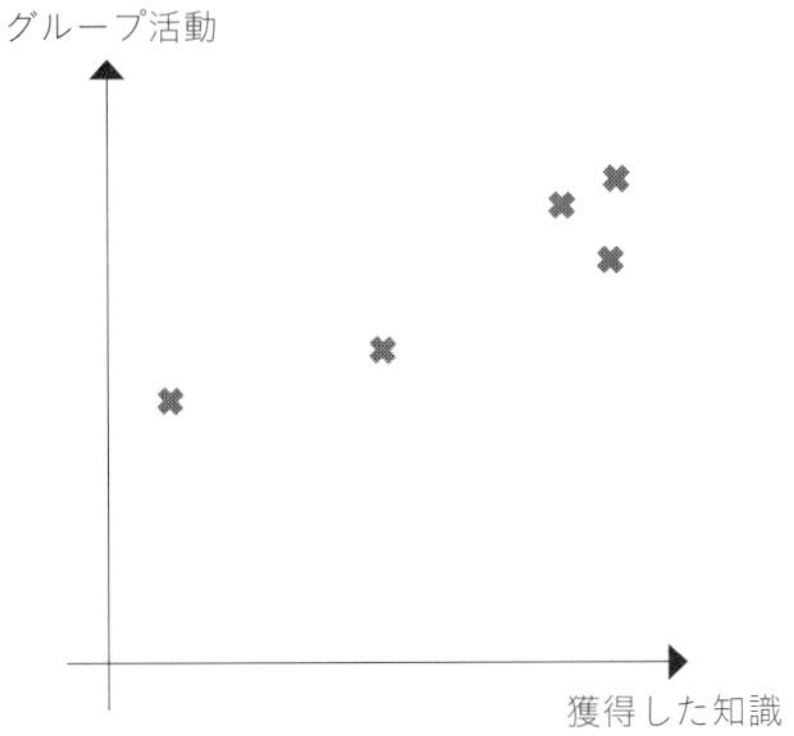

図 6-8　フィードバック座標系（Hattie & Zierer, 2017）

フィードバックの実践を振り返り、フィードバックを受け取るよりも与える傾向があることに気づいたならば、コインの反対側に焦点を当て、学習者にフィードバックの機会を与えるための多様な方法を試してみるときである。生徒が書く以上にあなたが書いている場合は、再考するときである。結局のところ、フィードバックを受け取ることは、フィードバックを与えるよりも最終的にはより重要なことである。

生徒から教師へのフィードバックの簡単な例は、フィードバック座標系である。これは、指導の2つの重要な側面を座標に位置づけ、学習者が完成させることができる（図6-8）。

生徒のフィードバックを聞く方法はいくつもある。たとえば、グループ活動が生産的であり、得られた知識が高いと考える学習者は、象限の右上にポイントをマークできるが、グループ活動が生産的でなく、知識獲得が低いと思う学習者は、象限の左下にポイントをマークする。このフィードバックは簡単に集められる。必要なのは、教室のドアの

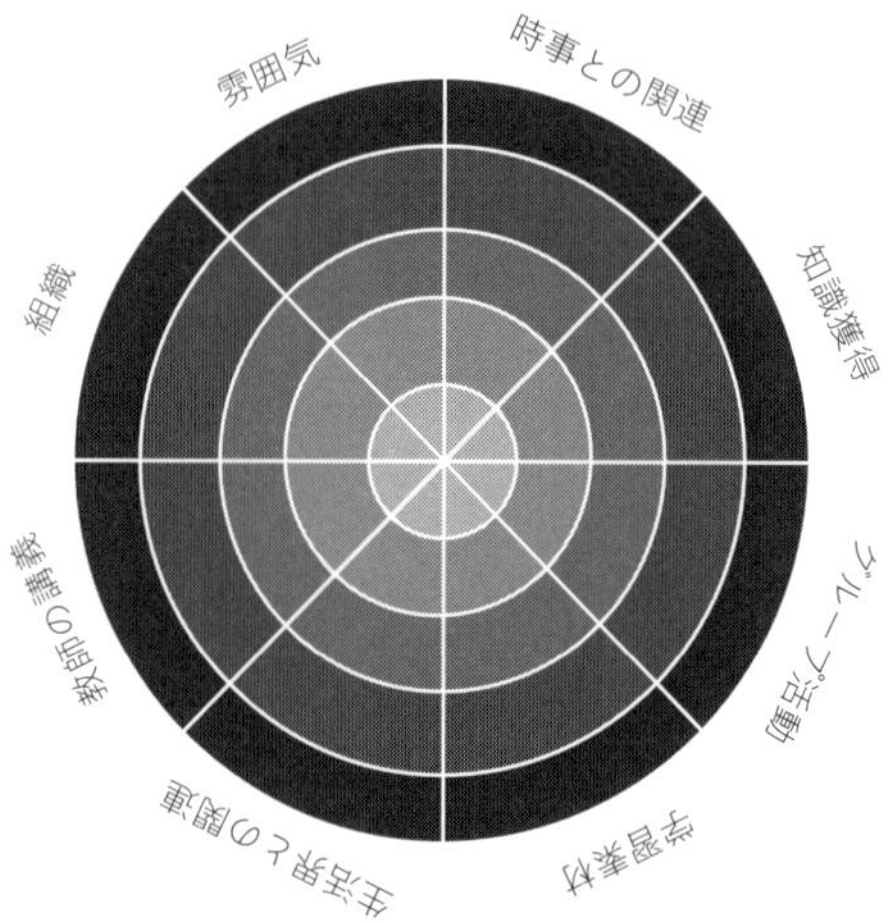

図 6-9　フィードバック・ターゲット（Hattie & Zierer, 2017）

横に座標系を貼り、生徒が離れるときにシールを貼るように依頼するだけである。ほんの数分しかかからないが、あなたの授業に関する貴重な情報を提供してくれる。

この方法は、微妙な差異をつけたフィードバックを与えることができる学習者が用いるのにも適しており、文献には他のアイデアも豊富に発見することができる（Brookhart, 2017; Wiliam & Leahy, 2015を参照）。一つの例は、フィードバック・ターゲットである（テンプレートについては図6-9を参照）（Zierer, 2016bを参照）。

フィードバック・ターゲットは、一見すると、フィードバックの全体像を描いているように見えるかもしれないが、残念ながらそうではない。一つには、それはフィードバックのいくつか選択された側面をカバーしているだけであって、存在することのない完全な状態がどういうものであるのかを示唆し

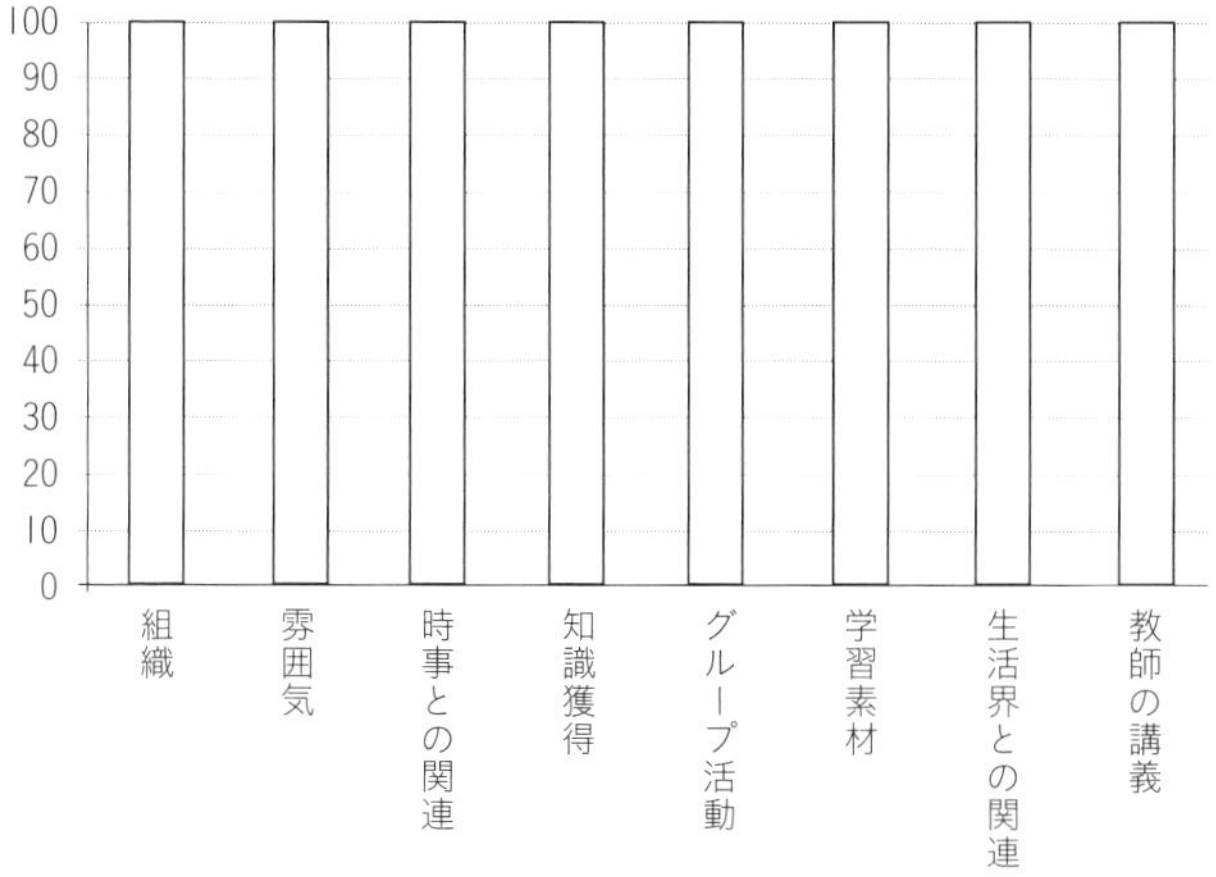

図 6-10　棒グラフで描くフィードバック（Hattie & Zierer, 2017）

ている。同様に、個々の側面は、歪みは避けられないが、同心円のかたちで示されている。中心部に近いところに印があるほど余地は小さく、互いに近接する。印が中心部から離れるほど、余地は大きくなり相互に離れていく。したがって、フィードバック・ターゲットを使用する際に学習者とこれらの問題について話し合い、結果を解釈するのにその問題を考慮に入れる必要がある。

　同じフィードバックを説明する簡単な方法は、棒グラフを使用することである（未入力例については、図6-10を参照）。

　また、ここで言及する価値があるのは、コンピュータやタブレットなど新しいメディアを含めた方法である。正しい方法で活用すれば、この方法により、可視化することが困難か不可能だったあなたの教える行為に関する情報を明らかにすることができる。新しいメディアはそれ自体では効果がなく、望ましい効果を達成するためには人の介入を必要とすることが改めて証明された。私たちはソーシャルメディアのアイデアを使用して生徒の問いやフィードバックを引き出し、クラスメイト対クラスメイトのフィードバックをつくりだすのに役立つ多くの成功事例をもっている。この文脈での新しいメディアの主な利点は、わずかな労力で複雑なフィードバックをすばやく簡単に入手できることである。たとえば、利用可能なアプリ（versoapp.com や feedbackschule.deなど）を使用すると、教師はボタンをクリックするだけで生徒に詳細なアンケートを行ない、結果を分析できる。また、生徒は互いに、そして教師に質問することができる。可能性は事実上無限である。ただし、質問の質は非常に重要である。課題、プロセス、自己調整のレベルにある質問を選択して、目標、内容、方法、メディア、場所と時間といった教育の重要な領域に関する最適なフィードバックを得ることができる。

この流れでいうと、授業の最後に達成度テストを行なうことの意義は計り知れないものがある。これは、生徒が最も重要な目標を達成したかどうか、主たる内容を理解したかどうか、方法が実行可能なものかどうか、メディアが有用かどうかを直ちに確認する方法である。テストは単純なクロスワードパズルで構成される場合もあるが、学習ジャーナル［訳者注：学習のためのライティングを集めたものであり、思考を促進するための書き込みをする学習日誌もしくは電子媒体のブログ形式のものもある］へのエントリーや次のクラス会議の準備の割り当ての場合もある。また、イグジット・チケット［訳者注：exit ticket：生徒の習熟度を確認するため、授業のポイントをまとめさせたり生徒の印象に残ったところを確認したり、理解できなかった点をフォローしたり、授業で学んだことをどのように生かすかのアイデアを確認したりするチケット風の記述用紙」が含まれている場合もある。これは、あなたが影響を及ぼしている人に関する強力な形成的情報になる。第2章「アセスメントは自身の影響と次のステップを知らせてくれるものである」ではさらに多くのアイデアが提供されている。

CHECKLIST チェックリスト

あなたが次回授業を計画するときには、以下の点を検討してみよう。

- ■生徒が学習サイクルのどこにいるかに応じて、課題、プロセス、自己調整など、いろいろなレベルで熟慮を伴うフィードバックを提供すること。
- ■自己調整レベルでのフィードバックにけちをつけてはいけないこと。
- ■意味のないフレーズで構成されるフィードバックは避けること。
- ■自身に関するフィードバックを他の形式のフィードバックと混ぜないこと。
- ■よく考えられた意図的なフィードバックを提供すること。飴玉のような物的報酬は学校においてはタブーであること。
- ■さまざまな視点からフィードバックを提供し、過去、現在、未来に関するフィードバックを関連づけるようにすること。

■仲間の力を活用すること。授業に学習者間のフィードバックを組み入れること。

■学習者からのフィードバックを歓迎して、自分の授業を振り返ること。

■局面を授業に組み込み、目標が明確であるかどうか、成功することの意味の基準を理解しているかどうか、内容を理解できるかどうか、方法を活用できるかどうか、メディアが有用かどうかを生徒と話し合うこと。

■たとえば、課題やテストを生徒たちに課すことで、授業の最後における生徒たちの学習レベルを定めること。ここから次の授業をスタートさせること。

■学習を可視化すること。

EXCERCISES
エクササイズ

●本章の最初に記載した自己省察のためのアンケートに戻り、別の色でもう一度回答してみよう。どこが変わったかよりももっと重要なのは、そこに書いたあなたの見方が変わったのはなぜかという理由である。あなたの自己評価について同僚と話し合ってみよう。

●次の授業を計画するときに、教師から学習者へのフィードバック、学習者から学習者へのフィードバック、学習者から教師へのフィードバックのそれぞれに少なくとも1つの局面を組み入れる。この局面を計画する際は、チェックリストを参照してほしい。あなたの計画と授業について同僚と話し合ってみよう。

●次の授業を計画するときは、フィードバック・マトリクスかそのフィールドの一部を使用して、提供するフィードバックができるだけ包括的なものになっていることを確認する。あなたの計画と授業について同僚と話し合ってみよう。

Chapter 7

私は一方向の説明と同じくらい対話を取り入れる

自己省察のためのアンケート

どのくらい同意するかを次の一覧でチェックし、あなた自身を評価してください。

5＝非常にそう思う、1＝まったくそう思わない

●私は□□□がとても得意である

・生徒に内容について話すように促すこと	5	4	3	2	1
・他者と協同して学習を成功させるように生徒を導くこと	5	4	3	2	1

●私は□□□をとてもよくわかっている

・その指示は明確に定式化する必要があること	5	4	3	2	1
・シンク・ペア・シェアの原則など協同学習の方法の利点	5	4	3	2	1

●私の目標は常に□□□にある

・生徒が互いにもっとコミュニケーションをとるよう促すこと	5	4	3	2	1
・生徒に思考と解決の道筋をより頻繁に示すように促すこと	5	4	3	2	1

●私は□□□を強く確信している

・生徒たちが互いにコミュニケーションをとるべきこと	5	4	3	2	1
・生徒たちにもっと頻繁に参加してもらうことが重要だということ	5	4	3	2	1

エピソード
episode

教育における一つの最高の瞬間は、学習者が学習教材について話し合うのを観察し、彼らが意味深い論拠を用いて互いに建設的な批判をするのを目にするときです。学習者が教師になったかのような口調で語るこのような瞬間、ただ身を乗り出して耳を傾けること以外に何かをやろうとは思いません。仲間の力が働き、個人は対話の恩恵を経験します。

1 本章の概略

この「エピソード」は、本章の主たるメッセージを示している。「私は一方向の説明と同じくらい対話を取り入れる」というこのマインドフレームは、他の学習者、教師、親など、他者との交流を基盤にしている。

本章を読み終わったとき、このメッセージを用いて以下のことを説明できるようになるはずである。

■「学級での話し合い」「ピアチューターリング」〔訳者注：学習者が教える側（チューター）と教えられ

る側（チューティー）になり相互に協力して課題を遂行する学習方法」、「小グループ学習」の要因の重要性
■協同学習はどのような役割を果たせるのか
■講義形式の指導とは異なる、確実な習得指導が重要である理由
■「私は一方向の説明と同じくらい対話を取り入れる」というマインドフレームにおいて、「学級規模」という要因が神話である理由

2 マインドフレームを支える要因は何か

『*Visible Learning*（可視化された学習）』〔訳者注：Hattie, 2009：邦訳は[8]頁を参照〕と『*Visible Learning for Teachers*（教師のための可視化された学習）』〔訳者注：Hattie, 2012：邦訳は[8]頁を参照〕ではどちらも、教師は重要であるが、生徒がどのように考え、どうすれば生徒自身が自分の先生になるように育てられ、どうすれば生徒の努力の効果を生徒自身の目を通して知ることができるのかがより重要であることが繰り返し力説されている。この章のマインドフレームには、教師が話すことと説明することと聞くことの正しいバランスをとり、生徒の話し合いを尊重することが含まれる。焦点になるのは、生徒のために学級で行なわれた学習の観点から、教師が自分の影響を聞くことで

ある。聞くということは、あまりに多く話をしすぎないということである。

典型的な学級の授業では、教師は時間の何％を話しているだろうか。ネッド・フランダース（Ned Flanders）は、教室での相互作用を長年研究し、「3分の2」ルールを開発した（Flanders, 1970）。教室で誰かが話している時間の3分の2は、話している人が教師である可能性が3回のうち2回あり、この時間の3分の2は、自分の意見を表明したり、講義したり、指示を与えたり、生徒を批評したりしている。教師の話は依然として教室を支配しており、カレン・リトルトン（Karen Littleton）他によれば、教師は、授業時間の70～90％を「話し」に費やし、生徒を話し合いに参加させていないと主張している（Littleton et al., 2005）。ジャネット・クリントン（Janet Clinton）他は専門的な音声認識アプリケーションを使用して、イギリスの100の学級で1500時間にわたる学級での話し合いを記録したが、その中央値は会話時間の89％が教師によるものだった（Clinton et al., 2014）。

ニストランド（Nystrand, 1997）は、アメリカの25の高校で400の英語授業における教室の談話を調査した。復唱的な話のパターンが圧倒的に普及していることがわかり、観察された指導の約85％は、講義、復唱、着席した状態での活動の組み合わせだった。このような単一の方法は、学習に悪影響を及ぼす。代わりに、対話的に組織化された指導は、生徒の学習を促進するうえで、単一的に組織化された指導よりもすぐれていた。この対話型の話し合いには、教師による本物の問いの使用（受け入れ可能な回答として何があげられるかが事前に規定されていない場合）、察することを促す会話（教師が生徒の応答を後続する質問に組み込む場合）、談話の話題を変更するような生徒の応答を許すところまでが含まれていた。これらの3つの方略は、対話型授業の基盤を形成する。

対話型授業は、次の学習課題を最も適切に遂行できるように生徒の思考を刺激したり拡張したりして、生徒と教師が自分たちの知っていることや誤解していることをより正確に診断できるようにすることを目的としており、発言する生徒が尊重される。これは、質問して答えさせる、教えて練習させる、聞いて教えるといった通常のルーチンではない。とはいえ重要なのは話の量ではなく、対話の性質であることが強調されている。たんに生徒の言うことを聞くだけでなく、あなたが生徒たちの言っていることを聞いて理解したことを示すことを含む。それは、生徒がどのように考えているかを聞いて、促し、反応することによっていかに教えるかを考える方法である。ロビン・アレクサンダー（Robin Alexander）とマイケル・アームストロング（Michael Armstrong）は、これを「足場かけの対話（scaffolded dialogue）」と呼び、これには以下のものが含まれる（Alexander & Armstrong, 2010）。

■子どもたちが考え、多様な方法で考えることを奨励する**やりとり**
■単純に思い出す以上のものが必要な**質問**
■たんに受け取るのではなく、フォローアップして構築する**答え**
■前向きな考えを伝え、導き、奨励する**フィードバック**

■断片化されるのではなく拡張される**発言**
■一貫して深化する探求の道筋につながる**交流**
■これらすべてを可能にする**教室の組織、風土、人間関係**
■**察し**（ある人が別の人のアイデアに反応して前進する）
■**足場かけ**（現在の理解と意図された理解の間のギャップを埋めるための適切な言語的・概念的ヒントを子どもに提供する）
■**移譲**（他で学んだ知識を転移させることでうまく学べて、新しい学習を既存の知識や理解に同化させる）

「一方向の説明と同じくらい対話を取り入れる」とは、こういう意味であり、それは教師と生徒の間だけでなく、生徒同士、生徒と親の間でも行なわれる対話でもある。

以下では、「学級での話し合い」「ピアチューターリング」「小グループ学習」といった魅力的な対話に関連する主な要因を示す。

学級での話し合い

「学級での話し合い」は、『可視化された学習』と『教師のための可視化された学習』の出版の間にデータベースが拡張されたことで追加された要因の一つである。それは0・82の効果量に達

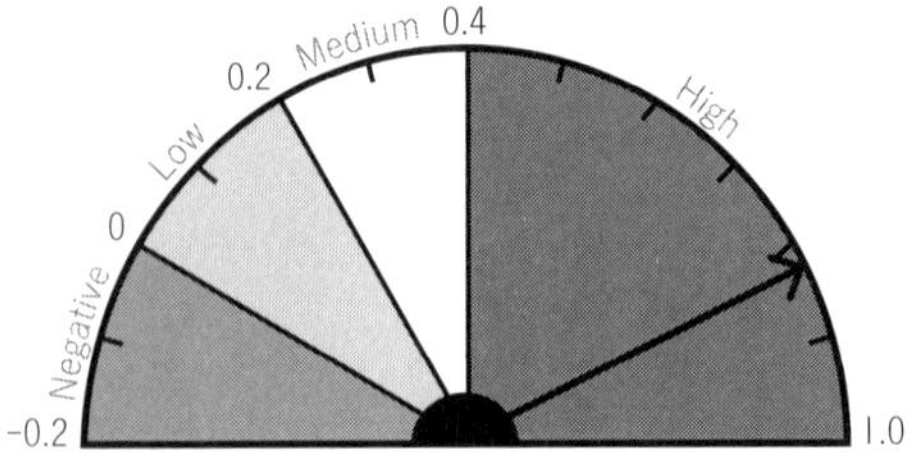

学級での話し合い		
ランキング	メタ分析の数	出版年
7	1	2011
d=0.82		

図 7-1　学級での話し合い（Hattie & Zierer, 2017）

し、ランキングは7位でトップランクに入っている（図7-1）。この方法には何が含まれているのか、なぜそれほど成功するのであろうか。学級での話し合いでは、（a）高度な生徒の活動を伴う、（b）学習プロセスでの対話を通じて学習者の疑問や問題が明らかになる、（c）学習者が教師からフィードバックを受け取る、（d）教師は、教え方について生徒からさまざまなフィードバックを受け取る。このように、学級での話し合いは、大きな効果につながるいくつかの要因が組み合わさっている。その重要な特徴は、対話、口頭形式での学習教材の探求、発話して考えることである。

最近の研究で、ハッティ&ドノヒュー（Hattie & Donoghue, 2016）は、学級での話し合いに最適なのは、生徒が十分に表面的なレベルの内容知を身につけてから、考えを結びつけたり、自分が行なっていることや知らないことを探求したり、自身の知識をさまざまな状況に当てはめようと試みたりするときであるという。学級での話し合いは、すべて

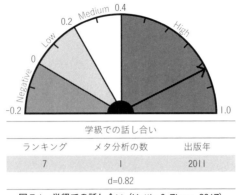

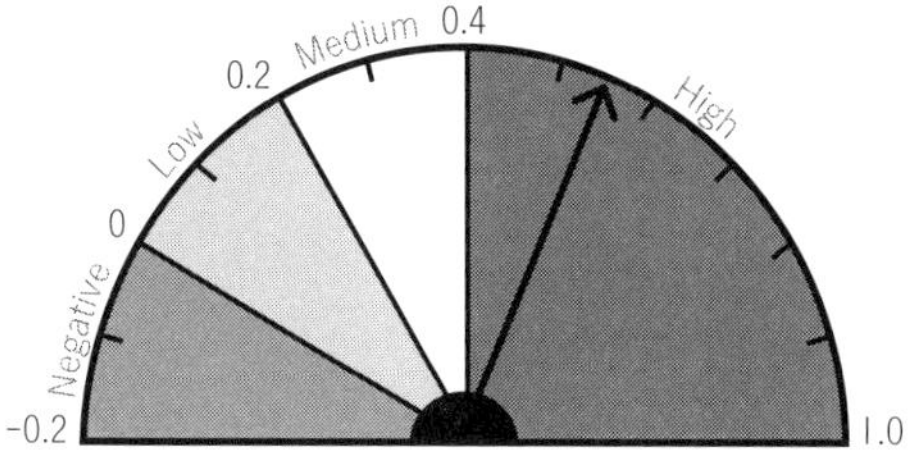

ピアチュータリング		
ランキング	メタ分析の数	出版年
34	14	1977-2007
d=0.55		

図 7-2　ピアチュータリング（Hattie & Zierer, 2017）

の状況に適用できる方法ではなく、学習者とその現在の学習レベル、特に学習する教材にかかわるスキルと表現力に左右される。そうであったとしても、それは明らかに自己調整と深い理解を促進する点において最も影響力のある方法の一つである。

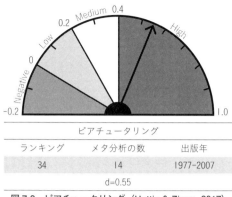

ピアチュータリング

　学習者が教師の役割を引き受けてチューターになるプログラムは、関係するすべての生徒、つまり、教えられている生徒と教えている生徒の両方の学習パフォーマンスに大きな影響を与えることが一貫して示されている。私たちは、ほとんどの教師は部屋で座って人の話を聞くよりも、教える準備をするほうがはるかに多くを学ぶことはわかっていると確信している。しかし、準備のあと、教室に入って話し続けていると、このことを忘れてしまうことがよくある。可視化された学習では、ピアチュータリングの効果量は0・55である（図7-2）。この見識の最も重要な条件は、特にチャレンジするレベルが高すぎると、影響力が急速に弱まり、効果が低くなる可能性があるため、ピアチューターリングが教師の代わりになってはいけないということである。したがって、ピアチューターリングのようなプログラムは、目標が明確であり、教えるプロセスを生徒が見通せるものであること、そして仲間のチューターが自身の影響を評価する方法を知っており監督している教師の活動を補完するものでなければならず、チューターが活動するための合理的な指示を必要とする。したがって、ピアチューターリングにおいても、学習は対話型のプロセスをとり、学習者はたんに指導の消極的な消費者であるだけでなく、常に学習の生産者でもある。

小グループ学習

授業や指導の中で最初に対話プロセスを手ほどきし、次にそれらを成功させようとする教師が直面する困難な課題は、「小グループ学習」という要因に象徴されるだろう。その効果量は0・49であり、これは学習グループの規模に関係する類似の要因とは明らかに矛盾している（図7-3）。「学級規模」を小さくすると、効果量はわずか0・21になる。学習課題に関係なく、学級を長期間グループ分けする「学級内グループ化」の効果量は、わずか0・18である。これらの違いはどのように説明できて、その理由は何なのか。これら後者の2つの要因に欠けているものを見ると、前者のほうが、はるかに影響力があることの理由がわかる。後者はより構造的な変更であり、多くの場合、学級規模の縮小、グループ構成員といった構造こそがすべてにおいて重要になり、異なる構造

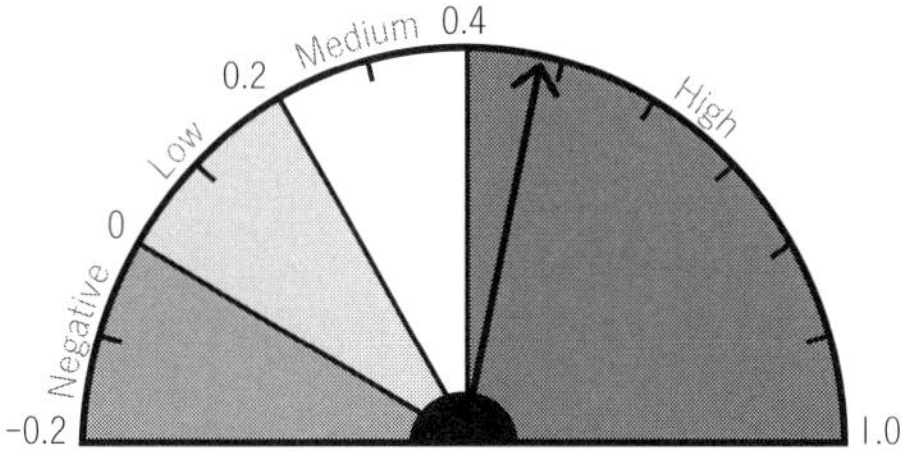

小グループ学習

ランキング	メタ分析の数	出版年
52	2	1977-1999

d=0.49

図7-3　小グループ学習（Hattie & Zierer, 2017）

をとったとしても結果として教え方の性質が変貌することはない。たとえば、学級規模を30人から15人に減らしても同じ方法で教える場合、効果が小さいのは当然のことである。確かに、「教えて練習させる」が25～30人の学級では支配的な教授法であることを考えると、より小さな学級でも「教えて練習させる」を多く使用することは驚くべきことではない。より人数の少ない学級では教師の話はより多くなり、グループ活動が少なく、フィードバックも少なくなる（Hattie, 2009）。学級内のグループ学習の成功には、（学級を減らしたり、能力別学級編成を導入したりするのではなく）教育には特定の目的があり、それは一時的なのもであり、目的に応じて多様な生徒で再構成されるものであるので、教師が小グループの課題のために仕組みをつくる必要がある。学級内のグループ学習は、強化された対話の機会を最適化することができる。学校内または学級で形成された学級内グループの成功は、一方向の説明から効能のあることがわかっている対話に推移させる授業を設計しようと

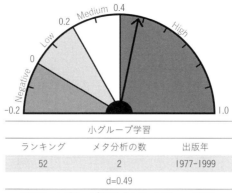

するマインドフレームを教師がもっているかどうかに大きく左右される。

3 協同学習：仲間の力を活用する

「協同学習」という要因は、「私は一方向の説明と同じくらい対話を取り入れる」というマインドフレームを育むことが期待されるため、特別に考慮するだけの価値がある。

まず、協同学習に関連するいくつかの可視化された学習の要因があることに注意すべきである。第1に、協同学習と個別学習を比較したもの（d＝0.59）、第2に、協同学習と競争学習を比較したもの（d＝0.54）、第3に、競争学習と個別学習を比較したもの（d＝0.24）である。これらから結果は明らかである。協同学習は競争学習や個別学習よりもすぐれており、競争学習は個別学習よりも大きな効果に達している。注目すべき協同学習に関するいくつかの重要な発見がある。

第1に、学習者の年齢が上がるにつれて、協同学習の効果量が増加することを研究成果は示している。これは、協同学習が学ばなければならないものであることを示唆している。多くの場合、生徒たちは、自身とグループ全体の利益を最大化するために何をすべきかが既知のことであるかのごとくグループに配置される。そのため、多くの場合、生徒たちは、協同的なグループに配置されるが、ほとんどの時間を個別の活動に費している。小学校で教えたことのある人なら誰でも、生徒たちが集中し、手を挙げて質問に答え、じっと座っていることはもちろん、一緒に活動することがいかに難しいかを知っている。これは、小学校においては協同学習の考え方が適切でないということではない。それどころか、のちの学年での協同学習を成功させるための基礎は小学校にあるといえる。ちなみに、学習者が方法について経験を積むほど、その方法はより効果的になるということは、すべての方法に当てはまる。

第2に、研究はまた、暗記や割り当てられた宿題の完遂といった特定の課題に対して、協同学習が他の方法よりも効果的であることはほとんどないことを示している。したがって、対話構造がなくても完遂できる課題では、協同学習の影響は減じる。「私たちがどのように学ぶか」に関連する要因を統合した最近の結果において、私たちは、生徒が表面的に内容にかかわる情報を取得したあとに、協同学習が成功する可能性が高いと主張した。生徒たちが課題についてよく知っていて、自分の考えに関連づける準備ができているとき、認知的葛藤の状態にあるとき、彼らにとって意味のある2つ以上の考えをもっているが、並べて比較すると互いの対立点が特定できるとき、矛盾した事実や行為を確認する必要があるとき、不安定な状態にあるとき、仮説を試したいとき、古い考えへの反証をあげる準備ができているときであり、これらはすべて多くを知っていることから導かれる。

第3に、同僚間の活動を最大化するために開発できるスキルがあるが、これは、教師だけでなく生徒にも当てはまる。みんなの意見は案外正しいという主張［訳者注：ジェームズ・スロウィッキー

(James Surowiecki) *"The Wisdom of Crowds"* に由来。邦訳は、小高尚子（訳）『群衆の智慧』角川書店、２０１４年」があるが、調査は、グループが各個人によるたんなる貢献の総数にすぎないというよりも、より大きな結果を生み出すためにいくつかの重要な属性が必要なことを示唆している。たとえば、課題が個別の事実に基づくアイテム（パブクイズやゲームショーなど）で構成されている場合、答えが一つに決まっている閉じた質問への回答を提供する際に、グループの最も優秀なメンバーが他のメンバーよりも優位になることが多い。「真実こそ勝利」というシナリオ通りになりやすい。ただし、たとえば原告は有罪か無罪かといったグループの課題で交渉と判断を検討する必要がある場合、たんなる事実のやりとりでは不十分であり、「最も優秀な」メンバーの重要性は、グループに調和をもたらすことに貢献する人に取って代わられる。そのようなメンバーは、「真実志向」よりも「グループ志向」であり、「誠実性（真面目さ）」などの性格特性、「社会的感受性」などのＩＱを超えた認知能力が高い傾向にある。感情的な手がかりを読んで迅速に適応し、他者の話を聞く能力、視点を堂々めぐりの循環的な対立から遠ざけ、生産的な結束に向ける傾向にある。

協働グループ化の価値を高めるこれらの調査結果は、生徒間の対話をつくりだし、グループでの活動方法を生徒に教え、教師の発話の量を減らして仲間が自分の考えや理解を明確に表現できるようにしてくれる。これは、教師が自分の影響を生徒に聞くとともに、生徒が自分たちの考えを聞いて試みるようにしてくれるためである。

4 確実な習得指導：協同学習を補完する

確実な習得指導は、効果量が0・59であり、ランキングの上位に位置するが、非常に誤解されている。「確実な習得指導」という要因については、「協同学習」の要因と同じくらい多くの神話が広まっているので、もっとよく確かめることが重要である。特に重要なこととして、確実な習得指導は、教師が話して説明したり、他の人が作成した答案を頭でたどったり、一連の方法を機械的に追従したりすることだと誤って解釈されることがよくある。確かに、これは直接の指導ではない。確実な習得指導の際立った特徴は、以下のとおりである。

1　授業の**学習意図**が何であるかについて明確な考えがある。
2　教師は、パフォーマンスの**成功基準**としてどのようなものが期待され、いつ、どのように生徒が授業や活動の説明責任を問われるかを理解し、生徒に伝える必要がある。
3　学習課題への**コミットメントと取り組みの姿勢**を構築する必要がある。
4　教師は、モデリング、理解のためのチェック、解決例（範例）を使った作業を提供して授業を実施する必要がある。
5　多くの**解説つきの練習**がある。教師が必要に応じてフィードバックや個別改善策を提供し、各生徒が新しい学習を理解するように活動や演習で具体的に説明する機会を設ける。

6　授業の**クロージャ**［訳者注：closure：授業の最後に、生徒が自分にとって意味のある文脈で情報を整理し、学んだことが自分たちにとってどんな意味があるのかを簡単に話し合う授業のステップ］は、生徒が、今教えられたことを理解するために、自分の頭の中で物事をまとめるのに役立つ。

7　**独立した練習**［訳者注：independent practice：授業を補強するための支援を受けない学習のことであり、予習・復習を指す場合にも用いられる］は、確実な習得指導を実施するときに省略されやすい最も重要な部分である。

このリストは、確実な習得指導と講義形式の指導との違いを明らかにし、前者における対話の重要性を強調している。授業の目標や内容とともに、方法やメディアの使用について明瞭にすることは、教師側が考えを明瞭にしておくだけでなく、特に、教師と学習者の間のやりとり、協同、対立を集中的に扱う局面が必要となる。成功するケースでは、講義形式の指導においてこのことをはっきりさせて一手間をかけている。多くの教育者が確実な習得指導を軽蔑し（繰り返しになるが、講義形式の指導と取り違えることがよくある）、独自の「教えて練習させる」という一方的に話す方法を好むのは皮肉なことである。教育者は、生徒の学習に最も効力のある方法よりも自分が声を発することを好む。確実な習得指導は、多くの否定的な報道があったため、名前を変更する必要があるかもしれない。たとえば、明示的な指導、体系的な習得指導、あるいは、大文字のＤＩや小文字のｄｉといった略語で差別化することである。私たちの主張は、先に示した7項目が結合することで強力になるということであり、この組み合わされたものをより中立的な表現で「熟慮を伴う教え方と学び方（deliberate teaching and learning）」（ＤＴＬ）と呼ぶことにする。

したがって、ＤＴＬは、教師と学習者の両方が、誰が、何を、いつ、なぜ、どのように、どこで、誰とそれを行なうのかを正確に知っている指導法である。演出家や指揮者のように、教師は方法論をじょうずに使い、授業をとおして学習者を導くのであるが、同時に、生徒たちに自身の学習に積極的に取り組む機会を与える。ＤＴＬを実施するには、対話が有効であり、教師はすぐれたリスナー（傾聴者）にならなければならないし、重要なこととして、教師がすぐれたリスナーであることを生徒たちに示す必要がある。ＤＴＬの成功は、目標、内容、方法、および生徒と教師の両方の進捗状況について、教師と学習者の間で理解を深めるところにある。言い換えれば、教師の明瞭性は学習者が明瞭になることにつながり、両者の間の相互作用は迷うところのない指導へと導く。

5　学級規模：重要ではあるが対話にはどうしてもというわけではない

最初にはっきりさせておくが、特に多くの効果的なことを可能にするので、私たちは少人数学級に賛成である。可視化された学習における研究の概要は、学級規模の縮小による全体的な効果はプラスに働くことを示している（約０・20）。これは、学級規模を小さくすると達成度が上がることを意味している。それがプラスの効果量の意味である。ただし3つの疑問がある。「この効果が他の多くの効果に比べて非常に小さいのはなぜなのか」「教師の専門知識の向上に数億円を費やすのではなく、学級規模をさらに縮小するために数億円を費やす必要があるのか」「この効果量をどのように高められるのか」である。

効果が非常に小さい主な理由は、少人数の学級（15〜20人の生徒）に配置されたときと比較して、同じ教師がより大きな学級（通常は25〜30人の生徒）に配置されたときに何が起こるかを研究することで明らかになる。先に述べたように、大規模な学級では「教えて練習させる」が優勢であり（『可視化された学習』で述べたように、全体的に機能している）、これらの教師が小規模な学級に配置されると、さらにもっと多く教えて練習させることが行なわれる。少人数の学級で学ぶ機会を最適化するためにメソッドを変更することはないのである。全体的な効果量が約0・20である主な理由は、少人数学級では指導の効果を生徒が打ち消してしまうことができなくなったからである。したがって、プラスの効果は、教師が自分の行動を変えたからというよりも生徒の働きによるものというのは皮肉なことである。

異なる規模の学級を考慮した研究を全般的にみると、生徒が切り出した質問の割合、生徒から始めた発言の割合、課題から外れていった生徒の割合、読解や数学において支援を待っている時間、学級の雰囲気、テキストの範囲、個別の作業時間や管理タスクに違いがないことがわかる。妨害行動を減らすための効果はごくわずかだった。少人数の学級では、学級全体での授業が増え、授業の振り返りに時間がかかり、個別化が減り、教師と生徒のやりとりが減り、生徒の質問が減った。学校に対する生徒の態度、自己概念、学級での課題への参加に違いはなかった（Hattie, 2009を参照）。

少人数学級において最適な学習機会を得るために、教師を再教育することができる。たとえば、生徒が少人数の場合には、対話の機会を最大化すれば、よりよい効果が得られることが見込まれるので、それは多くの教育者の教える方法に根本的な変化をもたらすだろう。当然のことながら、一方向の説明が少なくなれば、対話が多くなることは学級の生徒数に関係なく起こりうることである。重要なのは対話である。

ここでは、学級規模の縮小が無意味であることや、学級規模を自由に増やせばよいことを示唆しているわけではない。これは、エビデンスの誤った解釈のもう一つの例である。学級規模縮小の効果量はプラスであるため、学級規模を縮小すれば結果は向上する（ただし、効果はそれほど大きくない）。私たちが示唆しているのは、教師が構造的な変更を利用して別の方法で物事を行なう場合、学級規模を縮小してもほとんど影響がない（影響がなかった）ということである。ただし、教師がこれらの構造的変更を利用してより集中的な対話を行なうことに成功した場合、結果はさらに向上するかもしれない。

❻ 何から始めればよいか

学級での対話のレベルを高める方法を見つけることほど多様な分野はほとんど他にはない。ジグソー法、フィッシュボウルからプレースマットアクティビティまで、可能性は事実上無限に広がっていて、新しいアイデアが常に導入されている。協同学習の要素を授業に取り入れることは、構造的でありかつよく考えられた手法で生徒の対話を最大化することを目的としていることから、まずはじめに行なうべきである。そのためには、グループの全員をこの対話に参加させ、生徒の学習と理解について対話の影響を評価する必要がある。ただし、ここでも覚えておくべき重要なことは、たんに方法を選択するだけではないということである。もっと重要なのは、選択した方法が実際に成功したことを確認することである。言い換えれば、あなたにとって鍵となるのは学習のエビデンスであり、指導原理は「汝の影響を知りたまえ」でなければならない。

英語圏における協同学習の一般的な形式は、シンク・ペア・シェア(think-pair-share)の方略である。これには3つのフェーズが含まれる。最初のフェーズ(考える)では、学習者は自分で話題に関する個々の考えを思い浮かべる。第2フェーズ(ペア)では、小さなグループになり、考えについて話し合い、比較する。最後の第3フェーズ(共有)では、第2フェーズの結果を学級全体に示す。

学習の対話力を最大化するために、以下に述べる協働的なグループ化の方法も検討してほしい。

ジグソー活動（d=1.09）

ジグソーパズルと同じように、最終作品を完成させて完全に理解するには、各ピース（各生徒のパート）が不可欠である。各生徒の役割が不可欠ということは、各生徒は一人でも欠かせないということであり、それこそがこの方略を非常に効果的にしている理由である（www.jigsaw.org/#overview）。ジグソー法を用いる方法を説明するために、（これは私たち自身のワークショップでよく使用する課題であるが）、『可視化された学習』の本からの５つの影響に基づいて５つの読解を課す課題を想像してみよう。

1　５人掛けのテーブルに座る。A、B、C、D、Eが誰のことか同意する。

2　人物Aは、学級での話し合いなど、数ある影響のうちの１つを、Bは教師の明瞭性のところを、Cは協働のグループ化のところを、Dは確実な習得指導のところを、Eは学級規模のところを読んでメモする（約12分）。

3　その後、As全員が集まり（Bs、Cs、Ds、Esも集まる）、注意すべき話題、主なメッセージは何かなどについて話し合う（約15～20分）。能力に関係なく、すべての生徒がそれぞれにとって無視できない内容と考えについて互いに教え合い、学び合うことができるところに価値がある。

4　その後、生徒はもとのグループに戻り、主要な発見と理解したことを他者に報告する。これにより、各グループには５セットの考えと理解した内容がもたらされる。このステップの主な目的は、5つの無視できない主要な考えの間の関係を見とることである。

5　次に、各グループが主要な考えを共有し、グループ全体の話し合いが行なわれ、これら5つの成功事例の根底にある主要なテーマを全員が確実に理解できるようにする。

6　各グループは、提供されているいくつかの授業計画のうちの1つか2つを検討する。課題は、各パーツの組み合わせから学んだことに関連して、授業計画の内容と各自が持ち寄った考えを検討することである。

強みは何であるか、そしてこれらの影響に関連して発見したことに基づいて何を変えることができるか。

ジグソー法

ジグソー法（group puzzle）では、最初に学級をエキスパート（専門家）グループに分割する。各エキスパートグループは、授業で扱う話題をさまざまな角度から準備する責任を有する。次に、グループが再配置され、少なくとも1人のメンバーが各エキスパートグループを代表する。新しいグループでは、学習者は各エキスパートグループの結果について報告し、話し合う（図7-4）。

フィッシュボウル

学級は内側と外側の円になって分かれる。内側の円の生徒は教師によって割り当てられた話題

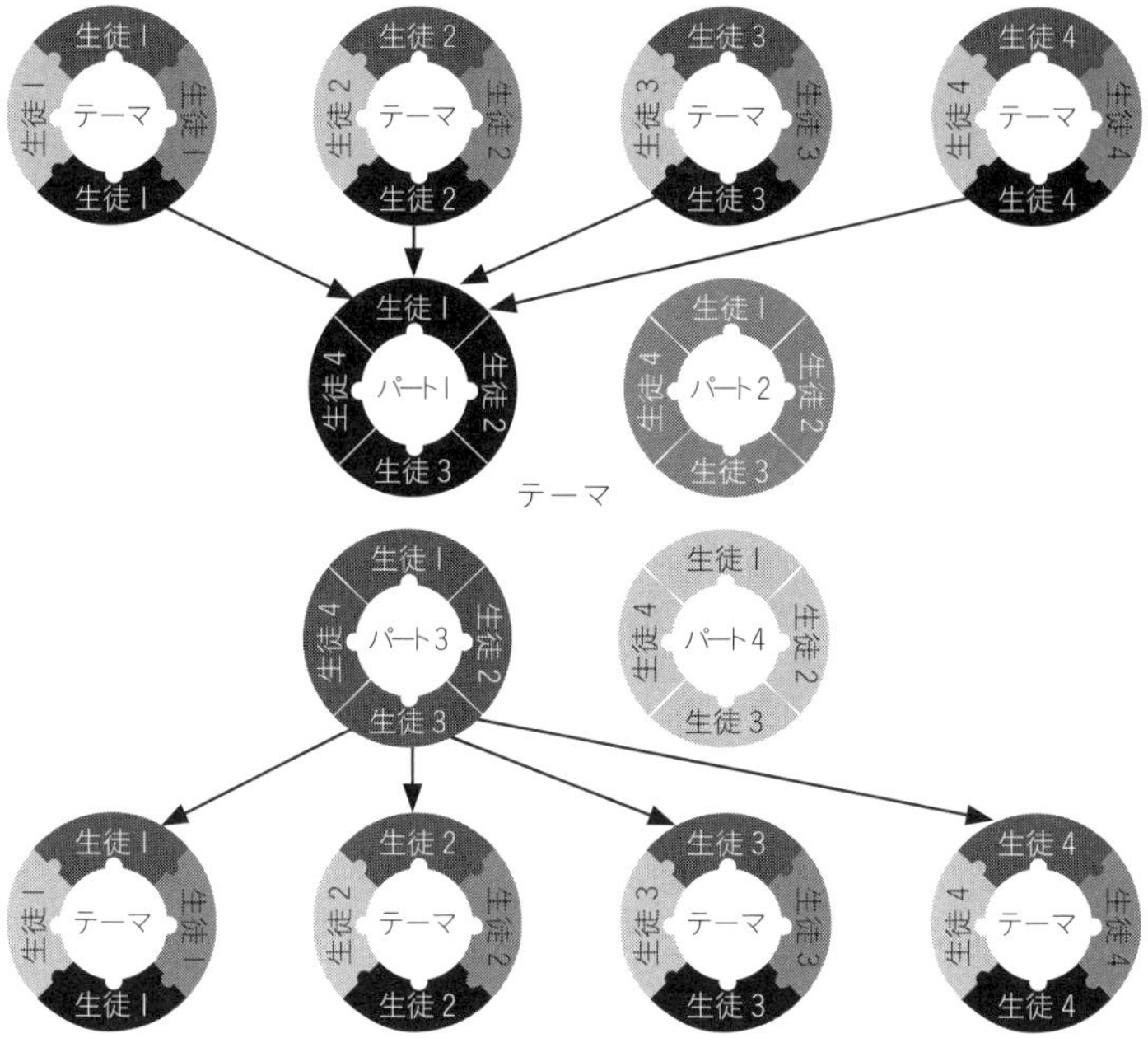

図 7-4　ジグソー法（Hattie & Zierer, 2017）

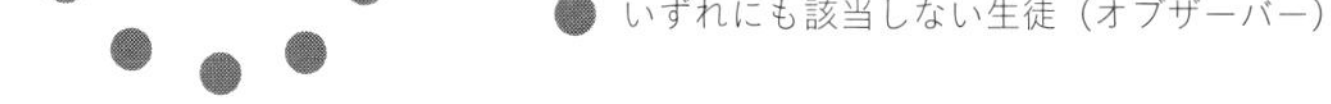

図 7-5　フィッシュボウル（Hattie & Zierer, 2017）

について話し合うという課題に取り組み、外側の円の生徒はオブザーバーとして機能する。内側の円のメンバーは、外側の円のメンバーとバトンタッチすることを決定できる（図7-5）。

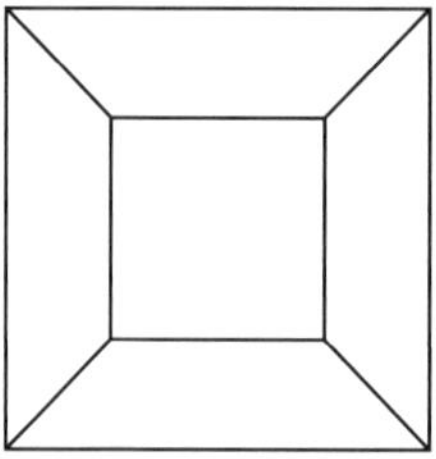

図7-6　プレースマットアクティビティ（Hattie & Zierer, 2017）

プレースマットアクティビティ

学級を4人グループに分けたあと、教師は学習者に対し、まず単独で課題に取り組み、プレースマット〔訳者注：線で区切られた書き込み用の模造紙〕の一角に解決策を書き込むように依頼する。次に、グループの各メンバーは、他のメンバーによって提案された解決策を読み、それらについて議論する。グループは共通の解決策に同意したら、プレースマットの中央にそれを書き込む（図7-6）。

協同学習を授業に組み込み、対話へと差し向けるために、この多様な可能性を活用しよう。ただし、この方法は成功を確実にする秘訣ではなく、一定の可能性として生徒の学習にプラスの効果をもたらすことがかつて示されたものでしかないことを忘れないでいてほしい。あなたが選んだ方法はあなた自身の授業でも成功するというエビデンスを探すことの責任からあなたは逃れられたわけではない。このことは、

第6章「私は生徒にフィードバックを提供して理解できるように支援し、私に与えられたフィードバックを解釈して行動する」において示したとおりである。

CHECKLIST チェックリスト

あなたが次回の授業を計画するときには、以下の点を検討してみよう。

■対話の局面を授業に取り入れる。
■授業計画を確実な習得指導の原則に差し向ける。
■授業を行なう前に、目標、内容、方法、メディアについて明確にする。
■目標、内容、方法、メディアについて生徒が理解できるように注意する。
■授業を計画するときに、選択した方法の効果を可視化するように検討する。
■特定の課題を遂行させる目的でのみ、学級をグループに分ける。
■それ自体を目的として、生徒をグループに配置することは避ける。
■協同学習を通じて仲間の力を活用する。
■授業に対象となるインプットの局面を必ず組み入れる。これは、対話の局面を準備し、考えを紹介し、コメントし、強化し、フォローアップするために重要である。

EXERCISES エクササイズ

- 本章の最初に記述した自己省察のためのアンケートに戻り、別の色でもう一度回答してみよう。どこが変わったかよりももっと重要なのは、そこに書いたあなたの見方が変わったのはなぜかという理由である。あなたの自己評価について同僚と話し合ってみよう。
- 次の授業を計画し、協同学習の局面を組み入れて、学習者からフィードバックを入手しよう。計画、授業、フィードバックについて同僚と話し合ってみよう。
- 授業計画をこの章に示されている確実な習得指導の特徴と比較し、明確に欠けていると感じた点を修正する。その修正点について同僚と話し合ってみよう。

Chapter 8

何ができたら成功なのかを最初から生徒に明確に伝える

自己省察のためのアンケート

どのくらい同意するかを次の一覧でチェックし、あなた自身を評価してください。
5＝非常にそう思う、1＝まったくそう思わない

●私は□□□がとても得意である

・学習の目標が何であるか生徒に示すこと	5	4	3	2	1
・学習の成功の基準が何であるかを生徒に示すこと	5	4	3	2	1

●私は□□□をとてもよくわかっている

・学習には明確で挑戦的でわかりやすい目標が必要であること	5	4	3	2	1
・成功の基準を可視化することは生徒にとって必要不可欠な支援であること	5	4	3	2	1

●私の目標は常に□□□にある

・明白で挑戦的でわかりやすい授業のねらいを設定すること	5	4	3	2	1
・生徒に成功の基準を示すこと	5	4	3	2	1

●私は□□□を強く確信している

・明確で挑戦的でわかりやすい目標を確立することが私の仕事であること	5	4	3	2	1
・成功の基準を可視化することが生徒にとって重要であること	5	4	3	2	1

episode《エピソード》

　以下の状況を誰もが経験していることでしょう。教師は、グループワークについて適当に説明してさっさと教室を出ていってしまい、生徒だけが残されて課題に取り組みます。生徒は、グループワークの肝心の目標が何なのか、どうすればいいのか理解しようとがんばります。生徒はしばらく考え、ようやく理解できたところに教師が戻ってきて、課題の答えをたずねます。生徒たちは何も答えられません。なぜなら、課題に取り組む時間がなかったからです。もし、教師が最初に時間をかけて、生徒が何を学ぶべきか、なぜ、何のために学ぶのか、次のステップの目標は何かを生徒に説明していたなら、その授業はどれほど違ったものになっていたでしょう。ちゃんと話し合っていたなら生徒が黙ることもなく、学習を可視化することができたのです。

1 本章の概略

この「エピソード」は、本章の主たるメッセージを示している。学習を成功させるには、学習プロセスだけでなく学習成果に関しても、明確にすることが必要である。教室で教師が成功の基準を生徒にはっきり示すことができれば、それだけ生徒も効果的に、しかも継続的に学習できる。

本章を読み終わったとき、このメッセージを用いて以下のことを説明できるようになるはずである。

■「解決例（範例）を使った作業」と「完全習得学習」という要因がどれほど重要であるか。
■学習を可視化し教育を成功させるには学習目標と成功の基準が重要であること。
■「可視化された学習の輪」が何を意味し、それを実行する可能性はどれほどあるのか。

2 マインドフレームを支える要因は何か

学習を成功させるための基準を学習プロセスのどの段階で生徒に知らせる必要があるか、という議論は今も続いて、それらはまったく異なる立場をとる。一方には、生徒を動機づけその効果を持続させるにはストレス曲線を考慮し、生徒にはできるだけ長い時間、手探りで学習させたほうがよいという意見がある。他方、学習プロセスのできるだけ早い段階で、学習の目標と成功の基準を生徒に示したほうがよいという意見もある。

私たちはどちらの立場も擁護しない。なぜならそのタイミングは学習目標によるからである。たとえば、問題解決そのものに注目するならば、あとから達成目標を明らかにするのもよいだろう。しかし、実証的な研究の知見によると、教室では、ある時点で成功の基準を生徒に示し、それについて話し合うことが必要だという。いつ学習目標や成功の基準に到達したか確認することができれば、それは間違いなく生徒の役に立つ。学習の成功の基準を明確にせずに教えると、生徒は成功の機会に気づかないこともある。

したがって、学習目標に到達するにはいろいろな方法があるが、学習を持続し成功させるには目標を達成する前に成功の基準を明らかにすることが必要である。このように考えると、「何ができたら成功なのかを最初から生徒に明確に伝える」姿勢が、教育を成功させるためには不可欠であると思われる。可視化された学習には、これまで述べてきたことを支持する要因が数多くある。

解決例（範例）を使った作業

生徒に解決例（範例）を示すのは、学習目標と成功について実地に教える有効な手段である（図8-1）。一般的に、解決例（範例）には、課題の説明と適切な解決へのステップがあり、次の3つ

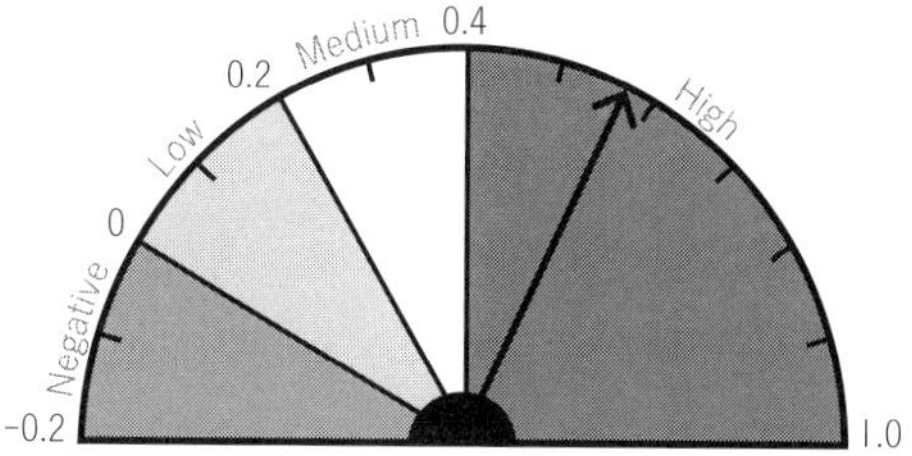

解決例（範例）を使った作業		
ランキング	メタ分析の数	出版年
32	1	2006
d=0.57		

図 8-1　解決例（範例）を使った作業
(Hattie & Zierer, 2017)

の部分に分けられる。（1）導入場面（具体例の提示）、（2）仕上げまたは練習の場面（解決への道）、（3）テストの場面（学習の評価）である。こうした学習目標に向けて計画されたプロセスの中で、解決例（範例）は生徒たちの認知負荷を軽減する。生徒たちは、たんに正解・不正解だけを与えられる場合と違って、正解にいたるプロセスに集中して取り組み、学習成果を成功の基準に一致させようとがんばることができる。

教師は、解決例（範例）を示すことによって、手当たり次第に調べる無駄を省くことができる。つまり、生徒たちは問題解決へのプロセスに集中できるので、その結果、一般化された解法やスキーマを引き出す可能性が高まる。重要なのは、答えが正しいかどうか、あるいは取り組みが期待したレベルに達したかどうかではなく、学習プロセスである。シュとサイモン（Zhu & Simon, 1987）は、長期にわたるいくつもの研究の結果、解決例（範例）を用いた授業では、そうでない従来の授業の1・5

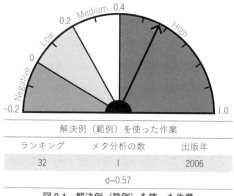

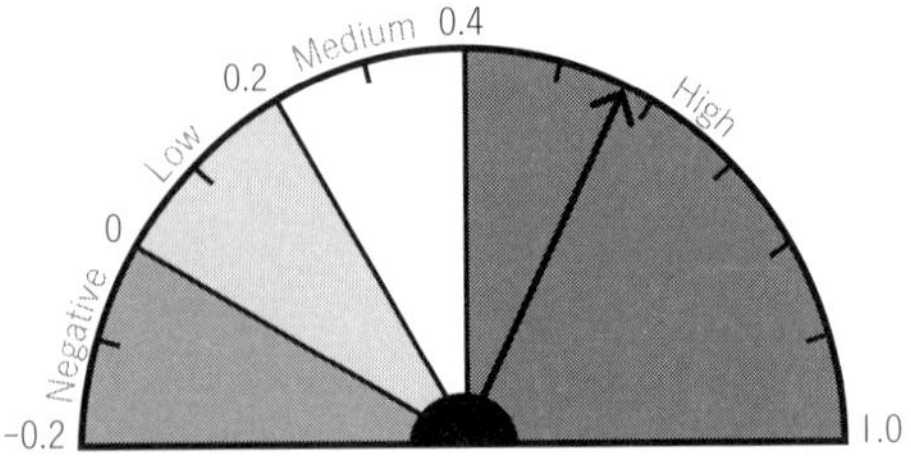

完全習得学習		
ランキング	メタ分析の数	出版年
31	9	1976-1990
d=0.58		

図 8-2　完全習得学習（Hattie & Zierer, 2017）

倍もの学習成果が得られたと報告している。パーズとメリエンバウアー（Paas & Van Merriënboer, 1994）は、幾何の問題を解くときに教師が解決例（範例）を示すことにより、認知負荷が小さくなり、スキーマの構築を助け、学習の転移〔訳者注：以前に行なわれた学習がのちの学習に影響を及ぼすこと〕が促進されたことを示した。

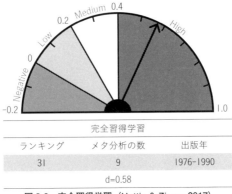

完全習得学習

完全習得学習の基本概念は、課題と完全習得について十分な説明があれば、どんな子どもも学ぶことができる、というものである（図8-2）。完全習得は、大雑把に言えば、生徒が一定レベル（たとえば、単語テストで85%など）を達成してはじめて次の新しい学習に進んでよいとする。十分なフィードバックがあり、明確な成功の基準が示され、しかも学習内容が適度に難しくて興味をひくものであれば、教授と学習の好循環が生まれる。生徒によって異なるのは熟達レベルではなく、そこに到達するまでに必要な時間と方法なので、完全習得学習では生徒に適した効果的な支援を与えることが可能となる。また、完全習得学習では、教え方が学習にどんな影響を与えるかを把握し、生徒が熟達レベルに到達するのを支援できるように教え方を調整できる教師の力量が重要となる。生徒も教師も最終到達レベルを知っているので、「よくできました、それでいい」とは言わない。しかし、生徒にとって完全習得をめざすのに適したレベルで、時間や構成も生徒にふさわしい学習サイクルを設定するには相当な準備が必要であることは確かである。

習熟度テストの影響は、学力の低い生徒に特に強く表われる。こうした生徒は平均25％増の指導時間が必要だからである。ブルーム（Bloom, 1984）は、生徒によって学習速度には大きな差があるが、教師が適切な時間と学習条件をそろえられれば、ほとんどの生徒が、達成感を得られるくらいの成功基準に到達できると述べている（Guskey, 2010を参照）。

3 目標と成功の基準：双子のような目

ここまでの結果は、教育の成功に不可欠な相互作用、つまり、学習の目標と成功の基準は一枚のコインの裏表であり、その影響については互いに依存し合っていることを示している。そのため、一方の基準が可視化されたとき、もう一方の基準がはっきりする。二者の関係は、学習プロセスの最初に学習目標を示して到達目標を明らかにすれば、その到達目標が達成されたときに成功の基準が可視化され、生徒も目標に到達したことを確認できる。

このように考えると、教師は、学習目標が何でありいつそれが達成されたか確認するだけでなく、その情報を生徒と共有し、学習課題としてはっきり示すことが重要になってくる。

次の項では、学習目標と成功の基準の相互作用および関係性について解説する。そのために、第5章で取り上げたＳＯＬＯタキソノミーモデルに従って行なわれた一つの授業を例として取り上げる。（Hattie, 2012を参照）。

学習の意図と成功の基準

次頁の例は、実証的研究でこれまでに明らかにされたことを示している。つまり、目標と成功の基準が学習を成功させるのに重要であり、そこから5つの教育的示唆が得られるという。

第1に、チャレンジ（挑戦）である。学習目標を可視化し成功の基準を明確にすることによって、生徒は自分が学習プロセスのどこにいて、自分の強みと弱点はどこで、できることとまだできないことのズレがどこにあるのかよく理解できるようになる。それが正しく理解されず、しかも、成績に関係のない個人的な側面にばかり指導が向けられると、生徒に緊張感を与えることになる。主題と学習目標に焦点が当てられると、生徒の緊張がやわらぎ、間違いについて正しく判断できるようになる。

SOLO1: 光と音は耳と目によって感知されるエネルギーの一種であることを認識しよう

単一構造レベル、多構造レベル（1つの考え、複数の考え）	光と音はエネルギーの一形態で、特性をもつことを認識している。	私は光と音についていくつかの特性をあげることができる。	□
関連づけレベル（関連する考え）	音と光は他のエネルギー形態に変換できることを知っている。	私は光と音がどのようにして他のエネルギー形態に変換するか説明できる。	□
拡張された抽象化レベル（拡張する考え）	光や音によるコミュニケーションの仕組みを理解している。	私は光や音がどのように私たちのコミュニケーションを可能にするか話し合うことができる。	□

SOLO 2: 垂直線を引き、角度を測り、反射の法則を定義してみよう

単一構造レベル、多構造レベル（1つの考え、複数の考え）	正しい角度の垂直線を含む光路図を描くことができる。	私は角度を正しく測って光路図を描くことができる。	□
関連づけレベル（関連する考え）	「入射」と「反射光」を関連づけながら反射の法則を定義することができる。	私は「入射」「反射光」「垂直線」「なめらかな表面」を関連づけて反射の法則を定義することができる。	□
拡張された抽象化レベル（拡張する考え）	反射の法則は、あらゆる平面について真実であることを理解し、表面がざらざらな場合に何が起こるか予測できる。	私は、ざらざらした表面で光が反射したときにどうなるかを予測し、なぜそうなるのか説明することができる。	□

SOLO 3: 凹面鏡と凸面鏡がどのように働くか理解するために光線ボックスを使ってみよう

単一構造レベル、多構造レベル（1つの考え、複数の考え）	凹面鏡と物質の距離を変えると結ぶ像の見え方が変わることを知っている。	私は物質を鏡に近づけたり遠ざけたりすると凹面鏡に写る像が変化することを理解している。	□
関連づけレベル（関連する考え）	なぜ凹面鏡が「収束鏡」で、凸面鏡が「発散鏡」と呼ばれるか説明することができる。	私は（図を使って）なぜ凹面鏡と凸面鏡が、それぞれ「収束鏡」「発散鏡」と呼ばれるのか説明することができる。	□
拡張された抽象化レベル（拡張する考え）	凹面鏡と凸面鏡の光の反射のパターンを理解し、一般化することができる。	私は凹面鏡と凸面鏡の光の反射のパターンについて一般化して述べることができる。	□

第2に、自己責任である。学習目標を可視化し成功の基準について話し合うことは重要で、学習に対して生徒に責任をもたせることにつながる。それがうまくいけばそれだけ学習成果は大きくなる。先に述べたチャレンジに加え、社会的なつながりや仲間の影響力が強い自己責任へと導く。

第3に、自信である。自分自身の能力を信じることが学習を成功させるのに重要である。これは自己効力感を信じた結果であり、また、社会的なつながりの結果でもある。とりわけ、教師が学習目標を可視化し成功の基準を示すことによって、生徒が今何ができてどこまで力を伸ばしたのか生徒に示すことができる。これに基づいて挑戦的な課題を課すのだが、それは生徒が十分に達成できるものであって、生徒に過度な負荷をかける無理難題ではない。

第4に、生徒の期待である。学習目標を可視化し成功の基準を示すことにより、生徒は自分について現実的な期待を抱くようになり、自身を評価することができるようになる。こうしたことは必ずしも容易ではなく、何度も話し合ったり振り返りをしたりすることが必要である。しかし、それができることが成功する生徒の特長なのだ。

第5に、概念の理解である。学習は表面的な理解から深い学びへと進む。どちらがより重要だとかよりよいということではない。むしろ、一方は他方の上に成り立っており相互に関係している。こうした相互作用を理解することが概念理解といわれるものである。自分がどのレベルにいて、なぜそのレベルが大切で、次の段階が何であるかわかっている生徒は、より効果的に、しかも継続的に学ぶことができる。学習目標を可視化することと成功基準について話し合うことは教師にとって重要なツールである。

4　何から始めればよいか

2015年に学校改革のプロセスを描いた「革命学校」という番組がオーストラリア全土で上映され、複数の分野からなるドキュメンタリー番組として話題になった。それはカンブリア大学（Kambrya College）の話で、オーストラリア髄一の最低の大学から最高の大学の一つになろうと踏み出した。2002年にメルボルンから50キロ離れたバーウィクという街に設立され、現在1000名を超える学生が在籍するが、そのうち25%以上がもとは移民であり、35か国を超える国籍をもつ学生がいる典型的な21世紀型の学校である。2008年には「赤の学校」、つまりレベルも低く、成長も遅い学校としてマークされた。そこで、学校経営チームはマイケル・マスカット（Michael Muscat）校長を筆頭に、まずメルボルン大学大学院との交流に着手した。この交流の中で学校の改善を押し進める戦略がいくつも打ち出され、さまざまな策が施され、ほどなく学校改革は成功した。この成功は、リーダーチームと教師の献身と情熱によるところが大きい。彼らは調査し、実践し、修正し、結果を繰り返し吟味した。こうしたことを考慮して、プロ化への第一歩として、たくさんの介入策の中からマインドフレームの核となる考えを明確にできるものを一つ選ぶことにする。

集中的な交流プログラムの中で、教授陣は教室における授業を成功させるための重要な要因を可視化し、繰り返しそれに取り組むことに同意した。「目標」と「成功の基準」という要因に重点を置くことにしたのだ。もちろん、他の要因をあげることもできるだろう。しかし、何より重要なのは、まず、教授陣が学習を成功させる教育の質について議論したという基本的なプロセス、そして次に、そこで理解したことをすべての指導の基本方針とすることに同意したことである。このようにして授業の質が、教師だけでなく学生たちにも可視化されることになった。学校が設定したこの目標は決して容易なものではなく、授業はエビデンス志向となる。つまり、学生がなぜ自分は学んでいるのかわからないような授業や、成功の基準が学生に示されない授業、そして、学生がどのメディアを何のために利用しているのかわからない、そんな授業はもうない。

最終的に、こうした意見交換とその結果得られた教授についての理解がカンブリア大学の成功をゆるぎないものにし、州の下位10％から上位20％に上昇させた。効果に対するみんなの期待の高まりが大きな変化をもたらしたのだ。ここまでのプロセスと同意が得られた方法に、やってみる価値のあるエビデンスに基づく新たな道がありそうだ。

だから、授業の成功の基準をはっきり定義しようと同僚に話してみよう。それは教師にとっては自分を拘束するものとなるが、生徒には可視化されたものとなる。その成功の基準を教室の片隅でなく中央に据えて、授業中確認しよう。学習の可視化、チャレンジ、自己責任、信頼や正当な期待、

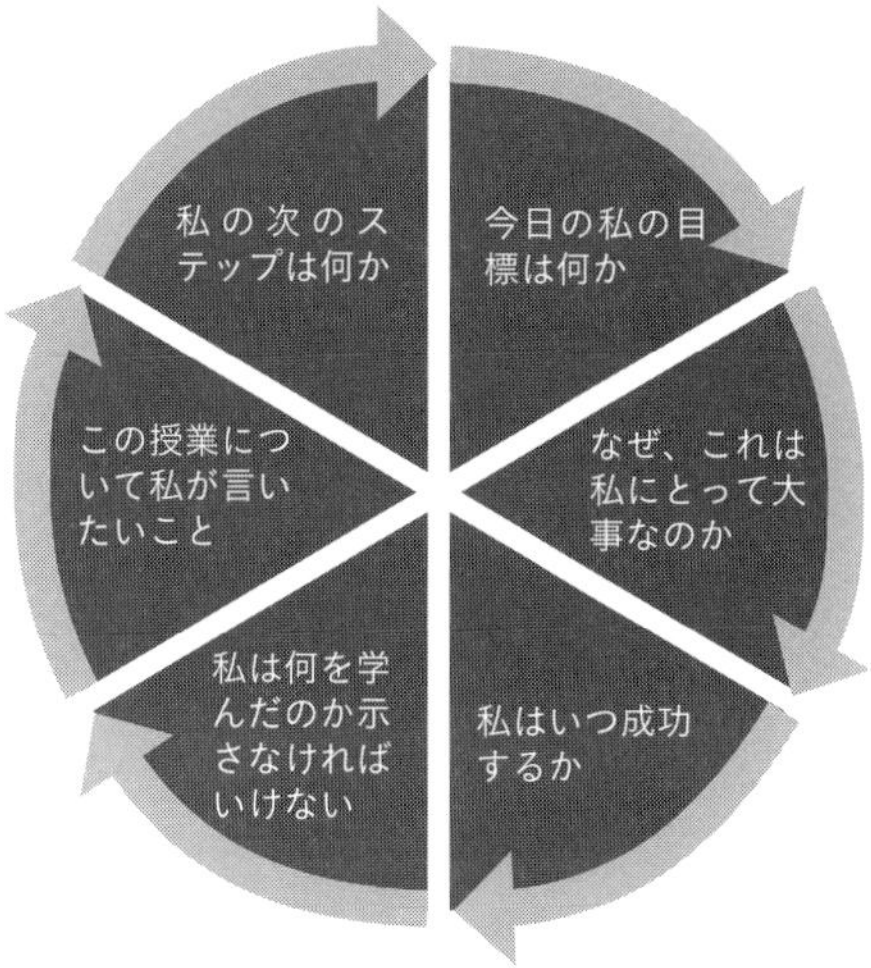

図 8-3　可視化された学習の輪

そして概念理解を築き上げよう。このようにしてあなたは「何ができたら成功なのかを最初から生徒に明確に伝える」というマインドフレームの実行に向けて決定的な一歩を踏み出すことになる。カンブリア大学の事例に基づく「可視化された学習の輪」を概観してみるとよい（図8-3）。

ここで誤解を避けるために一言つけ加えておくが、「可視化された学習の輪」はコルセット（矯正具）ではなく、プロ化への道を集合的に示したものである。つまり、教師にとっては基本的な姿勢を示すものであり、生徒にとっては学習と指導の関係を可視化するものである。だから、この概観図が必要とされるのだ。

CHECKLIST チェックリスト

■常に授業の目標に合わせて適切な成功の基準を作成する。
■成功の基準を学習プロセスの中で可視化する。
■学習プロセスでケーススタディ（具体事例）を紹介して、学習目標と学習の成功基準を可視化する。
■学習の目標を修正し成功の基準を示すことを授業の到達目標とする。
■生徒が成功の基準を理解したかどうかフィードバックで確認する。

EXERCISES エクササイズ

●本章の最初に記載した自己省察のためのアンケートに戻り、別の色でもう一度回答してみよう。あなたの考えが変わったのはどこだろうか。それはなぜだろうか。あなたの自己評価について同僚と話し合ってみよう。

●解決例（範例）を入れて次の授業計画を準備しよう。その授業計画と実施の方法について同僚と話し合ってみよう。

●仲間と一緒に可視化された学習の輪をデザインし，生徒にとってのメリットについて学習の観点から同僚と話し合ってみよう。自分の経験について同僚と話し合い，エビデンスに基づいてこのツールを発展させよう。

Chapter 9

間違えても他者から学んでも安心して学習できるように人間関係と信頼を築く

自己省察のためのアンケート

どのくらい同意するかを次の一覧でチェックし、あなた自身を評価してください。
5＝非常にそう思う、1＝まったくそう思わない

●私は□□□がとても得意である

・生徒の環境を考慮すること	5 4 3 2 1
・学級の一員であるという感覚を確立すること	5 4 3 2 1

●私は□□□をとてもよくわかっている

・生徒との良好な関係が重要であること	5 4 3 2 1
・生徒の環境が学習に多大な影響を与えること	5 4 3 2 1

●私の目標は常に□□□にある

・生徒に私を信頼させること	5 4 3 2 1
・生徒同士の信頼関係を築くこと	5 4 3 2 1

●私は□□□を強く確信している

・生徒との良好な関係が重要であること	5　4　3　2　1
・学級に公平で肯定的な雰囲気をつくることが重要であること	5　4　3　2　1

episode《エピソード》

学級で初めて発表するときに不安を感じない子どもなんてほとんどいません。こうした状況で教師にできることもほとんどありません。生徒は、「心配だ」「言うことを忘れたらどうしよう」「失敗したらどうしよう」「クラスメイトに笑われたらどうしよう」「私にはできない」などと言うでしょう。こうした発言は生徒が助けを求めているサインかもしれません。前もって教師と子どもが発表についてどんなに話し合ったとしても変わりません。発表のときがくればすべての理屈は消え失せます。子どもには自信と信頼を感じられる雰囲気、つまり、子どもが安心して発表できる雰囲気が必要なのです。

1 本章の概略

この「エピソード」は、本章の主たるメッセージを示している。学びには、生徒と教師、あるいは生徒同士の、良好な関係が必要である。したがって、指導は基本的に構築された関係のうえに成り立っており、その関係が安心でき信頼できるものであるほど、子どもはより多くのことを学ぶ。こうした良好な関係があってこそ学びが成立する。つまり、生徒が困ったときに助けを求めたり、再挑戦したり、仲間と相談できるような深い信頼が必要となるが、そのときにこの良好な関係が一つの利用可能な資源となる。

本章を読み終わったとき、このメッセージを用いて以下のことを説明できるようになるはずである。

■「教師の期待」「教師と生徒の関係」「不安の軽減」という要因がどれほど重要であるか。
■教師と生徒のよい関係を深めるのにＩＫＥＡ効果がどれほど重要であるか。
■教師と生徒の関係を強化するのに「できない」というより「まだできない」というほうがよほどよいのはなぜか。
■ユーモアと快活さや楽しさが学校や教室に必要なのはなぜか。そして教師と生徒の関係をどのように改善できるか。
■カメレオン効果とは何か。教師と生徒の健全な関係を構築し維持するのに習慣はどのような影響を及ぼすのか。
■教師の信頼性が教師と生徒の良好な関係をつくる鍵となるのはなぜか。

2 マインドフレームを支える要因は何か

学習には、不安や抑圧ではなく、安全、信頼、自信といった雰囲気が必要であるという見解は決して新しいものではない。ヨハン・フリードリッヒ・ヘルバルト（Johann Friedrich Herbart）の「教育的タクト」（Herbart, 1806）やヘルマン・ノール（Herman Nohl）の「教育的関係性」（Nohl, 1970）、オットー・フリードリッヒ・ボルノウ（Otto Friedrich Bollnow）の「教育愛」（Bollnow, 2001）などを思い起こせばよい。これらはどれも教師と生徒の関係が学びを成功させるのにいかに重要であるか強く主張している。

次節以降では、良好な関係づくりに関する主な要因として、「教師の期待」「教師と生徒の関係」「不安の軽減」について述べる。

教師の期待

可視化された学習において、「教師の期待」の効果量が0・43というのは興味深い（図9-1）。教育における最も有名な実験の一つにローゼンタール（Rosenthal, R.）とヤコブセン（Jacobson, L.）が行なったピグマリオン効果［訳者注：教師の期待によって学習者の成績が向上することから教師期待効果とも呼ばれる］といわれるものがある。ピグマリオンはギリシャの彫刻家で自分が創った美女像と恋に落ちた。彼は像にキスするほどに溺愛し、その像は人間の女性になった。彼の期待が現実になっ

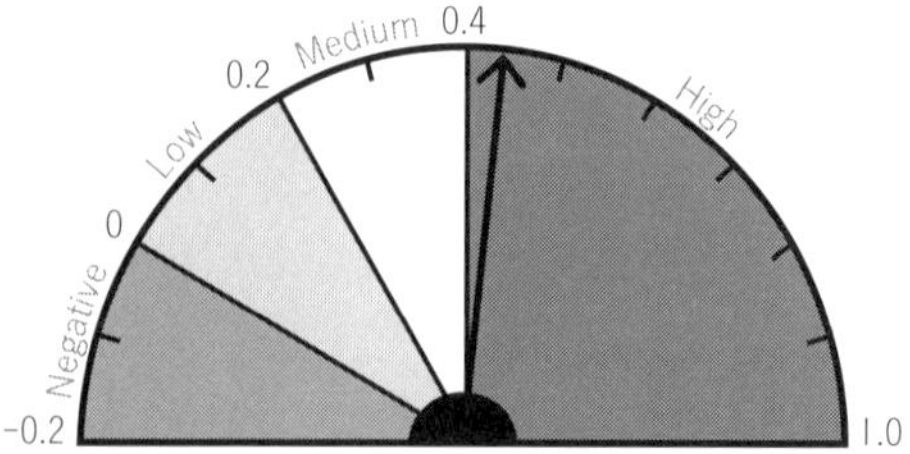

教師の期待		
ランキング	メタ分析の数	出版年
62	8	1978-2007
d=0.43		

図 9-1　教師の期待（Hattie & Zierer, 2017）

たのだ。同様に、ローゼンタールとヤコブセンは、彼らが実施したテストをもとに、生徒の半数は年度内に「開花」するが、残りの半数は開花しないだろうと教師たちに伝えた（開花組への振り分けは無作為に行なわれた）。案の定、その年度の終わりに開花組は非開花組より成績が上がった。グループの振り分けは無作為になされたのだから、問題となる違いは、この開花グループに対する教師の大きな期待だった。

このことがきっかけで、期待の根拠についてさまざまな調査が行なわれた。ジェンダー、民族、社会階層、ステレオタイプ（先入観）、診断書、外見の魅力、言語様式、生徒の年齢、個性、社会的スキル、教師と生徒のこれまでの関係、名前、きょうだい、ひとり親環境などである。これらのうちどれも実際には教師の期待の根拠を説明することはできなかった。クリスティン・ルービー＝デイビス（Christine Rubie-Davies）は、この調査がもともと誤解に端を発していると論じた（Rubie-Davies, 2016）。最

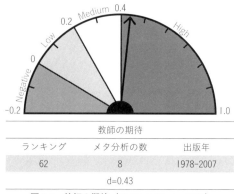

も重要な点は、大きな期待を示す教師はどの生徒に対しても大きな期待をし、一方、あまり期待しない教師はどの生徒に対してもあまり期待しないという傾向を示したことである。彼女の研究では、新しい学級になって1か月後にテストをし、教師にその結果を渡して年度の終わりに生徒たちがどのくらい習得できているか予想してもらった。果たして、期待の大きい教師は生徒の学びを促進したが、あまり期待しない教師は一年経ってもほとんど生徒を成長させなかった。

また他の研究でルービー－デイビス（Rubie-Davies, 2014）は、教師が先住民族グループ（彼女の場合はマオリ族の生徒）は概して成績が悪いと信じていると、それが生徒たちの成績にマイナスに働くことを示した。しかも、学年のはじめにはマオリ族の生徒の成績は他のどの民族グループに比べても悪くないとわかっていたにもかかわらずそうなったのである。このことから、マオリの生徒たちは、教師の期待に気づき、その後はその期待に沿うように行動したと考えられる。ルービー－デイビス（Rubie-Davies, 2014）は、生徒に大きな期待をもつ教師は効果的な教授法に関する論文に基づいていくつもの実践に取り組んでおり、そのことが期待度の低い教師たちとの違いを生んだと記している。期待度の高い教師は、新しく学んだ概念を現在の指導法に反映し、足場かけのテクニックを使って学習を支援し、的確なフィードバックを与え、たびたび質問し、しかもオープン・エンドの質問（生徒が自由に答えられる質問）を多用する傾向があるという。

このようにこのマインドフレームの重要な部分は、教師が自分の生徒に対してどの程度期待しているか、期待度が高いか低いか（あるいはゼロか）というところである。学級風土、つまり、教師との関係に対する生徒の認識は教師の期待を映すものであり、それはよくも悪くも生徒の成績に反映される。可視化された学習の著書が示す重要な主張の一つは、こうした期待度の違いが教師の有能さの違いの大部分を占めるということである。生徒は教師の期待を感じれば教師を信じるようになることを考えれば、教師が学校内や学校間で協力して期待を調整することがいかに重要であるかがわかる。――つまり、歴史や音楽、板金修理が「得意」とは何を意味し、それが「1年間の成長」を示すとはどういうことなのか、といったことである。

教師と生徒の関係

教育研究がもたらした最も基本的な知見の一つとして、よく知られているのは、教育を成功させるには教師と生徒の良好な関係が不可欠であるということだ。それは学校での学習のための必須条件ともいえるので、可視化された学習においてこの要因が効果量0・72を示しているのは驚くに当たらない（図9‐2）。教師と生徒の関係が重要であることは間違いないが、こうした関係を維持するのは難しい課題である。教師には、学習にふさわしい雰囲気をつくるさまざまなスキルが必要とされる。それは生徒と教師だけでなく、生徒同士の良好な関係にもかかわってくる。教師と生徒の関係についてはさまざまな研究がなされているが、子育てスタイルの例が重要なメッセージを説明してくれるかもしれない。一般的には、人格形成を促進する効果の違いによって子育てには4つの型があるとされ、独裁型、放任型、無関心型、民主型に分類される。それらは、「親密か疎遠か」

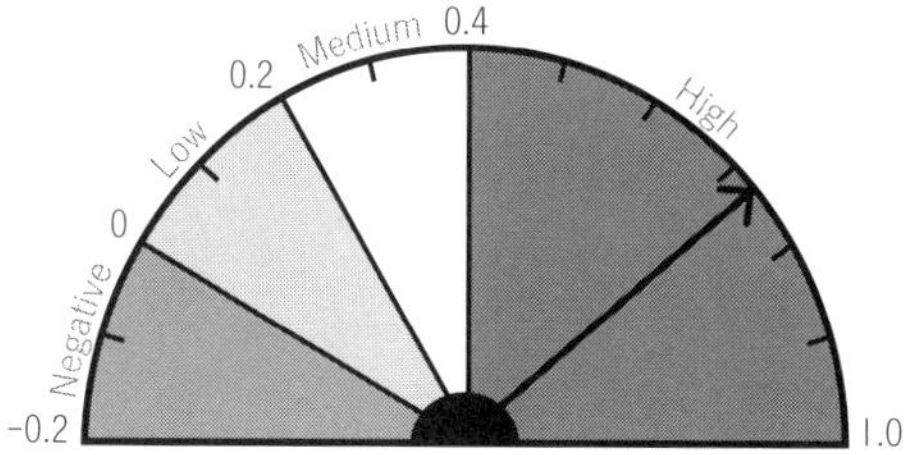

教師と生徒の関係		
ランキング	メタ分析の数	出版年
12	1	2007
d=0.72		

図 9-2　教師と生徒の関係（Hattie & Zierer, 2017）

「管理か放任か」という側面において互いの位置関係が決定的に異なる。独裁型子育ては、親密さの度合いが低く、管理の度合いが高いという特徴がある。一方、放任型子育ては、親密さの度合いが高く、管理の度合いが低いという特徴がある。無関心型子育ては、親密さの度合いも管理の度合いも低い。最後に、民主型子育ては親密さの度合いも管理の度合いも高い。こうした類型についての所見は文献により必ずしも同じではないが、民主型子育てが効果的な学びにつながる可能性が最も高いという点においてはおおよそ一致している。この型の子育てでは、間違えたり助けを求めたり仲間と積極的に活動しながら公平感や予測する力が育ち、安心して学習できるようになる。こうして、生徒が安心して間違えたり、自分の力で概念の新たな関係に気づいたり、間違いから学んだりできる最高の条件が整えられるのだ。

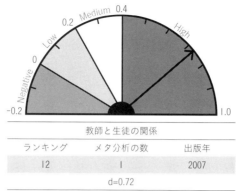

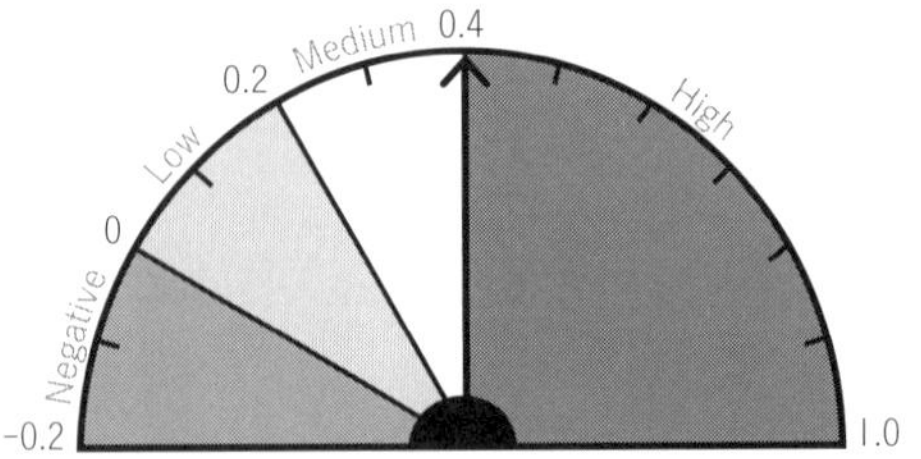

不安の軽減		
ランキング	メタ分析の数	出版年
69	4	1988-1999
d=0.40		

図 9-3　不安の軽減（Hattie & Zierer, 2017）

不安の軽減

多少の不安は役に立つが、大きな不安は重大な障害になりうる。大きな不安に対して人は、たいていの場合、積極的に抵抗したり、行儀悪く振る舞ったり、気を散らしたり、騒いだりして立ち向かうか、あるいは参加しない、かかわることを拒む、退屈した様子を見せるなどして逃げ出す。したがって、不安の程度を軽減し、闘ったり逃げ出したりすることを避ける方法は学習プロセスにプラスの影響を与え、可視化された学習において効果量0・40を示す（図9-3）。退屈さが最下位、つまり最も大きいマイナスの影響（d=-0.49）を与えるものであることを付記しておく。このことから、教師は生徒にやみくもに不安を与えるような方法を避け、代わりに、生徒の不安を軽減しながら少し難しい課題に取り組ませ、自信と信頼を引き出すような方法を選ぶべきであることがわかるだろう。中でもプラスの影響を与えるのは学習者の自己効力感（self-efficacy）で、これもまた望ましい

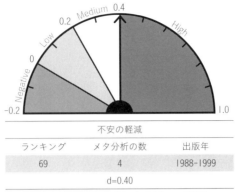

効果の区域に入る効果量（d＝0.47）を示す。なぜなら，そうすると生徒はさらに自信をもってチャレンジするからである。学びの領域ではまさに，挑戦しないことと過度な挑戦の間でうまくバランスをとっている。この領域にも不安はそこそこあるが，生徒が挑戦する気持ちを削がれてしまうほど（闘うか逃げ出すかするほど）大きな不安ではない。この領域では，生徒は学習成果を自分の能力によるものとは考えず，課題の達成にかけた努力のたまものと考えるだろう。重要なことは，このような教師と生徒，また生徒同士の良好な関係が築ければ，みんなの前で間違えたり，積極的に他の人の考えに意見したり，他の人から学んだりすることすべてが許される環境がつくられるということである。

前述したように，「間違えても他者から学んでも安心して学習できるように人間関係と信頼を築く」というマインドフレームを支持する実証的エビデンスは，学級ですぐに実践できる具体的な指針を示してくれる。以下にいくつか例を示す。

3 IKEA効果

ＩＫＥＡ効果を知っているだろうか（Hattie & Yates, 2015, p.295; Norton, Mochon, & Ariely, 2012を参照）。知らなくてもＩＫＥＡはよく知っているだろう。そして，組み立て式家具を購入したときに何千もの部品を使って本棚を組み立てるのが容易でないことはわかるだろう。消費者心理に関する調査によると、うまくできた人は高価なアンティーク家具よりＩＫＥＡの本棚のほうを高く評価するという。これは、何らかの製作や解決にかかわった場合、それに対して私たちは高い評価を与えるからである。つまり、本棚を組み立てるのに要した努力と苦労の産物なのだ。この努力と苦労がそのまま製品に注ぎ込まれ、私たちの記憶にしっかり残り、価値を高めることにつながる。このことは学校や指導にどのような意味をもつのだろうか。生徒が努力しがんばって課題を仕上げたときには必ずその成果を認め褒めることが教師の務めである。それができる教師は生徒との関係を強め、できない教師は両者の関係を危険にさらすことになる。

4 「できない」でなく「まだできない」

これは心理学研究の中でもとてもわかりやすい研究なのだが、それより驚きなのはその結果である。キャロル・ドゥエック（Carol Dweck）は、「まだ（not yet）」という単純なフレーズで知られるようになったが、その研究の目的は、教師が生徒に「あなたにはできません」と言うか、「あなたにはまだできません」と言うかによってどのような違いが生じるか分析することだった（Dweck, 2012）。「できない」という言い回しは、生徒のやる気をなくし、挫折感を与え、生徒を非難する。

一方、「まだできない」という言い回しは、生徒に自信を与え、努力しようという気持ちにさせ、成績を向上させる。なぜだろうか。この「まだ」という言い回しが、努力すれば目標を達成できる、やり方は間違っていない、その調子でやっていって大丈夫、努力を続ければ成功する可能性は大いにある、と暗に生徒に伝えているのだ。このことは、教師が教室で常に自分の言葉に注意を払うことがとても重要であり、生徒にフィードバックを与えるときにはことさら注意が必要であること、また同僚と一緒に振り返ることが大切であることを示唆している。

5 笑顔を見せよう

ユーモアと快活さは指導を成功させるのに不可欠であり、学習プロセスにプラスの影響を与えるという考えは今に始まったことではない。こうした影響に関する記述は、はるか古代からみられた。今やこの主張を支持し、ユーモアと快活さがあれば指導が最もうまくいくことを示す実証的エビデンスがある。教師は生徒をいつも笑わせていなければいけないということではない。ましてや道化役者になれというのでもない。一般に、職場でのユーモアと各項目との相関は高いとされる（仕事の出来ばえとは r＝0.36、効果的な対処とは r＝0.29、健康とは r＝0.21、燃え尽き症候群とは r＝-0.23、ストレスとは r＝-0.20；Mesmer-Magnus, Glew, & Viswesvaran, 2012 を参照）。学習のようなお堅い分野であっても、自身のことや教科のこと、学校のことについてその場にいる誰もが笑えるような場面を取り入れることが必要である。ユーモアは、自分の能力の限界を感じたり、間違ったり、次にどうしたらよいかわからないなどのプレッシャーを取り除くことができる。心理学的に言えば、教師にはいつも切り札がある。というのは、笑顔は伝染するからだ。特に、それが心からのもので、偽りのない、信頼できるものであればコミュニティの中で共有される。１９９０年代にこの現象に関する研究が行なわれた（Hattie & Yates, 2015, p.250を参照）。大都市の歩行者専用地区で研究者が見知らぬ人たちに微笑みかけたところ、半数以上の人が思わず笑顔を返してきた。生徒たちを笑顔にし、ユーモアと快活さを教室に活かすことが私たち教師の仕事である。笑顔が関係づくりに肯定的なサインを送るように、笑顔を見せないことは否定的なサインを送ることになる。教師が不機嫌な顔で教室に入ってきたとしたら、生徒たちが決して笑顔を見せず、不機嫌な顔をしていたとしても驚くことはない。ただし、生徒がこんな不機嫌な教師を陰で笑うのは別の話だが。学習が挑戦的であるときにこそ、学習をおもしろくて楽しいものにしたほうがよいとする根拠はいくらでもある。

6 カメレオン効果とルールや習慣化の力

ルールや習慣はコミュニティの一部であり、文化を特徴づけるものである。方向性を示したり、自信や信頼を抱かせたり、コミュニティとの一体感をつくりだす。そして、相互尊重の表現でもある。このように、教師と生徒の関係を強めるために一貫した共通の基盤として、クラスのルールや習慣のリストを作成することは手間をかけるだけの価値がある。あいさつで授業を始め、終業で締めくくることを日々の習慣にしたり、あるいは、その日の成果を褒めたたえるイグジット・チケット（第6章180頁を参照）を渡して授業を終えるのを日課にするなど、簡単にできることから始めるとよいだろう。授業の終わりに学習記録や学習評価を書いたり、学習プロセスの振り返りをしたりすることもできる（Fisher, Frey, & Farnan, 2004）。

この点に関して興味深いのは、いわゆるカメレオン効果といわれる研究である。その研究によると、私たちは無意識のうちに自分の行動を自分にかかわりのある人の行動に合わせて変えているのだという。いくつか例をあげると、姿勢や何気ない動作、ジェスチャー、顔の表情や話す速さなどである。こうした効果は、幼い子どもが親のまねをすることですでに観察されているが、職場でも学校の教室でもみられる。たとえば、教師がわかりきったことをいくつも質問すると、生徒も教師に答えがわかっている質問をすることが多くなる。尋ねるということが、質問というよりむしろ一つのパフォーマンスになってしまっているのだ。カメレオン効果によれば、人は周囲の人と無意識にやりとりしながら互いに相手に合わせようと行動を調整するのだという。このようなプロセスは「模倣」と言われ、ミラーニューロン理論において神経科学用語として説明されている（Hattie & Yates, 2015, p.278を参照）。関係が密であればあるほど、互いにより忠実にまねるようになるという。

こうした研究が学校や指導に与える影響は自明のことだ。教師は、情熱を傾け自身のコンピテンシーやマインドフレームを駆使し、ロールモデルとなって、生徒に同じようなマインドフレームを選択させることができる。だから教師は、教室への入り方や、生徒との接し方、間違いへの対処の仕方、またジェスチャーや表情に注意を払わなくてはいけない。自分が教えている間、誰かにこのような合図を見てもらうか、できれば生徒の様子を観察してもらって、「生徒が私の行動をまねしていないか」と、尋ねるとよい。

行動の変化について最も説得力のある理論の一つである推論行為理論（Fishbein & Ajzen, 1975）では、主観的規範［訳者注：subjective norm：周囲からの期待に応えようという社会規範による動機］が最も重要な変化の予測因子であるとする。主観的規範は、ある行動（たとえば、喫煙をやめる、身体イメージをもつ、仕事に励むなど）をやるかやらないかという社会通念から受ける圧力に関係している。したがって、学級や学校で決めたルールや習慣はとても重要である。ルールや習慣に従う学習者は、周りの仲間によい影響を与える。

逆の場合、つまり、反抗的な態度をとる教師や学習者は、周りの仲間に悪い影響を及ぼす。迷惑行為は伝染しやすく、クラスの他の学習者までもトラブルメーカーにしてしまう。第4章で言及した「私は変化をもたらすエージェントであり、すべての生徒が改善できると信じている」という学級経営に関する研究はこの点に注意を促し、悪い影響を避けるにはできるだけ早くこうした行動を規制することが重要であると述べている。このような反抗的な態度は、「主観的規範」にはなりえない。邪魔をする学習者と話し合って妨害行動を変えさせるとよい。このマインドフレームがあればこそ成功する。

7 一度でも嘘をついたら常に嘘をつくようになる：信頼は教師と生徒の健全な関係の中核である

多くの場合、リーダーに対する信頼がないと人が共存することは非常に難しくなる。そのため、可視化された学習において「教師の信頼性」が効果量0・90を示すことには何ら不思議はない。

教師が信頼できるかどうかを生徒はどのようにして見分けるのだろうか。多くの生徒は、信頼できる教師は評価が公平だと言う。公平であることの大切さはこれまでにも見てきたが、多くの場合強さや親しみやすさ、自由放任など他のどんな特質よりも教師にとって重要である。また別の生徒は、信頼できる教師は誠実だという。誠実であることの重要性についても、これまでにIKEA効果やキャロル・ドゥエックの「まだ（not yet）」の研究に関する議論の中で見てきた。つまり誠実さとは、生徒の学習に真剣に向き合い、必要な心配りをし、おざなりなフィードバックをやめて学習の方向性を示し、生徒と一緒に勉強して、より高い成功基準に向けて成長できるよう支援することである。もちろん、間違えることを軽視したり無視したりしないことも含まれる。これはとりわけ、何が（まだ）わからないのかわかっている生徒の信頼を得るための方法というわけではない。教師に求められる生徒との関係を強化する鍵となる特質は、学習者に個別のフィードバックを与えることのできるコンピテンシーとマインドフレームである。

8 何から始めればよいか

この章で取り上げられた例は、教室の中の人間関係という重要な要因に対して教師が与えうる影響を明らかにする。自分の振る舞い全般、姿勢、ジェスチャーや顔の表情、声の調子、笑顔、アイコンタクトなどに注意してほしい。教室で教師が**何を**言うかだけでなく、**どのように**、**なぜ**そう言うかも重要なのだ。だから、難しい状況では特に、何を、**どのように**言うか、そして**なぜ**そう言うかよく考えてみることが大切である。生徒にどんな影響を及ぼすか自問し観察してみよう。新しいメディアで使えるものを使って、自分の指導をビデオ録画してみるとよい（「マイクロ・ティーチング」〔訳者注：第3章072頁を参照〕もビデオ録画を含んでおり、効果量は0・88を示す）。スマートフォンでも手早く簡単にできる。とはいっても、ただビデオ録画するだけでは十分ではない。分析し評価することも必要である。学習者や同僚と話し、第三者の視点を得よう。自分が「何を期待しているのか」「何が励みになるのか」「何に驚くのか」「何を変えたいのか」といった質問は、振り返りの基本である。

この章で紹介した知見は、「間違えても他者から学んでも安心して学習できるように人間関係と信頼を築く」というマインドフレームが、本書で取り上げた他のマインドフレームといかに密接に関係しているかを示している。ここでは2つの簡単な例を示そう。第1に、「学習と学習中の言葉に集中する」〔訳者注：第10章〕というマインドフレームでは、間違えることが歓迎され、学習プロセスに必要な一部であるとする学習文化が必要となる。そして、これは教師と生徒の肯定的な人間関係がなければ成り立たない。第2に、「私は生徒にフィードバックを提供して理解できるように支援し、私に与えられたフィードバックを解釈して行動する」〔訳者注：第6章〕というのは学習者と教師の非常に複雑な相互作用について述べており、フィードバックを通して教師と生徒の関係がどのようにして強化されるかを示している。したがって、本書の他の章も頭に入れておくことがここでは特に重要である。

多くのマインドフレームと同様、肯定的な関係を構築することは目的を達成するための一つの手段であり、困難な状況では利用できる一つの資源となる。生徒が次にやるべきことがわからないとき、間違えたとき、あるいは迷ったとき、教師との間、またはクラスメイト間に培われた信頼の力がまさに効果をあげる。強力で良好な関係があれば、間違えた生徒に「またバカやった」と言い返したり間違いを笑ったりばかにしたりする者はいないだろう。こうした良好な関係は、挑戦し、難題に挑み、難しい課題に取り組む自信をつけるための信頼へとつながる。

CHECKLIST チェックリスト

あなたが次回の授業を計画するときには、以下の点を検討してみよう。

■自分が生徒に期待していることを確認しよう。
■否定的な態度はとらないようにしよう。
■生徒の学習プロセスに対してオープンで前向きな態度を保つようにしよう。
■たとえ望みがないと思われる状況でも、誰もが学ぶことができることを心にとめておこう。
■生徒が努力していることに気づいたら、彼らの努力や成果を認めてあげよう。
■言葉づかいに気をつけ、がんばれば目標は達成できることを生徒に気づかせるような表現を使おう。「できない」より「まだできない」のほうがよい。

■授業にユーモアや快活さを取り入れる余裕をもち、生徒と一緒に笑おう。
■ロールモデルを示してカメレオン効果を利用しよう。
■自分の行動が信頼されていることを確認しよう。決定の理由を説明し、正直で公平であろう。

EXERCISES
エクササイズ

●本章の最初に記載した自己省察のためのアンケートに戻り、別の色でもう一度回答してみよう。どこが変わったかよりも重要なのは、そこに書いたあなたの見方が変わったのはなぜかという理由である。あなたの自己評価について同僚と話し合ってみよう。
●次の授業を計画しよう。その中で生徒の成果を褒める場面をつくろう。この場面を計画するときにはチェックリストを参考にしよう。自分の計画と授業について同僚と話し合ってみよう。

●次の授業のどこかに、学校や指導に関するユーモアのあるコメントを入れてみよう。それが生徒たちにどのような影響を及ぼすか考えてみよう。同僚と一緒に自分の経験を振り返ってみよう。

Chapter 10

学習と学習中の言葉に集中する

自己省察のためのアンケート

どのくらい同意するかを次の一覧でチェックし、あなた自身を評価してください。
5＝非常にそう思う、1＝まったくそう思わない

●私は□□□がとても得意である	
・自分の生徒の強みと弱点を突きとめること	5 4 3 2 1
・生徒がどんな学業上の知識をもっているかを見極めること	5 4 3 2 1
●私は□□□をとてもよくわかっている	
・生徒のこれまでの経験を考慮する必要があること	5 4 3 2 1
・生徒の到達レベルがどの程度なのか	5 4 3 2 1
●私の目標は常に□□□にある	
・生徒の強みと弱点を考慮すること	5 4 3 2 1
・教えるときには生徒の学業上の既有の知識を考慮すること	5 4 3 2 1
●私は□□□を強く確信している	
・生徒の強みと弱点を知っておくことが重要であること	5 4 3 2 1

・教えるときには生徒の学業上の既有の知識を考慮すべきであること　5　4　3　2　1

episode《エピソード》

ある小学校1年生の生活から。ヴィクトリアは学校に行くのが好きです。読み書きや算数を学びたいと思っています。幼稚園に通う間になぞり書きや塗り絵、計算をたくさんやって、学校での勉強の準備をしてきました。そしていよいよ学校の初日です。ついに、上級生と一緒になりました。最初の数週間に彼女がしたことは何だったでしょうか。なぞり書き、塗り絵、計算。ヴィクトリアは先生に、なぜ幼稚園でやったことをもう一度、最初からやらなければいけないのか尋ねました。「みんな一から始めるのです」という先生の答えにヴィクトリアはまだ納得がいきません。

1　本章の概略

この「エピソード」は、本章の主たるメッセージを示している。私たちは何かを学ぶときゼロから始めはしない。既有のスキルややる気、ワクワク感をもって学び始める。学習は能動的で自発的なプロセスだが、生徒一人で成功できるわけではない。大半は教師に委ねられている。生徒が一人で学習に取り組めるか、誰かと一緒ならできるか、専門家による多大な支援が必要なのか、それを決めるのは教師である。ちなみに、生徒の初期の学習レベルを知って、それを指導の出発点にすることが、指導が成功し、その結果として学習も成功するための必要条件と思われる。

本章を読み終わったとき、このメッセージを用いて以下のことを説明できるようになるはずである。

■「ピアジェによる認知的発達段階」「学習前の到達レベル」「生徒の個性」「コンセプトマッピング」という要因がどれほど重要か。
■なぜ「教師」という用語にこだわるのか。
■「バカなやつともっとバカなやつ」の効果とは何であって、どう対処すればよいのか。
■「学習と学習中の言葉に集中する」というマインドフレームは、「見えないゴリラ」の研究とどんな関係があるのか。
■認知負荷理論のどのあたりがこのマインドフレームにとって重要なのか。
■学習スタイルについて語ることが、あまり役に立たないのはなぜか。
■自己概念には何が含まれ、学習の成功に対してどんな意味があるのか。

2 マインドフレームを支える要因は何か

人は教えるより先に学ぶことから始めるべきだというアドバイスは、少なくとも心理学における認識の転換以来、よく聞かれる言葉である。しかし、これが本当に意味するところはあまりはっきりしない。多くの教師はこの原則に同意するものの、それが自分の指導にとって具体的にどんな意味をもつのかよくわからない。

歴史的観点に立って最初から見直すとよいかもしれない。20世紀の間はずっと、**行動主義**（behaviorism）が教授と学習の理論の中心であった。正しい刺激を与えれば学習は必ず起こるものであり、それが教えるという仕事であるというのがこのアプローチの主な主張である。こうした考えはたくさんの動物実験から得られたもので、なかでも最も有名なのはパブロフの犬である。イワン・パブロフ（Ivan Pavlov）は、犬が食べ物を見たときに口の中に唾液が溜まるが、ベルを聞いたときにも同じように唾液が溜まることを実験で示した。彼は前もって、食べ物を見せたときに必ずベルを鳴らし、犬を長期間にわたって条件づけていた。この研究方法を批判する人たちは、こうした現象は休み時間のベルが鳴ったときの生徒にもみられると主張した。行動主義に対する反論の多くは、行動主義が学習の最中に起こる認知プロセスを考慮していないというものである。これは少なからず、行動主義の全盛期に一般的だった方法論的アプローチの限界、つまり、学習を受動的なプロセスとしたことに起因する。行動主義の観点から最も重要なのは外部刺激である。教師がすべきことは、学習を引き起こす適切な刺激を選ぶことだけである。このように、規範から学ぶ方法は行動主義において特別な役割を担う。私たちはまさにこうしたやり方で、日々どれだけ多くのことを学んでいるかを忘れてはいけない。

それから研究者は、この「ブラックボックス」の中で起こっていることに集中して取り組み、学習者の頭の中で起こっていることの解明をめざして実験を始めた。ここに**認知主義**（cognitivism）が誕生した。ジャン・ピアジェ（Jean Piaget）は、この枠組みで画期的な研究を行なった。その多くは自分の子どもを観察する実験に基づくものだった。ピアジェは、刺激はさまざまな反応を引き起こし、その反応は年齢とともに発達する認知構造に左右されることを立証した。学習者は、刺激を自分のもつ認知構造に合わせて同化するか、あるいは、自分のもつ認知構造を刺激に合わせて順応するかのどちらかである。新たな刺激が自分がすでにもっている考えと異なるとき矛盾が生じる。これが学習を成功させる重要な場面である。こうして学習は、主として情報処理に基づく能動的なプロセスとなる。したがって、教師は学習者が現在もっている認知構造を理解し、そこに適切な刺激を与えることが必要となる。

認知研究者が始めた研究は、次の**構成主義**（constructivism）によってさらに強化された。ここでは構成主義の展開について詳細をたどることはしない。以下で、「学習と学習中の言葉に集中する」というマインドフレームを理解するのに必要な理論の中核となる側面にだけ触れることにする。構成主義では認知主義よりさらに集中してブラックボックスに取り組み、人が学習するときに何が起こるのか確認しようとした。しかし、多くの場合、人がどのように情報を取り入れ処理するのか予測することは不可能であることがわかった。たとえば、ポール・ワツラウィック（Paul Watzlawick）の有名な例を考えてみよう。彼は、「コップはもう半分空になってしまった」と言う悲観主義者と「コップにはまだ半分も残っている」と言う楽観主義者のどちらが正しいかと問うた。ここには異なる2つの現実がみえる。それでも構成主義では、学習は個人が操作する能動的なプロセスであると主張する。そして、ここでも教師は生徒の要求に適切に応じるために、彼らの初期の学習レベルを認識しておくことが必要となる。

ここまでざっと見てきたように、教授と学習にはさまざまな理論があり、学習者や教師にはさまざまな役割が与えられる。これまでの流れでは、構成主義が教授と学習に関する理論の歴史的変遷の最後に示されたのでそれが正しいに違いないという印象を与えたかもしれない。しかしながら、認知主義も、行動主義も、今日なお教授と学習に関する重要な理論として存在している。このことは、前述のように、人は子どものときから大人になるまで規範から多くのことを学ぶという事実からも明らかである。結局、さまざまな教授と学習に関する理論を一つの体系にまとめることが重要となる。そして、その取り組みにおいて「間違えること」をこれらの理論がどうとらえるか、それぞれの考え方を明らかにすることが重要である。行動主義では間違いを回避することをめざすが、認知主義や構成主義では間違いは必要、あるいは望ましいものとみなす。学習とは間違えることであり、間違いが学習を可視化するというのである。

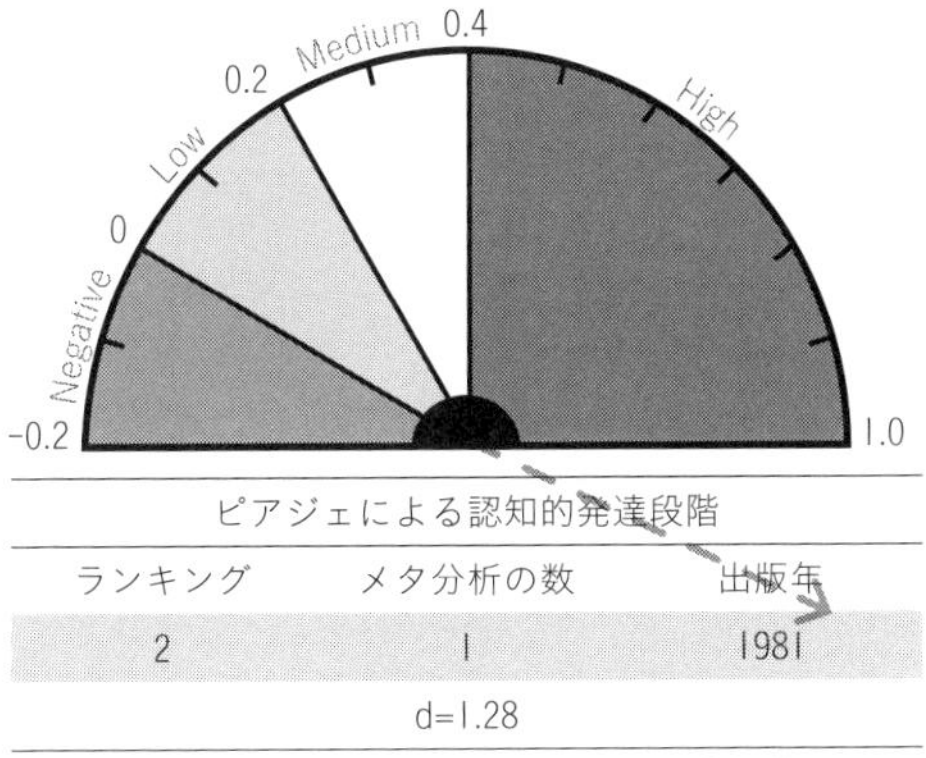

図 10-1　ピアジェによる認知的発達段階
（Hattie & Zierer, 2017）

こうした教授と学習に関する理論の発達を念頭に置いて、可視化された学習の成果をとらえ、解釈すべきである。いくつもの要因が、「学習と学習中の言葉に集中する」というマインドフレームが何を意味するか示している。

ピアジェによる認知的発達段階

「ピアジェによる認知的発達段階」という要因は、効果量1・28を示し（図10-1）、可視化された学習の中でも最も高い効果の一つである。ジャン・ピアジェは多くの研究で、子どもは成長するにつれて考え方や処理の仕方が変わっていくことを示している。子どもの思考は、成長するにつれ、社会的・物理的な環境の影響を受けながら一連の段階を経て質的に発達していく。ピアジェは、感覚運動段階、前操作段階、具体的操作段階、形式的操作段階という4つの段階をあげている。最初の段階（およそ0~2歳）では、子どもは世界に対し完全に自己中心的アプローチをとり、思考と行動を分けることができない。そして、対象物と自分の位置関係によってものの見え方が違うことを認識できない。子どもはその後、2歳から7歳で前操作段階に進む。そこでは対象物の永続性［訳者注：人や物などの対象が視界から消えても存在しているという概念］をしっかり理解し、象徴的思考［訳者注：目の前にないものや現象を心に思い描くことを可能にする思考］が発達する。次の具体的操作段階（7～11歳）に進むには、ピアジェが言うところの「操作」ができるようにならなければいけない。それは、人が対象物を操作し、形を変え、またもとの状態に戻すのに利用する内面化された行動である。子どもは保存の法則、つまり容器の形や大きさが変わっても物質の量は変わらないということを理解するようになる。この段階で、子どもは手順を筋道立てて考えられるようになる。この段階は、2か所のうちどちらかに対象物を隠して子どもの視界から消すテストThe A not B task［訳者注：対象物が最初Aに隠されていることを子どもに確認させると、次にBに隠しても子どもはAを開けて対象物を探す］によって、診断できる。最終段階は11歳から16歳の形式的操作段階で、抽象的思考や仮説思考などの特徴がみられる。

ピアジェは、次の段階への移行は矛盾によって起こると論じたのを思い出してほしい。つまり、自分が今までやっていたことや考えていたことが、現在の考え方に合わないという矛盾に気づくのだ。ここでまた、間違いや誤解をよしとするマインドフレームである。間違いや誤解は成長の要である。ボルトンとハッティ（Bolton & Hattie, 2017）は、0～20歳の脳の物理的変化と自己調整力の発達、そして自己調整のやり方にみられる大きな変化がほぼ完璧といえるほどピアジェの4つの段階に対応していることを示した。自己調整の働きは、気が散るのを抑制する能力や、ワーキングメモリの表現を更新したり監視したりする能力、タスクとメンタルセット〔訳者注：思い込みや先入観〕の間を行き来する能力などと関係している。

私たちは、子どもの今の考え方に合わせることを重視する教え方であるマッチング法を提案しようというのではない（しかも、こうしたマッチングのエビデンスを見つけるのは実に難しい）（Adey & Shayer, 2013）。子どもの認知的発達を高めようとするプログラムはたくさんある。たとえば、シェイアーとアディ（Shayer & Adey, 1981）は、認知発達は促進されるという仮定に基づき、一連の認知促進プロジェクト（Cognitive Acceleration Project）を開発した。そのモデルは3つの主要な見解に基づいている。第1に、脳は挑戦や矛盾に対応しようとして発達するので、認知的葛藤を起こすような介入をしなければいけない。第2に、脳は、成長を認知しコントロールする能力があるので、生徒がメタ認知を使うような介入をしなければいけない。第3に、認知発達は社会化のプロセスであり、よく準備された仲間との質の高い議論によって促進される。学習を促進する方法に着目したこのプログラムは著しい成功を収めた。そしてなお、研究を続ける価値がある（Adey, Shayer, & Yates, 2001; Shayer & Adey, 1993；Shayer, 1999）。

学習前の到達レベル

「学習前の到達レベル」という要因も、可視化された学習の中で0・65という高い効果量を示している（図10-2）。ここで見る研究は、将来にわたって成功を継続させるには学習前の成績が重要

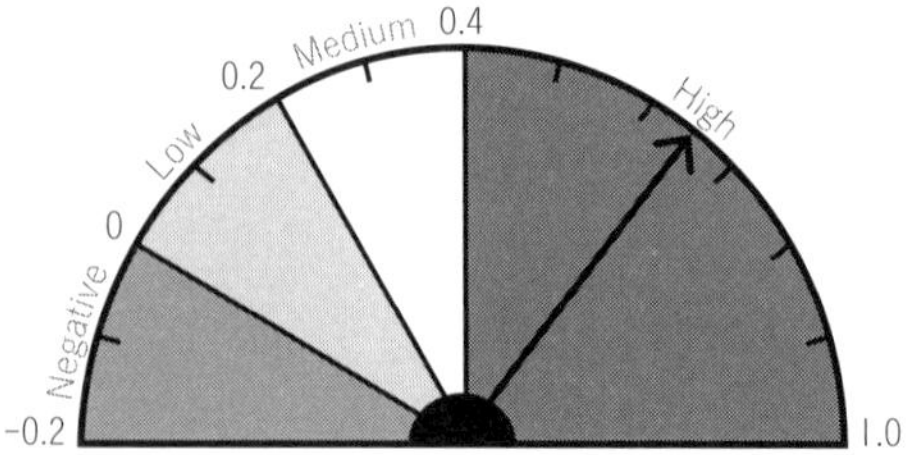

学習前の到達レベル		
ランキング	メタ分析の数	出版年
20	16	1981-2007
d=0.65		

図 10-2　学習前の到達レベル（Hattie & Zierer, 2017）

かどうかという問題について調査している。学習前の到達レベルに基づく予測が、多くの場合とても正確であることは驚くに当たらない。中でも特に有名な研究は、ウォルター・ミシェル（Walter Mischel）が1970年代に行なったマシュマロ・テストである。その実験は、就学前の子どもが待合室で15分待てれば嬉しいご褒美としてマシュマロを2個もらえるが、途中で待つのをやめてしまうと残念なご褒美、たとえばマシュマロを1個だけしかもらえないというもので、実験参加者がどちらを選ぶかテストしたものである（Mischel, 2014を参照：論考についてはHattie & Yates, 2015, p.234を参照）。未就学児のうち最後まで待ち続けることができたのはほんの数名だった。そして長期の調査によると、その子たちはその後の教育や進路（キャリアパス）でもさらに成功を収めていた。この研究の結論で今でもよく言われるのは、幼少期から社会化がうまく進み、成功に必要なものの多くがすでに備わっている子もいる、ということである。し

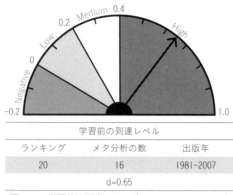

かし、この解釈は間違っている。そして、マシュマロ・テストや「学習と学習中の言葉に集中する」というマインドフレームの主旨を誤解している。まず、この結果は、この研究が行なわれるまでごく一般的だった「より価値のあるご褒美を手に入れようとして誘惑に打ち勝つ力が成功へ導く」という仮説を支持しない。その代わり、別の能力が有効であることを示している。つまり、課題が出されたあと、数名の未就学児には、意識したのかしないのか、自分の注意を逸らそうとする様子が観察された。彼らはいつでも手に入る甘いマシュマロのご褒美から注意を逸らし、飛行機や車や船のおもちゃに目を向けはじめたのだ。

子どもが遊んでいるうちに時間はどんどん過ぎ、15分後にマシュマロを2個手に入れた。ここには、「学習と学習中の言葉に注目する」というマインドフレームの主旨が集約されている。人は知識や能力だけでなく、意志や判断力、望み、関心、欲求が異なり、意識を集中する能力も異なる。そこからいえるのは、一番の才能の持ち主が必ずしも一番の成功者になるとはかぎらないということである。しかし、生徒が人生のチャレンジに取り組むのに必要な支援を与えるのは教師の仕事である。それはマシュマロ・テストでは簡単にできただろう。つまり、マシュマロを飛行機や車、または船だと考えるよう子どもたちに言いさえすれば、たいていの場合、もっと長い時間ご褒美を待たせることができただろう。学習前の到達レベルは間違いなく学習に影響する要因であるが、決してそれは独断的な主張（ドグマ）ではない。もちろんそれは、教師がそこから誤った結論を導き出したりしなければの話であるが、そのことは心にとめておくべきで、当然のこととして不用意に受

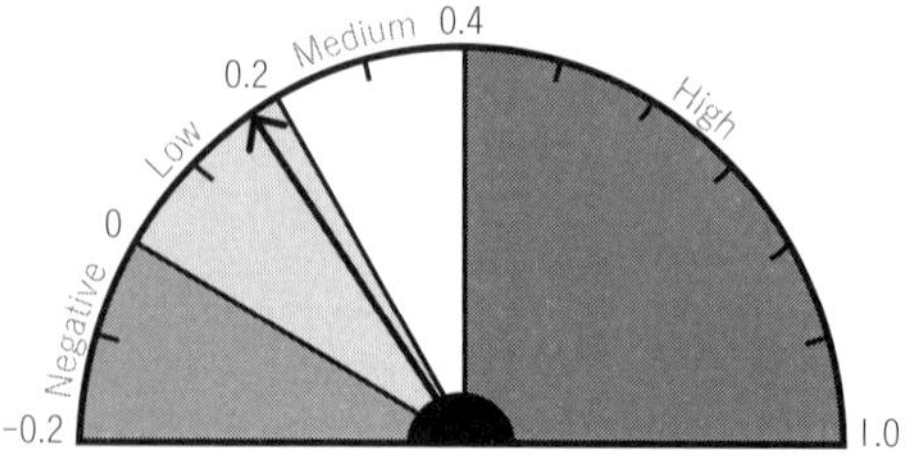

生徒の個性		
ランキング	メタ分析の数	出版年
119	8	1983-2010
d=0.18		

図 10-3　生徒の個性（Hattie & Zierer, 2017）

け入れてはいけない。

生徒の個性

可視化された学習において、「生徒の個性」という要因の効果量はたった0・18だが、それでも可視化された学習と教授の成功にとっては重要である（図10-3）。それは何よりもまず、「生徒の個性」には非常に多くのものが包まれており、重要と思われる特別な資質があるからだ。生徒の個性の主要な側面で「ビッグファイブ（big five）」といわれる5つの主な要因に目を向けることにする。

■**神経症傾向（情緒安定性）**、つまり、ネガティブな感情とうまくやっていく力

■**外向性**、つまり、対人とのインタラクションに取り組む力

■**経験への開放性**、つまり、新たな経験を追求する力

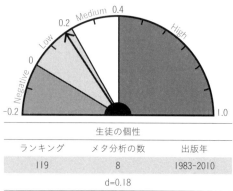

■誠実性（真面目さ）、つまり、行動を制御し、目的をもって正しく行動する力

■協調性、つまり、協同し共感する力

ビッグファイブはいろいろな場面で予測を可能にするが、学習の成功に関してはあまり重要でない。しかし、一つだけ大きな例外がある。それは誠実性（真面目さ：conscientiousness）で、学業において成功をめざす学習者にとって鍵となる資質の一つである。こう考えると、学習を進めるのに重要な教師の仕事とは、大まかには生徒の学習の様子を見ることであるが、とりわけ彼らの誠実性（真面目さ）を見極めることであるといえる。

誠実性（真面目さ）を「粘り強さ（grit）」（我慢づよさも含む）と考えることはよくあるが、生徒の他の資質と同様、課題や状況によるので、この生徒は「粘り強い」とか「誠実（真面目）」であるなどと一般化するのはよくない。生徒にこのスキルが特に必要なのは緊張感のある状況においてである。たとえば、生徒が間違えたとしてもまだ修正できる可能性があって引き続き課題に取り組むときや、過剰学習［訳者注：overlearning：すでに獲得した知識や技能についてさらに反復・継続して学習し強固なものとすること］が望ましいと思われるときなどである。私たちは「粘り強さ」を伸ばしたいとか、脇目もふらず「粘り強く」勉強させたいと思っているわけではない。このスキルがふさわしいときにふさわしい目的で使えるように育てたいのである。大事なのは、どんなときに誠実であるべきで、どんな目的のために誠実さがより重要であるかを理解することである。

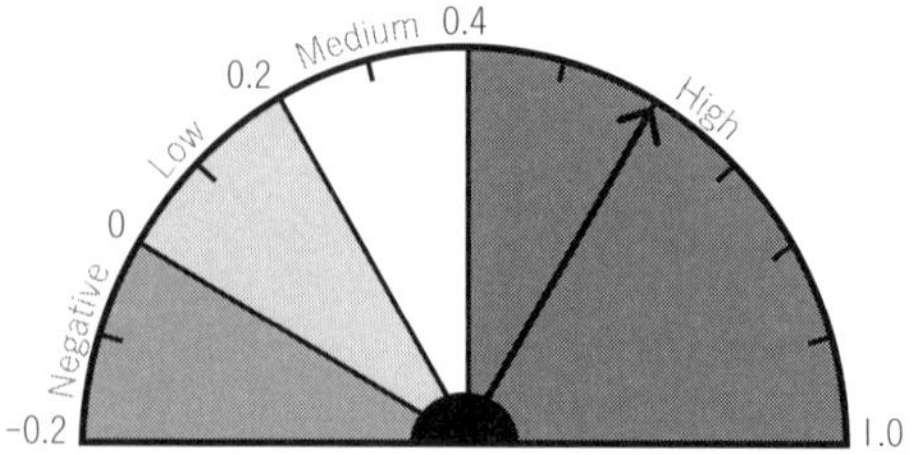

コンセプトマッピング		
ランキング	メタ分析の数	出版年
27	7	1984-2009
d=0.60		

図 10-4　コンセプトマッピング
(Hattie & Zierer, 2017)

コンセプトマッピング

授業計画を立てる際に、学習者の初期の学習レベルに配慮する方法はいろいろあるが、どれも効果量は大きい。一例をあげれば、「コンセプトマッピング」という要因は、可視化された学習において効果量0・60を示す（図10-4）。ただしそれは、たんにでき上がったコンセプトマップを生徒に示すのでなく、生徒と一緒に開発しつくり上げた場合のことである。この方法では基本的に、ある分野における生徒の知識をまとめたり組み立てたりする作業が必要になる。この作業で、何がこれまでうまくいき、今後どのように学習を計画し、どう支援するか、という情報を生徒に示すことができる。この要因に関するメタ分析の結果から、コンセプトマッピングが最も効果的なのは、新しいトピックに最初に触れたときであることがわかっている。したがって、教育的な言い方をすれば、コンセプトマッピングは、表層的な理解が深い理解へと移行する地点に位置しているということである。

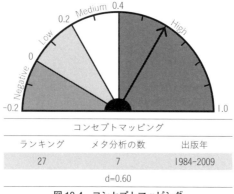

学習前の知識や経験を把握することは、新しい単元の開始時にだけ重要なのではなく、学習プロセス全体を通じて継続的に必要である。「学習と学習中の言葉に集中する」ことは、このように初習者から熟達者までのあらゆる学習者にとって重要なマインドフレームである。

3 学習ファシリテーター、学習コーチ、学習カウンセラーなのか、そうではなくて教師である

これまで多くの教育者が構成主義に端を発するパラダイムシフトに熱心に取り組んできたことは驚くに当たらない。こうした多くの人が、学習のとらえ方における変化をきっかけに、教室での教師の新しい役割を表現する言葉を考えた。「学習ファシリテーター」や「学習コーチ」などはこのような状況で提案されたうちの数例である。問題は、教師が、自分の役割はフィードバックやフィードフォワードを与えるのでなく、生徒に寄り添うこと（傍らの案内人）であると考えるようになったことである。生徒は難しいことに挑戦するうちにたびたび理解の限界を感じる。挑戦に夢中になるが先に進むには専門的な知識が必要になる。ヴィゴツキー（Vygotsky, L.）の発達の最近接領域に入ると、支援がなければ決して前に進むことはできない。

4 バカなやつともっとバカなやつ効果

デイヴィッド・ダニング（David Dunning）とジャスティン・クルーガー（Justin Kruger）の2人にちなんだ「バカなやつともっとバカなやつ効果（dumb-and-dumber effect）」（Kruger & Dunning, 1999）〔訳者注：効果名は1994年に製作されたジム・キャリー主演のコメディ映画『dumb-and-dumber』に由来する。邦題は『ジム・キャリーはMr.ダマー』〕は、ダニング・クルーガー効果〔訳者注：Dunning-Kruger effect：能力の低い人間は、自身の能力が不足していることを認識できず過大評価するという、認知バイアスについての仮説〕とも呼ばれる。2人は、大学生のグループが試験会場を出たあとで彼らにテストの点数を予想してもらう実験を行なった（Hattie & Yates, 2015, p.224を参照）。成績の悪い学生は最大で20％高く評価したのに対し、成績優秀な学生は最大で5％低く評価した。誤解を恐れずに言えば次のように結論できるだろう。無能な人間は自分の無能さを評価できない。あるいは、ソクラテスの言葉を借りて優秀な人間の立場から言うと、「私は無知であることを知っている」ということである。

学校という文脈でこの結果から言えることは、生徒は自分や自分の成績を正しく評価できるとはかぎらないということである。したがって、生徒がこのような間違った評価をしそうなときには必要に応じていつでも介入できるよう、教師は後ろに控えている必要がある。この開かれた学習環境（Open Learning Environments：OLEs）〔訳者注：課題選択や学習方法など学習条件の設定すべてが学習者にゆだねられていて、教師は直接的な指導を行なわない。Hannafin, Lard, & Oliver, 1999を参照〕は、いろいろな学習レベルに照準を当ててさまざまな段階で利用できるよう設計されている。教師が生徒にこのような学習の段階について説明したあとで、生徒は自分にふさわしい段階を選ぶことになる。しかし、「バカなやつともっとバカなやつ」の効果は、物事は必ずしも思うようにはいかないと警告する。成績の悪い生徒は難しすぎる課題を選ぶことがよくある一方、成績優秀な生徒は易しすぎる課題を選びがちである。したがって、開かれた学習環境（OLEs）であっても、学習の成功を決定づけるのは教師のコンピテンシーとマインドフレームである。つまり、生徒が現在どのレベルにいてどこをめざすべきかという判断に基づいて生徒に挑戦させることになる。これが、アセスメント能力のある生徒を育てる必要があるというもう一つの理由である。そうすれば生徒は過大評価や過少評価をせず、確実な方法で現在の自分の力（パフォーマンス）を知ることができるようになる。

5 「見えないゴリラ」研究

クリストファー・シャブリス（Christopher Chabris）とダニエル・シモンズ（Daniel Simons）が行なった実験は、学習者に過度な要求をしたら何が起こるかという例を示している。何種類かの実験動画がtheinvisiblegorilla.com/かYouTubeでみられる（Hattie & Yates, 2015, p.271参照）。生徒は、白と黒のTシャツを着た2組のバスケットボールチームがパスし合うビデオを見て、白シャツのチームが何回パスするか数えよという課題を与えられる。ビデオが数秒流れたところでゴリラの着ぐるみを着た人が画面の右端に現われ、コートを横切り、中央で少し立ち止まってからまた左へ歩いて立ち去る。

驚いたことに、実験参加者のうちゴリラに気づいたのは40%を少し上回るくらいだった。残りの参加者にゴリラは見えていなかった。この現象は、参加者がパスの回数を数えるという課題に集中していたために大きな精神的負荷がかかり、画面上の他の多くの場面を見落としたということである。

学校や指導について言えることは、生徒の初期の学習レベルに気をつけることと、学習プロセスの設計で不必要な負荷をかけていないか確認することが重要であるということだ。したがって、ここでも、学習を授業の中心に据えることが目標となる。時には課題に夢中になりすぎて、どこをめざしているのか、どこに課題を完成するための支援があるのかすら忘れてしまうこともある。

⑥ 認知負荷理論とその指導のための示唆

生徒が難しすぎる課題を選んだり学習環境が適切に整えられていなかったりしたら、何が起こるだろうか。換言すれば、生徒の精神的緊張が高くなりすぎたら何が起こるだろうか。この問いは、認知負荷理論を開発したポール・チャンドラー（Paul Chandler）とジョン・スウェラー（John Sweller）によって発せられたものである（Kiel et al., 2014, p.86を参照）。彼らは、認知主義やピアジェに倣って、学習プロセスでは既存のスキーマに関連づけられた新しいスキーマが生成されると仮定する。そして、ワーキングメモリには常に、課題内在性負荷、課題外在性負荷、学習関連負荷という3種の認知負荷がかかっているという。

第1に、課題内在性負荷は、課題の難易度と生徒の到達レベル（でき具合）にかかわる。課題が難しければ難しいほど、課題内在性負荷は大きくなる。このことから、生徒の学習前の経験や知識がとても重要であると考えられる。第2に、課題外在性負荷は、一般には学習環境、とりわけ学習材の提示と設計にかかわっている。たとえば、学習材が不必要な情報で溢れていたり、ややこしい表現で書かれていたり、あちらこちらに相互参照がみられたりする場合には認知負荷が高くなるだろう。第3に、学習関連負荷は、学習材を理解し、知識を得ようとする努力に起因する。この認知負荷が前の2つの負荷と関連していることは明らかである。課題内在性負荷と課題外在性負荷が大きくなればなるほど、学習関連負荷も大きくなる。このように考えると、授業では余計な認知負荷をできるだけ低く抑え、スキーマを形成したり知識を獲得することにできるだけ多くの負荷をかけられるよう余地を残しておくべきであるという結論になる。

認知の過負荷はさまざまな原因で起こるが、基本的には2つの原因が考えられる。一つは、不正確な自己評価のような要因に圧倒されること。これは「バカなやつともっとバカなやつ」の効果に関する議論で触れた状況である。この場合、調整するのは課題内在性負荷である。もう一つは、学習目標や学習内容がわからなくなるほど多くの教育ツールが盛り込まれたワークシートのように、方法論の詰め込みすぎに圧倒されることによって生じる。小学校の算数の授業で、計算ツリー（arithmetic tree）や計算三角形（arithmetic triangle）、算数の輪（arithmetic wheel）など、あまりにもたくさんのツールが用いられると生徒は混乱してしまう。こうした新しいツールの利用には教育的創造力が必要となり、多くの場合、対象となる聴衆（つまり、生徒たち）に余計な緊張を与えることになる。そのため、古典的な方法には及ばない。この場合に調整するのは、課題外在性負荷であり、見えないゴリラはこのタイプの過重負荷のよく知られた一つの例である。

7 学習スタイル：実証的教育研究の神話

生徒は読んだことの10%、聞いたことの20%、見たことの30%、見聞きしたことの50%、発表したことの70%、自分でやったことの90%を記憶にとどめるという。これは学生のリサーチ・ペーパーによくみられ、文献でも時々目にする主張の一つである。この数値は一見もっともらしく見えるかもしれないが、実証的知見に基づくものではない。根拠となる研究は一つもない。考えてみれば、これほど明確なエビデンスを出せる研究があるはずがない。しかも、生徒が何を読み、何を聞き、何を見て、何を見聞きし、何を発表し、何をするかに左右されるはずだという明確な反論を見れば、この主張に対して懐疑的にならざるをえない。

それでもやはり実証的教育研究は、これまでずっと上述の数値と似たりよったりの学習保持に関する数値を出そうとしてきた。思うに、学習に大きな変革を起こしたいという気持ちや、もうかるかもしれないという期待が大きかったのかもしれない。

それに応じて、「学習方法と学習スタイルのマッチング」という要因は、はじめは可視化された学習において効果量0・41という高い平均値を示した。しかし、『*Visible Learning*（可視化された学習）』〔訳者注：Hattie, 2009：邦訳は[8]頁を参照〕でこの要因に関する議論がなされ、このような結果を出した複数の研究に対して異議が唱えられた。それにしたがい、『*Visible Learning for Teachers*（教師のための可視化された学習）』〔訳者注：Hattie, 2012：邦訳は[8]頁を参照〕ではデータが修正され3つのメタ分析が削除され、その結果、効果量は0・17まで落ち込んだ。これは、怪しい効果量や少ない標本、そして統計誤差といった研究の質の悪さによって妥当とされていた効果量がゼロ近くまで落ち込んだ事例である。学習スタイルに対して懐疑的なのはなぜだろうか、そして、学習スタイルへの信頼についてどのような議論がなされているのだろうか。

生徒の信念によって生徒をふるいにかけることを正当化する理由はない。しかし、生徒の思考方略を授業で教師が利用することの正当性は十分ある。私たちは唯一無二の絶対的な考えに縛られているわけではない。最も成績のよい生徒は、学習サイクルのどこにいるかに応じて適切な学習方略を選ぶことが上手である。つまり、彼らはいろいろな方略をもっていて、状況に応じて選択したり変更したりしながら適応する力があるのだ（Hattie & Donoghue, 2016）。

もしこの研究が、これまで守ってきた長い伝統から総合的なメッセージを引き出そうとするなら、次のようにいえるかもしれない。学習は楽しいかぎりにおいて効果が期待できる。そして、学習を楽しくする最もよい方法は、ある一定の条件を満たすことでなく、学習前の知識や経験を生かして現在の考えと関連づけ、そこから学習者が挑戦できるような学習状況をデザインすることである。一言でいえば、学んで成功すれば、そこから喜びの感情が生じる。つまり、学ぶことで喜びが生まれるのである。積極的な取り組みの姿勢とは、概して、学習が成功したあとに続いて起こるものであって、必ずしも学習の成功に先行するとはかぎらない。

8 自己概念：成功する学習への鍵

「学習と学習中の言葉に集中する」というマインドフレームの本章では、学習を成功させるのに最も重要な要因の一つである自己概念について触れないわけにいかない。これを見れば、学習前の知識や経験から授業をスタートすることの意味がわかるだろう。

可視化された学習におけるこの要因の効果量は０・47である。自己概念とはどういうものなのか。

この問いに答えるためにロープモデルがよく引き合いに出される（図10－5：Hattie, 1992を参照）。

ロープモデルは、自己概念が一本の繊維からなるのではなくいくつもの自己概念が撚り合わさったものであること、そしてロープの強度は長さ方向に伸びる一本の繊維にかかっているのではなく、撚り合わさった何本もの繊維にかかっていることをうまく示している。ここでいう何本もの繊維とは、自己概念の要素のことである。以下でこの要素のうちの２つ、自己効力感と動機づけを例にとって詳しく説明しよう。

自己効力感（self-efficacy）に関して、ある学習者は自分の成功は運がよかったからで、失敗は人格の欠陥のせいであると考え、そのことが自身の自己概念に否定的な影響を与える。また一方で、自分の成功は努力の賜物であると考え、失敗したときには、次はもっと努力しなければいけないと自分に言い聞かせることで失敗を乗り越えようとする学習者もいる。１つ目のタイプの学習者は自己効力感が低く、２つ目のタイプの学習者は自己効力感が高い。長い目で見ると、自己効力感の高い学習者は自己効力感の低い学習者よりも成

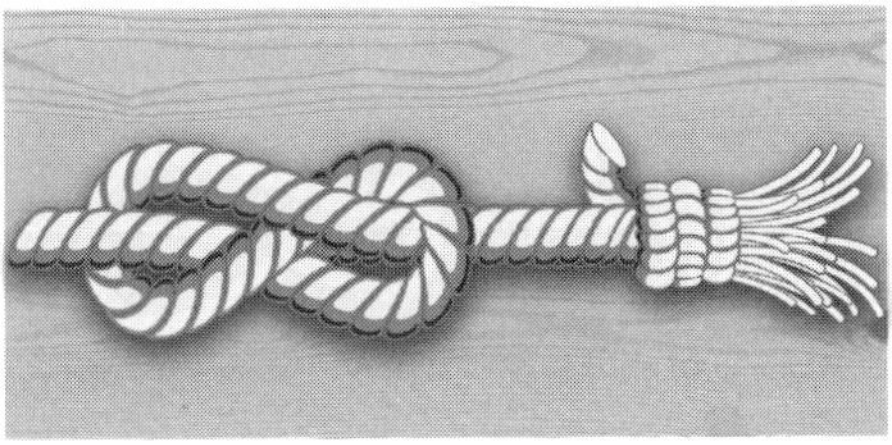

図 10-5　ロープ

功する可能性が高い。なぜなら、彼らは挑戦し、努力を惜しまず、学ぶことに熱心だからである。さらに大事なのは、そういう学習者は失敗をチャンスとしてとらえるということだろう。

動機づけの違いも同じように学習に影響する。何か報酬を得ることを期待して学ぶ学習者もいる（外発的動機づけ）し、教材に興味があるから学ぼうとする学習者もいる（内発的動機づけ）。経験から誰でもわかるように、動機づけによってやる気には違いが見られない。むしろ、長期的な学習成果、または理解の深さに影響する。どちらの場合も、内発的動機づけが外発的動機づけに勝る。

したがって、教師は、生徒が自分に関係する情報をどう処理するのか知っておく必要がある。生徒は難しい課題をやりぬいて自信をつけ、間違えたり失敗したりしながら粘り強さを学び、仲間と積極的にかかわるようになる。そして、さまざまな学習活動に取り組んで成功し満足感を得る。そのため、生徒を学習に向かわせる前に彼らの既有の知識や経験を確認するだけでなく、自己概念を詳しく分析することが重要なのである。

⑨ 何から始めればよいか

生徒の初期の学習レベルに常に注意を払うことは、確かに、教師が日々の学校生活で直面する大変な仕事の一つである。難しいうえに時間がかかり、しかも、何も収穫がないことも多い。とはいうものの、学習を指導の出発点にするうえで重要な要素である。スキル、意欲、期待感における問題は何だろうか。授業中に求められる成功の基準とは何だろうか。どのようにして現在の状態から望ましい状態に進んでいくのだろうか。

本章で扱ったポイントを振り返ってみるといくつもの疑問が浮かんでくる。たとえば、学習スタイルを分析しても意味がない。なぜなら学習に影響を与えるエビデンスが何も見当たらないからである。一方、生徒が教科をどのように学んでいるか見極めることが重要である。つまり、断片的な理解にとどまっているのか、それとも概念を関連づけることができるのか。成功の基準に到達するためのスキルについての自己効力感や自信とは何なのか。そして、成功しようと学び続ける誠実性（真面目さ）はあるのか、などである。

このように考えて、「学習と学習中の言葉に集中する」というマインドフレームを展開するための出発点となる一つの要因を選ぶことにする。エビデンスに基づいて選択するが、網羅するつもりはない。

「学習と学習中の言葉に集中する」というマインドフレームを展開するための次のステップは、これまでにも述べてきたが、生徒の学習前の知識や経験を指導の中で評価することである。そのときには以下の実証的教育研究の知見を心にとめておいてほしい。つまり、授業で教師が使う学習材の半分は学習者がすでに知っているということである（Nuthall, 2007）。指導を削減して実用本位の活動だけにしようというのではないが、学校教育の責任を果たすために、学習時間を無駄にしないことが必要である。指導のはじめに生徒の学習前の知識や経験を確認すること、最初の学習段階を終えたあたりでコンセプトマップをつくること、そして、学年のはじめに成功の基準を生徒にはっきり示すことが重要である。

CHECKLIST チェックリスト

あなたが次回の授業を計画するときには、以下の点を検討しよう。

- ■単一構造、多構造（1つの考え、複数の考え）、関連づけ（関連する考え）、拡張された抽象化（拡張する考え）の各レベルをよく考える。
- ■自己効力感に対する生徒の信念に注意を払う。
- ■生徒の動機を評価する。
- ■難しい状況で生徒がどうがんばるか、特に生徒の誠実性（真面目さ）を把握する。
- ■曖昧な課題やわかりにくいワークシート、そして黒板の図などを使った体系化されていない授業をやめ、認知負荷が過重にならないようにする。
- ■授業では常に、課題のレベルに注意しなければいけない。特に、生徒が自律的に活動するときには、課題のレベルが高すぎたり低すぎたりしないように注意する。万が一、そのような事態に気づいた場合には慎重に介入する。

EXERCISES
エクササイズ

●本章の最初に記載した自己省察のためのアンケートに戻り、別の色でもう一度回答してみよう。どこが変わったかよりもっと重要なのは、あなたの見方が変わったのはなぜかという理由である。自身の自己評価について同僚と話し合ってみよう。

●生徒の初期の学習レベルを、成績、自己効力感に対する信念、動機づけ、誠実さの点から分析してみよう。あなたの分析について学級のことをよく知っている同僚と話し合ってみよう。

●次の授業計画を立てるときには、初期の学習レベルの分析結果を利用してコンセプトマップをつくろう。授業計画とそれをどのように実践するつもりか同僚と話し合ってみよう。

Chapter 11

可視化された学習のビジョン

episode《エピソード》

テイラー・スウィフトと仲間たち、学習への情熱を引き出す方法

私は2015年3月にブリュッセルの国際ドイツ人学校を訪問しました。とても刺激的で楽しい教員研修会を終えたあと、ミュンヘンへの帰りの飛行機が出発するのを待つのに街を眺めながら時間をつぶしました。都心に行くと、街を眺めている人もいれば、春の陽射しを楽しむ人もいました。私はオペラハウスの前のベンチに腰を掛けました。まもなく3人の女の子が気にかかり、その子たちを眺めているととても印象に残ることが起きました。13～15歳ごろの3人の女の子は、テイラー・スウィフトが自身の曲「シェイク・イット・オフ」のビデオで踊るダンスをまねしようとしていたのです。3人の女の子がどのように自分自身を発揮し、曲に少しでも深く入り込もうとしたか、どのくらい強調して動きを表現するかを話し合っては練習し、互いをまねては修正し、どのようにミスを学びの機会としてとらえたかを見たことは印象的でした。最後に大事なことを言い忘れましたが、その3人がどれほど楽しそうだったか。この瞬間に学習が可視化されました。見ていると1時間が過ぎ、私は3人の女の子として頭の中で練習を続けながら空港に向かいました。私は自分に問いかけます。なぜ学校はこのようになれないのかと。

この観察で重要なことは、3人の女の子が何をしたのかではない。それよりもはるかに印象的なのは、彼女たちがどのように、そしてなぜそのように行なったのかである。これは私たちを本書の主なメッセージに引き戻す。成功は、コンピテンシーだけでなく、マインドフレームにも基づいているということに。それは、私たちが何をするのかではなく、私たちがしていることについてどう考えるかが重要なのである。これはコンピテンシーの重要性を否定するものではないが、対応するマインドフレームがなければ、コンピテンシーは隠れたままか、限定的にしか発揮されない。

学校や指導を成功させるのに必要なことを、非常にうまくとらえていると私たちが見ているもので過去によく使用した引用がある。それは、史上最も成功したバスケットボール選手の一人であるマイケルジョーダンに関するものであり、YouTubeで視聴できるコマーシャルから引用したものである。本書の結論の主なテーマとして、この引用を取り上げたいと思う。「私のキャリアで9000回以上シュートを外した。300ゲーム近く負けた。勝敗を決めるシュートを任されて、26回も外した。私は人生で何度も何度も失敗した。でも、それこそ私が成功した理由だった」。

1 自然から学ぶ：ウェブモデル

成功する教え方に関する本はたくさんある。過去にドイツ語で書かれ教育学の文献で有意義だったのは、ヒルベルト・マイヤー（Hilbert Meyer）の『すぐれた授業の規準』（Meyer, 2013）とアンドレアス・ヘルムケ（Andreas Helmke）の『すぐれた授業の特徴』（Helmke, 2010）の2冊だった〔訳者注：マイヤーの著書をドイツ語から訳すと『すぐれた授業とは何か』、ヘルムケの著書は『授業の質と教師の専門性』となる。ドイツ語の原題等は[10]、[8]頁を参照〕。2冊ともすでにこの分野の古典の域に入っている。トーマス・グッド（Thomas Good）とジェレ・ブロフィー（Jere Brophy）の『*Looking in Classrooms*（教室の中で見る）』（Good & Brophy, 2007）やジェフ・ペティ（Geoff Petty）の『*Evidence Based Teaching*（エビデンスに基づく教育）』（Petty, 2014）など、同様に奥深い英語の文献はたくさん出されている。それらはすぐれた教え方の規準や特徴を多く含んでいる。私たちの本でいえば、10のマインドフレームが含まれている。

マイヤー（Meyer, 2013）、ヘルムケ（Helmke, 2010）、グッド&ブロフィー（Good & Brophy, 2007）、ペティ（Petty, 2014）によって描き出された規準は、アイテムを一つずつ処理して自分のレパートリーに加えることのできる一種の順次リストを形成しているという仮定に基づいて取り組むものであるとすれば、私たちの本はそのような教育の専門知識とは違う理解に従っていることになる。先の著者たちは、10をはるかに超えるポイントやヒントや秘訣を提供しているが、彼らはそれらもより高い思考レベルの視点を形成しようとしている。重要なのは、教育の熟達者になる途上でリストを通して取り組むことではない。多くの人が、『*Visible Learning*（可視化された学習）』を読んでいるときにこの間違いを犯している（ランキングの上位10をチェックし、下位10を実行し

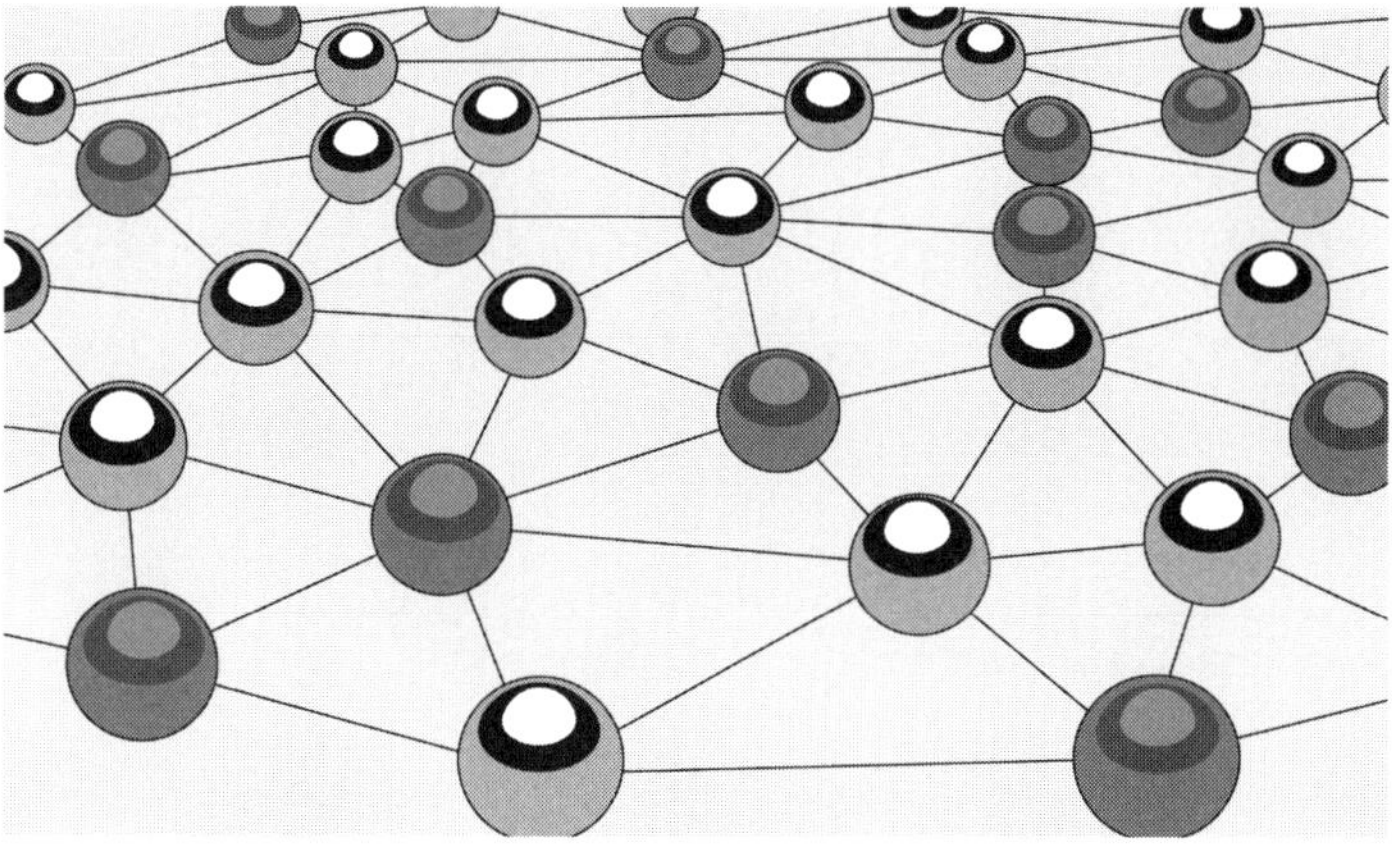

図 11-1　ウェブモデル 1

ないなど）。むしろ、私たちの本で提示した考えは、そっくりそのままの状態で全体や世界観を形づくっている。ウェブのイメージ〔訳者注：Web：一般的な訳として、「蜘蛛の巣」「蜘蛛の巣状の交錯したもの」「情報通信ネットワーク」「複雑な関係」「織った布」「World Wide Web」などがある〕を喚起することで、そのことを特徴づけたいと思う。ただし、イメージは目の前の問題の複雑さを軽減してくれるが、特定の側面を曖昧にする。それでも、画像は千の言葉以上に匹敵し、本書で扱われている問題を明確にするのに役立つ。そのため私たちは、本書の最初ではなく最後にこれらの画像を掲載する。つまり、読者としてのあなたが、すでに一章一章を苦労して読み終えた時点で掲載するのである（図11-1）。

一般に、ウェブ（交錯したもの）は耐久性が高く、全体の強度によって弱点を補うことができることが知られている。そのために必要な材料は最小限で

図 11-2　ウェブモデル 2

すむ。これに関連して、蜘蛛の巣状のものは特に興味深い。研究者たちは、近年、蜘蛛がすべての中で最も強力な部類の巣をつくることを発見した。このことから、蜘蛛の巣状のものは現在、多様な分野で人工ウェブモデルとして使用されている（図 11-2）(Cranford et al., 2012)。

蜘蛛の巣の秘密は何か。蜘蛛の巣の強さは2つの要因からくる。第1に、それはスレッド（糸）の性質からもたらされる。糸に弾力性があり、切れにくいと、強力なウェブがつくられる。第2に、蜘蛛の巣の強さは構造からもたらされる。糸と広がりの分布と配置に応じて、より安定したり不安定になったりする。これらの2つの要素が合わさると、互いの影響力とバランスが強化され、互いの弱点が除去される。つまり、突風により穴が開いても、安定状態を維持し、もとに戻しやすい。ウェブのこのような特性は、新たにウェブ（網目）を紡ぐよりも、穴を補修するのにかかる時間やエネルギーが少なく，蜘蛛の生命維持に不可欠である。

このモデルを本書と本書に含まれる着想に適用すると，10のマインドフレームがウェブを構成するスレッド（糸）に相当する。10のマインドフレームが強いほど，教師の思考や行動への影響は大きくなる。同時に，10のマインドフレームはそれぞれが相互的な関係にある。この関係が弱い場合，一貫性が失われる。マインドフレームは，統一された全体というよりもパッチワークのようになってしまう。他方，互いをサポートし，強化する関係にある場合，マインドフレームは一貫した構造を形成し，ともに安定したウェブを形成することになる。繰り返すと，全体はその部分の合計よりも強靭になる。

結果として，どのマインドフレームも他のマインドフレームと関係があり，どのマインドフレームも他のマインドフレームから生じ，どのマインドフレームも相互的な関係にある。どのマインドフレームも他のマインドフレームに支えられ強化されている。すべてのマインドフレームを考慮する必要があるため，需要は高い。ただし，これは教育の文脈で求められる一貫性にもつながることである。それは本質的に，不確実で予測不能な，そしてしばしば二分法によって特徴づけられる状況における論理，健全さ，一貫した思考と行動の問題である。したがって，本書で論じられているマインドフレームは，一部の人が出生時に与えられた才能や個人の特徴として理解されるべきではない。むしろ，それらは教育の専門性の表われであり，教え学ぶことができ，忙しく，にぎやかで，寛大な教室において，インパクトのある教師が瞬時の決定と判断をどのように考え行なうかの基盤を形成するものである。

2 可視化された教え方：授業計画を可視化する

教育と指導のすべての側面を計画することは不可能であり，そのプロセスには不確実な瞬間が訪れるが，教師は，授業計画を書かないことはあっても避けることはできない。よくある反対意見の一つは，授業計画が生徒の学習を成功に導くのに本当に役立つかどうかがわからないことである。これにより，計画プロセス自体が疑問視され，教授よりも学習に焦点を当てることが求められる。しかし，どのようなかたちであれ，授業計画は不可欠である。少なくとも，1つのまたは一連の授業で生徒に与えようとする「影響」の性質を知ることは，計画を成功させるための核心になる。これを「影響」の成功基準（"impact" success criteria）と呼んでいるが，これは生徒がすでに知っていることと今知ろうとすることに基づいて調整され，この基盤から成功の基準に向けてすべての生徒の進捗状況をモニタリングするには計画を必要とする。――そしてここでマインドフレームが本領を発揮するのだが――それは熟達者（教師，さらには生徒が，どの場面でそれを提供するのか）による思考と判断であり，それぞれの生徒が成功に向けた学習サイクルのどこにいるかを知り，その場で調整を行ない，さまざまな指導方法を提供することは，教育の術（わざ）と科学とが凝縮された瞬間なのである。

適切な計画を立てることで，教えることが学習につながる可能性が高まる。これは，「目標」という要因によって説明できる。学習が成功する可能性は，教師が自分の目標に関してまず自分自身に，次に生徒とともに明確にすればするほど高くなる。学習が成功する可能性は，これらの目標を学習者がすでに知っていて実行できることにうまく噛み合うほど高くなる。教師と生徒がこれらの目標に向かって取り組む可能性は，生徒と共有され理解されるほど高くなる。さらに，より多くの教師が学習者と一緒に目標の理解に到達することに成功するほど，学習は成功する（そして楽しいものになる）可能性が高くなる。これだけでも授業計画の必要性は示されている。

プランニングの重要性は，スクールリーダーにとっても組織のリーダーにとっても重要であることには違いはない。現在の状況を知り，すぐれた診断を行ない，成功の基準を明確にし，的確な介入を選択し，現在の状態から望まれる成功の基準へと移行していく成功を継続的に評価し，さらにはこの追求が成功したことへの達成感を味わうことは，すぐれた教育とすぐれたシステム開発の本質となるところである。

可視化された学習の調査からの重要なメッセージは，さまざまな影響は起こったことを反映しているため，十分にありうることとみなす必要があるということである。研究は過去についてのものであり，それは何が起こったかを概説するものである。自動車を運転するのと同じように，あなたの背後にあるものに絶えず注意を払い，最善の状態で進行することを助けることには価値がある。

同じように、体系的に機能することが示されている考えや方法を使用することにはメリットがある。確率の高いプログラムを導入すると、効果が高くなる可能性が上がるので、高い確率で効果のある影響を選択するのが賢明である。しかし、重要な概念は次のステップにある。それは「汝の影響を知りたまえ」ということである。これらの高い確率を示す介入を導入すると、学級や学校にどのような影響をもたらすだろうか。

これには3つの主な問いかけが求められる。影響とは何か。私たちが影響を及ぼしていることをどうやって知ることができるのか。十分な影響の大きさはどれくらいか、である。多くの場合、「影響とは何か」に対する答えは1つではなく、達成度の向上、学習するその場への帰属意識、もっと学びたいという欲求、内容に対する前向きな姿勢などがかかわってくる。私たちが知っていることや今知ろうとしていることを他者と一緒に探求する意欲、私たちが学んでいることについて好奇心と批判的思考を発達させること、自尊感情や他者尊重の念を高めること、より多くの課題に取り組む自信を築くことがかかわってくる。学習する中で意志とわくわく感を評価すること、生徒が考えたことを発言するのを観察したり耳を傾けたりすること、テストの得点を利用して成長と達成の両方を確認すること、他者にあなたが生徒に与える影響を観察させること、生徒の活動の成果物を探求することといった影響の意味を評価するための情報源はたくさんある。重要性を評価するのに利用できることは、他者との調整、規範の成長と達成基準への言及、学習環境への帰属意識についてのインタビューや聞き取り、時間の経過に伴う生徒の活動の成果物、または合意されたルーブリックへの言及を用いて、影響についての信念（ビリーフ）を測定する評価方法を利用し、そして最も重要なことは、生徒にこの影響を知る機会を提供し、成長しているかどうかの判断について彼らとあなたの見解を検証することである。どの質問にも定まった1つの答えはない。生徒や同僚とともに確認しながら、一連の三角測量による判断を行なうことになる。したがって、この有効性に影響するエビデンスが与えられるならば、すべての人が学ぶことができるというコレクティブ・エフィカシー（集合的効力感）の重要さと効用がジャッジされることになる。

私たちの論拠は、多くの点で、私たちのほとんどが教育専門職に就いた理由、つまり生徒の学習生活にプラスの影響を与えたいという動機に基づいている。中核的なマインドフレームで強調されているのは、「私は生徒の学習に及ぼす影響の評価者である」[訳者注：第1章]ということだけである。これは、評価情報を利用して影響を理解したり、他者と協働したり、影響の意味や影響の大きさについて信念を批評したり、調整したりするというマインドフレームで達成できることである。私たちは生徒の学習生活を変え、向上させることができると信じなければならないし、このチャレンジに対処し、生徒が自分では見ることさえできない可能性を見つけられるよう努めなければならない。生徒に私たちのフィードバックを聞いて受け取るように教える必要がある。私たちにとっては、私たちの影響についてのフィードバックに耳を傾けて受け取る必要がある。これには、学習について対話したり、学習を成功させるための適度に挑戦的な基準を知り、尊重し、伝えたり、学習サイクルを深く理解したりすることが求められる。あなたが働いている環境で安心して学ぶことができるように、これらすべてを高いレベルの信頼と関係に基づいて構築してほしい。これは、職員室のスクールリーダーやシステム全体の組織リーダーの視点で考えても、同じことがいえる。

3 将来の学校のビジョン

それでも私たちのビジョンは、教育システムを改革するために頻繁に提起される計画とはほとんど関係がない。改革者は、学校と教え方に変革を起こす確実な手段として、より多くの財源、より多くの自律性、より多くの国際競争、よりよい比較研究、より多くの統計、革新的なテクノロジーなどを提案することがよくある。しかし、これらの措置は変革につながることはない（Hattie, 2015を参照）。変革を引き起こすのは計画でも、数字でも、申し立てでもない。人は、ビジョンや信念、そして夢を通じて変革を引き起こす。

教育者は、差異、説明責任、より高い規準、多様な形態の学校を真に生み出すのは、xまたはyであると、絶えず競合状態をつくりだしているかのような主張をする。解決策を懐にもつ教育者には用心しよう。教育の世界は、方略、計画、法律、行動指針で溢れている。マーティン・ルーサー・キング・ジュニアは、「私には方略がある」とか「私には計画がある」と宣言しなかった。そうではなく、「私には夢がある」と彼は述べた。

私たちも、学習への情熱を育むという夢、そしてすべての生徒が来て学び、所属し、自分の学習をもっとやってみたいと思えるよう促すことに価値を置くような教育システムを開発するという夢をもっている。

私たちは、白人、黒人、ヒスパニック系、地元の人、難民、悪戦苦闘している人、明るい人など、学習を追求するために他者と協働することに敏感であり、自己と他者を尊重する教育システムを夢見ている。

私たちは、向上したい人、卓越性を尊重したい人、進歩することの手ごたえをつかみたい人、何をすべきかわからないときに何をすべきかがわかる人で満たされた教育システムを夢見ている。

私たちは、教師とスクールリーダーが社会的にも財政的にも尊重され、評価されることを夢見ている。私たちは自分自身を、生徒の学習における主要な変化をもたらす主体（エージェント）だとみなしている。その結果、私たちの社会に真の多様性をもたらすための学校の法則と信条を示すことができるのである。確かに私たちの民主主義の中で最大の文明化された機関は私たちの学校である。

私たちは、「これは難しそうだからできない」ではなく、「これは難しいけど、よし、やってみよう」と自信をもってチャレンジすることを生徒に教えられることを夢見ている。私たちは、うまくいかないものを取り除き、子どもたちの頭に埋め込もうとしているものの多くを取り除き、表面的なものから深いものまでのバランスをとり、生徒がその場にいたい、戻ってきてもっと学びたいと思うような、楽しく喜びにあふれた方法に移行することを夢見ている。

1. 教育の目的

■この知識を批評したり、再構成したり、解体したり、世に知らせたり、学校に来られなければ学べなかったことを学んだりして、すべての生徒に貴重で生産的な知識を学んでもらいたい。

教育の目的は、子どもたちのニーズを満たすことであってはならない。城に住む金持ち、門前にたたずむ貧しい少年や少女など、自分たちの後継者とするために子どもたちを支援するというのはなんと低い願望であろうか。教育の目的は、生徒たちの潜在能力を発揮できるようにすることではない。これもまた、多くの人の願望を低下させ、学校教育の目的を損なうからである。教育の第一の目的は、生徒たちが自身の潜在能力と考えるものを超えるのを助けることである。生徒たちには自分では見えていないかもしれない何かに目を向けさせ、学習への情熱を吹き込むことである。

2. 私たちは夢をかなえようとしている

■しかし、私たちは夢を叶えようとしている。今、私たちの周りにはたくさんの成功がある。マーティン・ルーサー・キング・ジュニアの主張とは異なり、彼を支持した人たちにはまだ自由がない。私たちの社会にいる若者たち、すばらしい教育システムをもつ国を求めて私たちの土地に来る人たちは、卓越した多くのオアシスを提供する学校教育システムに入れる。

■子どもたちがまだ子どもでいる間に、命を救うために小切手を現金化する手段や、自由と幸福追求を共有する方法を子どもたちに教える教師がいて、それができる学校がある。

■私たちの仕事は、これら希望の楽園を構え、どんな人にでも手を差し伸べることである。

■そのような教師と一緒にいることが特別に許可され、夢を叶えようと生きている多くの生徒の実証としての姿が目にとまる。知識に向けられる情熱を共有したいと思う教師たちがいる。達成につながる進歩にかかわるよう特に任じられた人たちである。いつ表面的なことから深いものに移り、いつ戻るかを知っている人である。生徒の学習生活を向上させる方法を深く知っている人である。同僚と協力して、生徒に大きな影響を与えるために専門知識を研ぎ澄まし、強化し、共有し、楽しむ方法を知っている社会的感性の備わった人である。

3. やるべきことはたくさんある

■しかし、やるべきことはたくさんある。私たちは、ポリアンナの主張［訳者注：エレナ・ホグマン・ポーター（Porter, E. H.）の小説『少女ポリアンナ』や『ポリアンナの青春』に由来し、ネガティブな言葉よりもポジティブな言葉のほうが大きな影響をもたらすことをポリアンナ効果という］に基づく教育システムをまだ残していることがよくあるが、それはすべての人に卓越性を提供するわけではない。たちの悪い不平等が多すぎて、思考が不足しすぎていて、専門知識への信頼が少なすぎて、魔女狩りが多すぎて、宝探しが不十分である。

■しかし、私たちの周りには卓越性がある。生徒の学習生活に大きな変化をもたらしているこれらの学校、リーダー、教師を確実に特定し、これらの教育者の周りで成功の連帯を構築し、学校内および学校間のそのような卓越性の協働コミュニティを支援する気骨があるだろうか。

■多くの学校、可視化された学習を実施する学校などが毎日この成功を経験しており、彼らは私たちの夢を叶えようとしている。

■これは、私たちの子どもたちや孫たち、そしてすべての子どもたちに経験してもらいたい教育に対する私たちの夢である。あなたの影響を知り、学習を刺激し、私たち全員の夢が叶うように。

訳者代表あとがき

本書は、オーストラリア・メルボルン大学名誉教授ジョン・ハッティとドイツ・アウグスブルク大学教授クラウス・チィーラーとのコラボレーションにより、２０１８年にラウトレッジ出版社から刊行した *“10 Mindframes for Visible Learning: Teaching for Success”* を邦訳したものである。直訳すると「可視化された学習のための10のマインドフレーム：成功へと導く教授法」となるが、この邦訳版を出版するにあたり、スクールリーダーを対象にする姉妹書の存在も意識し、書名を『教師のための教育効果を高めるマインドフレーム：可視化された授業づくりの10の秘訣』とした。

本書の構成においては、10のマインドフレームがそれぞれの章題に掲げられている。学習を成功へと導くことができる教師は、多くのなすべきことのうち、実際には何を確実に実践しているのかを実証的研究の確かな裏づけをもって示しているのがマインドフレームである。卓越した熟練教師は、自らの教えるという行為に対し、なぜそれを行なっているのか、それが生徒の学習にどのような影響（インパクト）を与えるのかという問いかけに、常に明確に答えられるという。授業を確実に成功させる鍵は、教科の専門知識や教え方の能力だけではないこと、授業のあらゆる場面で学習者を学ぶ気にさせようとする挑戦的な意志をもつことが重要であり、日々の授業で試されるこの意志と判断を奥底でつかさどるのがマインドフレームである。マインドフレームとは、ものごとに対する見方や考え方、とらえ方、信念（ビリーフ）の総称といってよいだろう。

マインドフレームが豊かに涵養されれば、授業を診る目、子どもを観とる目、自らの影響を推し量る内なる目が豊かになり、効果的な学びが誘発されるという。マインドフレームとして示された一つひとつの秘訣は、これまでの自らの授業実践を振り返らせる促進剤になるにちがいない。本書が精神論を振りかざす書でないことは、教職専門性には教職コンピテンシーとマインドフレームの両者が必要であり、この両者を常に行き来しながら教職専門性を構築していくという本書のねらいからも理解できるだろう。熟練教師の実践知とメタ分析の統合的研究がもたらしたエビデンスとを統合させた進化形が10のマインドフレームに濃縮されているのである。

教え・学ぶという行為において、熟練教師たちが最も肝要だと思うことをどのようにとらえているか、自身が学習者に及ぼす影響をどのように理解しているかを、ハッティならではのメタ分析研究のエビデンスに基づいて集約した「極意」がマインドフレームだといえる。このマインドフレームは、生徒を変えよう（学んで成長させよう）という情熱と熱意に支えられてこそ、画竜点睛となることを忘れてはいけない。

さて、日本では、キャロル・ドゥエックの著作によりもたらされた、成長マインドセットと硬直マインドセットの考え方が広まった。彼女は、人の知性や能力は変えることができるという信念をもつか、それとも「どうせていねいに教えてもたいして変わりはしない」といった言質に表われるように不変のものとしてとらえるのかによって、成長の差が顕われると説いた。授業も同じであり、人を変えたい（学ぶことの楽しさや成長の喜びを味わわせたい）との情熱をもって、学習者に適度に挑戦的な課題を提示するよう取り組んでいるかどうかが問われるところであろう。

Mindframeを「心的枠組み」とするか、広く流通している用語を代用して「マインドセット」と訳すかで判断しかねたため、著者の二人に意見を求めることにした。二人の意見の概略は、ドゥエックの用法では二分法になってしまい、BからAへ（硬直マインドセットから成長マインドセットへ）という単純化を導いてしまう。そのためウェブモデル（11章）をもって10のマインドフレームの相乗効果を説く本書の趣旨とは外れるというものであった。これをふまえマインドセットと同様にカタカナ語で「マインドフレーム」と表記することにし、読者の理解に委ねることとした。

ハッティ3部作の邦訳書に続くのが本書である。２００９年には約８００件を対象にしていたメタ分析研究はその後も進化し続けており、ハッティの学習の可視化（学びの見える化）プロジェクトはまだ完了していない。２０１８年刊行の本書にいたっては約６００件を積み増して１４００件を超えるメタ分析研究を対象にしている。これにより効果要因のすそ野も広がった。ハッティが世界的に著名になったのは、確かにこのメタ分析研究のおかげである。その研究結果に基づくと、教師や学校が取り組んでいるほぼすべての教育的要因にマイナス作用はなく、大なり小なりのプラス効果を有するという。言い換えれば、「私たちが学習者に対して行なうことの90～95％は学習者の達成度を高めている」（19頁）のである。プラス効果はおよそ全般に及ぶので、何が最も子どもの学習に作用するのかという視点から、学習への効果要因を見える化したのがハッティの功績である。

しかし、彼の根底にある一貫したもう一つの研究のモティーフは、日々の実践を構築している教師として「汝の影響を知りたまえ」にある。子どもの学習の成否に直接かかわる教師自身の働きかけとその影響力である。教師は自身の働きかけがもたらす影響、その影響の性質や意味、影響の大きさや価値を知るために、どれだけ自己をアセスメントしたり振り返ったりしているのだろうか。省察的実践家をめざすのであれば、生徒からのフィードバックを求め、生徒の声に耳を傾けることは自然の成り行きに違いない。省察的実践家としての教師が、自らの働きかけをアセスメントしたり振り返ったりするためのエビデンスとは、「グループ活動の観察、完成したワークシート、学習者や親との協議での発言」（110頁）など教師が集めた日頃の情報を意味するとハッティらははっきり述べている。これらのエビデンスを「自身の考え方や行動に結びつけ、実証的な研究結果を判断材料とすることが、可視化された学習で推奨されているエビデンス・ベースのアプローチ」（110頁）であるという。

本書を読み解いていくと、ハッティに対して数値やデータの権化というイメージは微塵も湧かないであろうし、ハッティとチィーラーが学習科学の知見と教育実践の知見とを融合させて展開する論説には、現代教授学の啓蒙の書というにふさわしい叡智がちりばめられていることが感じられよう。

とりわけ教育実践者の方からは、両者が提供した10のマインドフレームについてご意見を賜ることを願っている。

学習者からフィードバックを受け取り、教師もともに「学習者（ラーナー）」になろう、を合言葉にして。

2021年9月

訳者を代表して　原田 信之

索　引

【人名索引】

【事項索引】

文　献

＊印は、原著そのものの翻訳ではないが、
ほぼ同内容の邦訳であることを意味する

Adey, P., & Shayer, M. (2013). Piagetian approaches. In J.A.C. Hattie & E. Anderman (Eds.) ***Handbook on student achievement.*** New York: Routledge.

Adey, P., Shayer, M., & Yates, C. (2001). ***Thinking science: The curriculum materials of the CASE project*** (3rd edn). London: Nelson Thornes.

Alexander, R. J., & Armstrong, M. (2010). ***Children, their world, their education: Final report and recommendations of the Cambridge Primary Review.*** New York: Taylor & Francis.

Aristotle, U. (2004). ***Rhetoric.*** Whitefi sh, MT: Kessinger Publishing.（＊アリストテレス　戸塚七郎（訳）(1992)．弁論術　岩波書店 ）

Berliner, D. C. (1988). ***The development of expertise in pedagogy.*** Washington, DC: AACTE Publications.

Biggs, J., & Collis, K. (1982). ***Evaluating the quality of learning: The SOLO taxonomy.*** New York: Academic Press.

Bloom, B. (1984). ***Taxonomy of educational objectives (1956).*** New York: Pearson Education.

Bollnow, O. F. (2001). Die pädagogische Atmosphäre. Untersuchungen über die gefühlsmäßigen zwischenmenschlichen Voraussetzungen der Erziehung. Essen: Die blaue Eule 2001 (1968). Bolton, S., & Hattie, J. A. C. (in review). ***Development of the brain, executive functioning and Piaget.***

Bolton, S. & Hattie, J. (2017). Cognitive and brain development: Executive function, Piaget, and the prefrontal cortex. ***Archives of Psychology, 1***(3). https://archivesofpsychology.org/index.php/aop/article/view/30

Brookhart, S. M. (2017). ***How to give effective feedback to your students.*** Alexandria, VA: ASCD.

Brophy, J. E. (1999). ***Teaching*** (pp. 8–9). New York: International Academy of Education and the International Bureau of Education.

Buber, M. (1958). ***Ich und Du.*** Heidelberg: Lambert Schneider.（ブーバー，M.　田口義弘（訳）(1978).　我と汝；対話　みすず書房）

Clinton, J., Cairns, K., Mclaren, P., & Simpson, S. (2014). Evaluation of the Victorian Deaf Education Institute Real-Time Captioning Pilot Program, Final Report – August 2014. The University of Melbourne: Centre for Program Evaluation.

Coe, R. (2012). Effect size. In ***Research methods and methodologies in education***, Arthur, J., Waring, M., Coe, R. & Hedges, L.V. (eds). Thousand Oaks, CA: Sage Publishing, 368–377.

Cranford, S. W., Tarakanova, A., Pugno, N. M., & Buehler, M. J. (2012). Nonlinear material behaviour of spider silk yields robust webs. ***Nature*, *482***, 72–76.

Csíkszentmihályi, M. (2008). ***Flow: The psychology of optimal experience.*** New York: Harper.

Dewey, J. (2009). ***Democracy and education: An introduction to the philosophy of education.*** Seattle, WA: CreateSpace.（＊デューイ，J.　松野安男（訳）(1975)．民主主義と教育　岩波書店）

Donoghue, G., & Hattie, J. A. C. (in review). Learning strategies: A meta-analysis of Dunlosky et al. (2013).

Dweck, C. (2012). ***Mindset: How you can fulfill your potential.*** New York: Random House.（＊ドゥエック, C. S.　今西康子（訳）(2016)．マインドセット――「やればできる！」の研究　草思社）

Dweck, C. (2015). Carol Dweck revisits the 'growth mindset'. ***Education Week*, *35***(5), 20–24.

Dweck, C. (2017). ***Mindset: Changing the way you think to fulfil your potential.*** New York: Hachette.（＊ドゥエック，C. S.　今西康子（訳）(2016)．マインドセット――「やればできる！」の研究　草思社）

Eells, R. (2011). Meta-analysis of the relationship between collective effi cacy and student achievement. Unpublished Ph.D dissertation. Loyola University of Chicago.

Endres, A., & Martiensen, J. (2007). ***Mikroökonomik – Eine integrierte Darstellung traditioneller und moderner Konzepte in Theorie und Praxis.*** Stuttgart: Kohlhammer.

Fishbein, M., & Ajzen, I. (1975). ***Belief, attitude, intention, and behavior.*** Reading, MA: Addison-Wesley.

Fisher, D., Frey, N., & Farnan, N. (2004). Student teachers matter: The impact of student teachers on elementary-aged children in a professional development school. ***Teacher Education Quarterly*, *31***(2), 43–56.

Flanders, N. A. (1970). ***Analyzing teacher behavior*** (pp. 100–107). Boston, MA: Addison-Wesley P. C.

Freire, P. (2000). ***Pedagogy of the oppressed.*** London: Bloomsbury Publishing.（フレイレ, P.　三砂ちづる（訳）(2018)．被抑圧者の教育学　亜紀書房）

Gan, J. S. M. (2011). The effects of prompts and explicit coaching on peer feedback quality. Unpublished PhD dissertation. University of Auckland.

Gardner, H., Csíkszentmihályi, M., & Damon, W. (2001). ***Good work: When excellence and ethics meet.*** Zus. mit Howard Gardner and William Damon. New York: Basic Books.（＊ガードナー，H.・チクセントミハイ，M.・デイモン，W.　安室憲一ほか（訳）(2016)．グッドワークとフロー体験――最高の仕事で社会に貢献する方法　世界思想社）

Gardner, H., Csíkszentmihályi, M., & Damon, W. (2005). ***Good work.*** Stuttgart: Klett.

Good, T. L., & Brophy, J. E. (2007). ***Looking in classrooms*** (10th edn). London: Pearson.

Guskey, T. R. (2010). Lessons of mastery learning. ***Educational Leadership, 68***(2), 52.

Haimovitz, K., & Dweck, C. S. (2016). What predicts children's fixed and growth intelligence mind-sets? Not their parents' views of intelligence but their parents' views of failure. ***Psychological Science, 27***(6), 859-869.

Hannafin M., Land, S., & Olver, K. (1999). Open learning environments: Foundations, methods, and models. In C. M. Reigeluth (Ed.), ***Instructional design theories and models vol. II: A new paradigm of instructional theory*** (pp. 115-140). Mahwah, NJ: Lawrence Erlbaum Associates, Inc.

Hattie, J. (1992). ***Self-concept.*** Hillsdale, NJ: Lawrence Erlbaum Associates.

Hattie, J. (2009). ***Visible learning.*** London: Routledge.（ハッティ，J.　山森光陽（訳）(2018).　教育の効果――メタ分析による学力に影響を与える要因の効果の可視化　図書文化社）

Hattie, J. (2012). ***Visible learning for teachers.*** London: Routledge.（ハッティ, J.　原田信之（訳者代表）(2017).　学習に何が最も効果的か――メタ分析による学習の可視化　教師編　あいり出版）

Hattie, J. (2013). ***Lernen sichtbar machen.*** Baltmannsweiler: Schneider.

Hattie, J. (2014). ***Lernen sichtbar machen für Lehrpersonen.*** Baltmannsweiler: Schneider.

Hattie, J. (2015). ***Lernen sichtbar machen aus psychologischer Perspektive.*** Baltmannsweiler: Schneider.

Hattie, J., & Donoghue, G. (2016). Learning strategies: A synthesis and conceptual model. ***Nature: Science of Learning, 1.*** doi:10.1038/npjscilearn.2016.13. www.nature.com/articles/npjscilearn201613

Hattie, J., & Masters, D. (2011). ***The evaluation of a student feedback survey.*** Auckland: Cognition.

Hattie, J., & Timperley, H. (2007). The power of feedback. ***Review of Educational Research, 77***(1), 81–112.

Hattie, J., & Yates, G. (2015). ***Visible learning and the science of how we learn.*** New York: Routledge.（ハッティ，J.・イエーツ，G. C. R.　原田信之（訳者代表）(2020).　教育効果を可視化する学習科学　北大路書房）

Hattie, J., & Zierer, K. (2016). ***Kenne deinen Einfluss! "Visible Learning" für die Unterrichtspraxis.*** Baltmannsweiler: Schneider.

Helmke, A. (2010). ***Unterrichtsqualität und Lehrerprofessionalität. Diagnose, Evaluation und Verbesserung des Unterrichts.*** Stuttgart: Klett.

Herbart, J.-F. (1806). ***Allgemeine Pädagogik aus dem Zweck der Erziehung abgeleitet.*** Göttlngen: Röwer.（ヘルバルト，J. F.　是常正美（訳）(1968).　一般教育学　玉川大学出版部）

Keller, J. (2010). ***Motivational design for learning and performance.*** The ARCS Model Approach. London: Springer.（ケラー，J. M.　鈴木克明（監訳）

(2010). 学習意欲をデザインする——ARCS モデルによるインストラクショナルデザイン　北大路書房)
Kiel, E., Keller-Schneider, M., Haag, L., & Zierer, K. (2014). ***Unterricht planen, durchführen, reflektieren.*** Berlin: Cornelsen.
King, Martin L., Jr. (1963). "I Have a Dream." Speech. Lincoln Memorial, Washington, D. C. 28 Aug. 1963.
Klafki, W. (1996). ***Neue Studien zur Bildungstheorie und Didaktik – Zeitgemäße Allgemeinbildung und kritisch-konstruktive Didaktik, 5., unveränderte Auflage.*** Weinheim/Basel: Beltz.
Korpershoek, H., Harms, T., de Boer, H., van Kuijk, M., & Doolaard, S. (2016). A meta-analysis of the effects of classroom management strategies and classroom management programs on students' academic, behavioral, emotional, and motivational outcomes. ***Review of Educational Research*, *86***(3).
Kruger, J. & Dunning, D. (1999). Unskilled and unaware of it: How difficulties in recognizing one's own incompetence lead to inflated self-assessments. ***Journal of Personality and Social Psychology, 77***(6), 1121-1134.
Lipsey, M., & Wilson, D. (2001). ***Practical meta-analysis.*** Thousand Oaks, CA: Sage.
Littleton, K., Mercer, N., Dawes, L., Wegerif, R., Rowe, D., & Sams, C. (2005). Talking and thinking together at key stage 1. ***Early Years*, *25***(2), 167–182.
Lomas, J. D., Koedinger, K., Patel, N., Shodhan, S., Poonwala, N., & Forlizzi, J. L. (2017). Is Difficulty Overrated?: The Effects of Choice, Novelty and Suspense on Intrinsic Motivation in Educational Games. In ***Proceedings of the 2017 CHI Conference on Human Factors in Computing Systems*** (pp. 1028–1039). Denver, CO: ACM.
Mager, R. (1997). ***Preparing instructional objectives: A critical tool in the development of effective instruction***. Atlanta: CEP Press.（メイジャー，R. 小野浩三（監訳）(1974). 教育目標と最終行動——行動の変化はどのようにして確認されるか　産業行動研究所）
Martin, A. J. (2012). The role of personal best (PB) goals in the achievement and behavioral engagement of students with ADHD and students without ADHD. ***Contemporary Educational Psychology*, *37***(2), 91–105.
Martin, A. J., Collie, R. J., Mok, M., & McInerney, D. M. (2016). Personal best (PB) goal structure, individual PB goals, engagement, and achievement: A study of Chinese-and English-speaking background students in Australian schools. ***British Journal of Educational Psychology*, *86***(1), 75–91.
Merrill, M. D. (2002). First principles of instruction. ***Educational Technology Research and Development*, *50***(3), 43–59.
Mesmer-Magnus, J., Glew, D. J., & Viswesvaran, C. (2012). A meta-analysis of positive humor in the workplace. ***Journal of Managerial Psychology*, *27***(2), 155–190.
MET (2010). Learning about Teaching. Bill & Melinda Gates Foundation.

Meyer, H. L. (2013). ***Was ist guter Unterricht?*** (9. Aufl.). Berlin: Cornelsen Scriptor.
Mischel, W. (2014). ***The Marshmallow test: Mastering self-control.*** New York: Little Brown.（ミシェル，W.　柴田裕之（訳）(2017)．マシュマロ・テスト――成功する子・しない子　早川書房）
Mitchell, D. (2014). ***What really works in special and inclusive education: Using evidencebased teaching strategies.*** New York: Routledge.（ミッチェル，D.（編著）　落合俊郎（監訳）(2014)．インクルーシブ教育をすすめる教師のために――合理的配慮に役立つ 24 の教育方略　アドバンテージサーバー）
Murphy, M. C., & Dweck, C. S. (2016). Mindsets shape consumer behavior. ***Journal of Consumer Psychology, 26***(1), 127–136.
Nohl, H. (1970). ***Die pädagogische Bewegung in Deutschland und ihre Theorie. 7. Aufl age.*** Frankfurt a.M.: Schulte-Bulmke.（ノール，H.　山本雅弘・平野正久・大久保智（訳）(1987)．ドイツの新教育運動　明治図書）
Norton, M. I., Mochon, D., & Ariely, D. (2012). The IKEA effect: When labor leads to love. ***Journal of Consumer Psychology, 22***(3) (July), 453–460.
Nuthall, G. A. (2007). ***The hidden lives of learners.*** Wellington: New Zealand Council for Educational Research.
Nystrand, M. (1997). ***Opening dialogue: Understanding the dynamics of language and learning in the English classroom.*** New York: Teachers College Press.
Paas, F. G., & Van Merriënboer, J. J. (1994). Variability of worked examples and transfer of geometrical problem-solving skills: A cognitive-load approach. ***Journal of Educational Psychology, 86***(1), 122.
Petty, G. (2014). ***Evidence based teaching.*** Oxford: Oxford University Press.
Ridley, M. (2010). ***The rational optimist: How prosperity evolves.*** New York: Harper Perennial.（リドレー , M.　大田直子・鍛原多恵子・柴田裕之（訳）(2010)．繁栄――明日を切り拓くための人類 10 万年史　早川書房）
Rubie-Davies, C. (2014). ***Becoming a high expectation teacher: Raising the bar.*** London: Routledge.
Rubie-Davies, C. (2016). ***High and low expectation teachers.*** Interpersonal and Intrapersonal Expectancies, 145.
Rutter, M., Maughan, B., Mortimore, P., & Ouston, J. (1980). ***15 000 Stunden: Schulen und ihre Wirkung auf die Kinder.*** Basel: Weinheim/Basel.
Scriven, M. (1967). The methodology of evaluation. In R. W. Tyler, R. M. Gagne, & M. Scriven (Eds.) ***Perspectives of curriculum evaluation***, pp. 39–83. AERA Monograph Series on Curriculum Evaluation, 1. Chicago, IL: Rand McNally.
Shayer, M. (1999). Cognitive acceleration through science education II: Its effects and scope. ***International Journal of Science Education, 21***(8), 883–902.
Shayer, M., & Adey, P. S. (1981). ***Towards a science of science teaching.*** London: Heinemann Educational Books.
Shayer, M., & Adey, P. S. (1993). Accelerating the development of formal thinking

in middle and high school students IV: Three years after a two-year intervention. *Journal of Research in Science Teaching*, *30*(4), 351–366.

Sinek, S. (2009). ***Start with why: How great leaders inspire everyone to take action.*** New York: Penguin.（シネック，S.　栗木さつき（訳）(2012). WHY から始めよ！――インスパイア型リーダーはここが違う　日本経済新聞出版）

Snook, I., O'Neill, J., Clark, J., O'Neill, A. M., & Openshaw, R. (2009). Invisible learnings? A commentary on John Hattie's book: Visible learning: A synthesis of over 800 meta-analyses relating to achievement. ***New Zealand Journal of Educational Studies***, ***44***(1), 93.

Van den Bergh, L., Ros, A., & Beijaard, D. (2010). Feedback van basisschoolleerkrachten tijdens actief leren. de huidige praktijk. ORD-paper. ORD: Enschede.

Wernke, S., & Zierer, K. (2016). Lehrer als Eklektiker!? 58 Grundzüge einer Eklektischen Didaktik. ***Friedrich Jahresheft "Lehren".***

Wiliam, D., & Leahy, S. (2015). ***Embedding formative assessment: Practical techniques for F-12 classrooms.*** Cheltenham, VIC: Hawker Brownlow Education.

Yeager, D. S., & Dweck, C. S. (2012). Mindsets that promote resilience: When students believe that personal characteristics can be developed. ***Educational Psychologist***, ***47***(4), 302–314.

Young, M. (2013). Overcoming the crisis in curriculum theory: A knowledge-based approach. ***Journal of Curriculum Studies***, ***45***(2), 101–118.

Zhu, X., & Simon, H. A. (1987). Learning mathematics from examples and by doing. ***Cognition and Instruction***, ***4***(3), 137–166.

Zierer, K. (2016a). Alles eine Frage der Technik? Erfolgreiches Lehren als Symbiose von Kompetenz und Haltung. ***Friedrich Jahresheft "Lehren".***

Zierer, K. (2016b). ***Hattie für gestresste Lehrer. Kernbotschaften und Handlungsempfehlungen aus John Hatties "Visible Learning" und "Visible Learning for Teachers".*** Baltmannsweiler: Schneider.

付　録

指導要因と効果量ランキング

＊掲載頁のないものは，Hattie, 2012/ 原田，2017 による

Rank	指導要因	効果量	掲載頁
1	到達のレベルの自己評価／生徒の期待	d=1.44	
2	ピアジェによる認知的発達段階	d=1.28	p.251
3	介入指導に対する反応	d=1.07	p.037
4	形成的評価の設定	d=0.90	p.035
5	教師の信頼性	d=0.90	(p.018)
6	マイクロ・ティーチング	d=0.88	p.072
7	学級での話し合い	d=0.82	p.189
8	ついていけない生徒のための包括的な介入	d=0.77	
9	教師の明確さ	d=0.75	p.124
10	フィードバック	d=0.75	(p.153)
11	相互教授	d=0.74	(p.153)
12	教師と生徒の関係	d=0.72	p.230
13	分散学習 対 集中学習	d=0.71	
14	メタ認知的方略	d=0.69	p.150
15	アクセラレーション	d=0.68	p.129
16	学級における行動の影響	d=0.68	
17	語彙力促進プログラム	d=0.67	
18	読書促進	d=0.67	
19	達成に向けた創造性の促進	d=0.65	
20	学習前の到達レベル	d=0.65	p.253
21	自己言語化と自問	d=0.64	(p.153)
22	学習スキル	d=0.63	p.152
23	教授方略	d=0.62	(p.153)
24	問題解決授業	d=0.61	
25	ラベリングをしない教師	d=0.61	
26	読解力の促進	d=0.60	
27	コンセプトマッピング	d=0.60	p.258
28	協同学習と個別学習	d=0.59	(p.194)
29	確実な習得指導	d=0.59	(p.197)
30	触覚刺激	d=0.58	

Rank	指導要因	効果量	掲載頁
31	完全習得学習	d=0.58	p.214
32	解決例（範例）を使った作業	d=0.57	p.212
33	視覚的認知の促進	d=0.55	
34	ピアチュータリング	d=0.55	p.191
35	協同学習と競争学習	d=0.54	(p.194)
36	フォニックス指導	d=0.54	
37	生徒中心の授業	d=0.54	
38	学級の団結	d=0.53	
39	生まれ月の重要性	d=0.53	
40	ケラー式習得学習	d=0.53	
41	仲間の影響	d=0.53	
42	学級経営	d=0.52	p.098
43	野外／冒険教育	d=0.52	
44	家庭環境	d=0.52	
45	社会経済的地位	d=0.52	
46	インタラクティブビデオ学習	d=0.52	
47	教員研修	d=0.51	p.073
48	目標	d=0.50	p.125
49	遊びを通した促進	d=0.50	
50	セカンド・チャンスでの読解力促進	d=0.50	
51	親の支援	d=0.49	
52	小グループ学習	d=0.49	p.192
53	質問	d=0.48	p.149
54	集中／忍耐力／参加	d=0.48	
55	学校効果	d=0.48	
56	動機づけ	d=0.48	(p.104)
57	ティーチングの質	d=0.48	
58	早期介入	d=0.47	
59	自己概念	d=0.47	(p.266)
60	就学前促進プログラム	d=0.45	
61	ライティングの促進	d=0.44	
62	教師の期待	d=0.43	p.227
63	学校規模	d=0.43	(p.067)
64	自然科学的能力の促進	d=0.42	
65	協同学習	d=0.42	(p.194)
66	読書体験	d=0.42	
67	先行オーガナイザー	d=0.41	p.100
68	数学的能力の促進	d=0.40	
69	不安の軽減	d=0.40	p.232
70	社会コンピテンスの促進	d=0.39	

Rank	指導要因	効果量	掲載頁
71	統合カリキュラムの計画	d=0.39	
72	才能ある生徒のための学習の深化	d=0.39	
73	校長／スクールリーダー	d=0.39	
74	キャリア介入	d=0.38	
75	課業に応じた学習時間の設定	d=0.38	p.051
76	心理療法	d=0.38	
77	コンピュータを活用した指導	d=0.37	
78	補助資料	d=0.37	
79	バイリンガル授業	d=0.37	
80	ドラマ教育／アート教育	d=0.35	
81	到達度と関連した創造性	d=0.35	
82	数学／科学に対する姿勢	d=0.35	
83	定期的な能力テスト	d=0.34	
84	授業妨害の削減	d=0.34	
85	創造性に関する多様な教育	d=0.34	
86	シミュレーション	d=0.33	
87	帰納法的な指導	d=0.33	
88	エスニシティ	d=0.32	
89	教師の効果	d=0.32	
90	薬物	d=0.32	
91	探究学習	d=0.31	
92	組織の説明責任	d=0.31	
93	才能ある生徒のための特別学級	d=0.30	
94	宿題	d=0.29	
95	家庭訪問	d=0.29	
96	エクササイズとリラックス	d=0.28	
97	差別撤廃	d=0.28	
98	試験に対する訓練と指導	d=0.27	
99	計算機の活用	d=0.27	
100	ボランティア・チューター	d=0.26	
101	慢性病のない状態	d=0.25	
102	インクルーシブ教育	d=0.24	
103	価値教育／道徳教育	d=0.24	
104	競争学習と個別学習	d=0.24	(p.194)
105	プログラム学習	d=0.23	
106	サマースクール	d=0.23	
107	財源	d=0.23	
108	宗派学校	d=0.23	
109	個別指導	d=0.22	
110	視聴覚機器	d=0.22	

Rank	指導要因	効果量	掲載頁
111	包括的な授業改革	d=0.22	
112	教師の言語能力	d=0.22	
113	学級規模	d=0.21	(p.192)
114	チャータースクール	d=0.20	
115	適正処遇交互作用	d=0.19	
116	課外活動	d=0.19	
117	学習目標の階層性	d=0.19	
118	コー・ティーチング／チーム・ティーチング	d=0.19	(p.079)
119	生徒の個性	d=0.18	p.256
120	学級内のグループ化	d=0.18	(p.192)
121	進学者用プログラム	d=0.18	
122	家族構成	d=0.18	
123	スクールカウンセリングの効果	d=0.18	
124	Web ベースラーニング	d=0.18	
125	学習方法と学習スタイルのマッチング	d=0.17	(p.265)
126	教師の随伴性と即時性	d=0.16	
127	在宅教育（ホーム・スクール）プログラム	d=0.16	
128	問題解決型学習	d=0.15	p.102
129	センテンス連合プログラム	d=0.15	
130	メンタリング	d=0.15	
131	習熟度別グループ編成	d=0.12	
132	ダイエット	d=0.12	
133	ジェンダー	d=0.12	
134	教師教育	d=0.12	(p.018)
135	通信教育	d=0.11	
136	教師の教科知	d=0.09	
137	学校の年間予定表／時間割の変更	d=0.09	
138	夜間コースとサマーコース	d=0.09	
139	知覚–運動学習	d=0.08	
140	ホール・ランゲージ	d=0.06	
141	生徒のエスニックの多様性	d=0.05	
142	学生寮	d=0.05	
143	異年齢学級	d=0.04	
144	授業外の自由活動	d=0.04	
145	開かれた学級 対 伝統的な学級	d=0.01	
146	夏季休暇	d=-0.02	
147	福祉へのポリシー	d=-0.12	
148	原級留置	d=-0.13	
149	テレビ	d=-0.18	
150	転校	d=-0.34	

■訳者代表紹介

原田 信之（はらだ・のぶゆき）

〔現職〕 中部大学教職課程センター　教授（博士・教育学）

〔研究滞在〕 ロータリー財団奨学生（1991-92 年オルデンブルク大学），ドイツ学術交流会（DAAD）客員研究員（1994 年エッセン総合大学，2000-01 年ヒルデスハイム大学），オルデンブルク大学招聘客員教授（2004-05 年），ハレ大学招聘客員教授（2010 年）

〔主要著訳書〕

『教育効果を可視化する学習科学』ジョン・ハッティ，グレゴリー・イエーツ著（訳者代表）北大路書房　2020 年

The Teaching of the History of One's Own Country（分担執筆）Wochenschau Verlag 2020 年

『カリキュラム・マネジメントと授業の質保証』（編著）北大路書房　2018 年

『学習に何が最も効果的か』ジョン・ハッティ著（訳者代表）あいり出版　2017 年

『ドイツの協同学習と汎用的能力の育成』あいり出版　2016 年（日本学校教育学会賞受賞）

『ドイツ教授学へのメタ分析研究の受容：ジョン・ハッティ「可視化された学習」のインパクト』（共編著）デザインエッグ　2015 年

Handbuch Didaktik des Sachunterrichts（分担執筆）Verlag Julius Klinkhardt　2015 年

『ドイツの統合教科カリキュラム改革』ミネルヴァ書房　2010 年

『リニューアル　総合的な学習の時間』（共編著）北大路書房　2009 年

Unterrichten professionalisieren（分担執筆）Cornelsen Verlag Scriptor　2009 年

『総合的な学習の時間』（編著）ぎょうせい　2008 年

『確かな学力と豊かな学力』（編著）ミネルヴァ書房　2007 年

Sachunterricht in Praxis und Forschung（分担執筆）Klinkhardt　2005 年

『授業方法・技術と実践理念』（編訳）北大路書房　2004 年

Grundschule: Sich Lernen leisten（分担執筆）Luchterhand　2000 年

『21 世紀の学校をひらくトピック別総合学習』（共編著）北大路書房　1999 年

『子どもが生きている授業』（共編著）北大路書房　1994 年　　他多数

■訳者一覧

原田　信之	（訳者代表）……………………	邦訳版の刊行に寄せて，0・6・7・11 章，訳者代表あとがき
矢田　尚也	大阪大学スチューデント・ライフサイクルサポートセンター …………………	1～3 章
宇都宮明子	島根大学教育学部……………	4～5章
津田ひろみ	神奈川大学経営学部………	8～10章

■著者略歴

ジョン・ハッティ　John Hattie

オーストラリア・メルボルン大学名誉教授。「学習の可視化」研究に基づく一連の著書を刊行し，その総発行部数は100万部を超えている。「学習の可視化」3部作は，日本語のほかドイツ語，フランス語，デンマーク語，スウェーデン語，ノルウェー語，中国語，イタリア語，スペイン語，ポーランド語，オランダ語等に訳され，世界の研究言語人口をほぼ網羅するにいたっている。

クラウス・チィーラー　Klaus Zierer

ドイツ・アウグスブルク大学教授。ミュンヘン大学研究員，オックスフォード大学客員研究員（2009年），オルデンブルク大学教授を経て現在にいたる。スキル・知識・組織パフォーマンスに関するESRCセンターの連携研究員を兼務。主な研究対象は，学校教育，学習と教授，教師教育の専門化。専門誌『一般教授学年報』の発起人であり，現在まで編集委員を務めている。

教師のための教育効果を高めるマインドフレーム
——可視化された授業づくりの10の秘訣

2021年11月20日　初版第1刷発行
2024年6月20日　初版第2刷発行

定価はカバーに表示してあります

著　者　ジョン・ハッティ
　　　　クラウス・チィーラー

訳者代表　原田信之

発行所　(株)北大路書房
〒603-8303　京都市北区紫野十二坊町12-8
電　話　(075)431-0361(代)
FAX　(075)431-9393
振　替　01050-4-2083

編集・デザイン・装丁　上瀬奈緒子(綴水社)
印刷・製本　亜細亜印刷(株)

 ISBN978-4-7628-3174-4　Printed in Japan